राजकपूर

सृजन प्रक्रिया

राजकमल प्रकाशन
सिने संवाद

मूल्य : ₹ 500

पहला संस्करण : 2010

प्रकाशक : राजकमल प्रकाशन प्रा. लि.
1-बी, नेताजी सुभाष मार्ग
नई दिल्ली-110 002

शाखाएँ : अशोक राजपथ, साइंस कॉलेज के सामने, पटना-800006
पहली मंजिल, दरबारी बिल्डिंग, महात्मा गांधी मार्ग, इलाहाबाद-211001

वेबसाइट : www.rajkamalprakashan.com
ई-मेल : info@rajkamalprakashan.com

आवरण एवं भीतरी पृष्ठों का संयोजन : हरीश आनंद
मुद्रक : बी.के. ऑफसेट
नवीन शाहदरा, दिल्ली.110 032

RAJ KAPOOR : SRIJAN PRAKRIYA
by Jayprakash Chowksey

ISBN : 978-81-267-1957-0

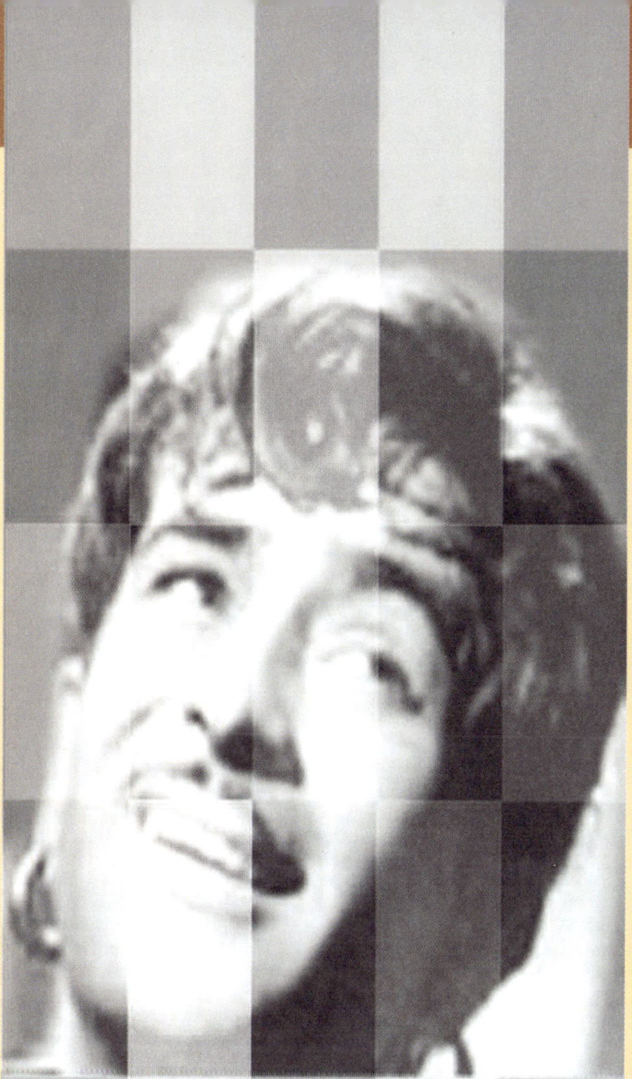

राजकपूर
सृजन प्रक्रिया

जयप्रकाश चौकसे

राजकमल प्रकाशन
नयी दिल्ली पटना इलाहाबाद

5519050
5511234

FOOTPRINTS
CHEMBUR

R. K. FILMS & STUDIOS

CHEMBUR

BOMBAY-400 071.

मुझे खुशी है कि मेरे मित्र जयप्रकाश चौकसे ने मेरे पिता राजकपूर पर किताब लिखी है। उन्होंने हमारी फिल्में भी वितरित की हैं और व्यापारिक रिश्तों के साथ ही पारिवारिक सम्बन्ध भी रहे हैं। उन्होंने मेरे पिता के साथ बहुत वक़्त गुज़ारा है और उसी अन्तरंग अनुभव के आधार पर यह किताब लिखी है।

दैनिक भास्कर में उनका प्रतिदिन प्रकाशित होनेवाले लेख, किस्तों में सिनेमा का इतिहास है और इस अभिनव प्रयास का असली उद्‌देश्य सिनेमा के माध्यम से भारत को समझना है।

जयप्रकाश चौकसे अन्य समालोचकों से इस मायने में अलग हैं कि उन्होंने फिल्म निर्माण और सिनेमा उद्योग को नज़दीक से देखा है और उसका हिस्सा भी हैं।

जयप्रकाश चौकसे और राजकमल प्रकाशन को शुभकामनाएँ।

Randhir Kapoor

MEMBERS THE FILM PRODUCERS GUILD OF INDIA LTD

जयप्रकाश चौकसे

जन्म : 1939, बुरहानपुर (म. प्र.)

शिक्षा : एम.ए. (अंग्रेज़ी एवं हिन्दी) साहित्य।

1964 से 1977 तक गुजराती महाविद्यालय इंदौर में अंग्रेजी का अध्यापन किया।

1977-1982 सोनाट फिल्म्स में कार्यकारी निर्माता के रूप में शायद, हरजाई, कन्हैया और वापसी का निर्माण।

1982, से प्रेमरोग फिल्म द्वारा मध्य प्रदेश में वितरण व्यवसाय की शुरुआत। लगभग 100 फिल्मों का वितरण। यह व्यवसाय अब पुत्र आदित्य और प्रमथ्यु कर रहे हैं।

'शायद' आर.के. नैयर की 'कत्ल' और पूरनचंद्र राव तथा विजयपथ सिंघनिया के लिए फिल्में लिखीं।

1965 से ही पत्रकारिता प्रारंभ की और अनेक अखबारों के लिए लिखा।

'दैनिक भास्कर' में 'परदे के पीछे' नामक 'प्रतिदिन' कॉलम पंद्रह वर्ष से जारी है।
दो उपन्यास 'दराबा' और 'ताज : बेकरारी का बयान' की रचना की।

रणधीर कपूर के साथ जयप्रकाश चौकसे

समर्पण

दुनियादार शायरों के बीच
गद्य लिखकर
शायरों-सा जीवन जीने वाले
सलीम खान साहेब
को समर्पित है
यह किताब
जिन्होंने
राजकपूर को समझने में सहायता की।

इस पुस्तक में प्रकाशित सभी चित्र श्रीमती कृष्णा राजकपूर, श्रीमती रितु नंदा
और विश्वा मेहरा 'मामाजी' से मिले हैं, जिनके लिए हम उनके आभारी हैं।

जयप्रकाश चौकसे

ई-11, एच.आई.जी.,
रविशंकर शुक्ल नगर,
इन्दौर-452 008
फोन : (0731) 4020295
9820528450

लेखक की अपनी बात

श्री विट्ठलभाई पटेल और मेरी मित्रता आधी सदी पुरानी है। उन्होंने ही 1965 में सागर के निकट की गई 'तीसरी कसम' की शूटिंग के समय राजकपूर से मिलाया और मुलाकातों का सिलसिला 1976 तक चलता रहा।

सन् 1977 से 1988 तक उनके अत्यंत निकट आने का अवसर मिला। उन्होंने मुझे आर. के. स्टूडियो के दफ्तर में जगह दी थी क्योंकि बतौर कार्यकारी निर्माता मेरी चारों फिल्मों की शूटिंग वहाँ होती थी। उन ग्यारह वर्षों में पूरे परिवार से मित्रता हुई जो आज भी कायम है। वह दौर राजकपूर के लिए फ्लैश बैक का दौर था। सच तो यह है कि विगत की जुगाली उनका हमेशा ही प्रिय शगल रहा है। राजकपूर के लिए गुजरा हुआ वक्त, कभी पूरी तौर से नहीं गुजरता था और उनके वर्तमान में हमेशा मौजूद रहता था। इसी तरह वे भी गुजर कर नहीं गुजरे हैं।

उन्हें अपनी पुरानी फिल्मों को बार-बार देखने का शौक था। उन फिल्मों के पुनरावलोकन का अवसर मुझे भी मिला। किसी भी व्यक्ति को पूरी तरह जानना या समझना मुमकिन नहीं है, परन्तु राजकपूर को स्वयं को उजागर करने की गहरी ललक थी। मेरी रुचि हमेशा सृजन प्रक्रिया को समझने में थी। राजकपूर प्याज की तरह थे, छिलके दर छिलके उतारते रहने के बाद कुछ शेष नहीं रहता और लगता है, सारा प्रयास व्यर्थ ही गया परन्तु हाथ में जो गंध रह जाती है, वही शायद प्याज का सार है। उसी गंध को पाठकों तक पहुंचाने का प्रयास है यह किताब।

सन् 1991 में लिखी अपनी किताब में न केवल नए अध्याय लिखे हैं वरन् सभी अध्यायों में कुछ जोड़ा गया है। अतः यह परिवर्तित स्वरूप नई किताब बन गई है।

अनुक्रम

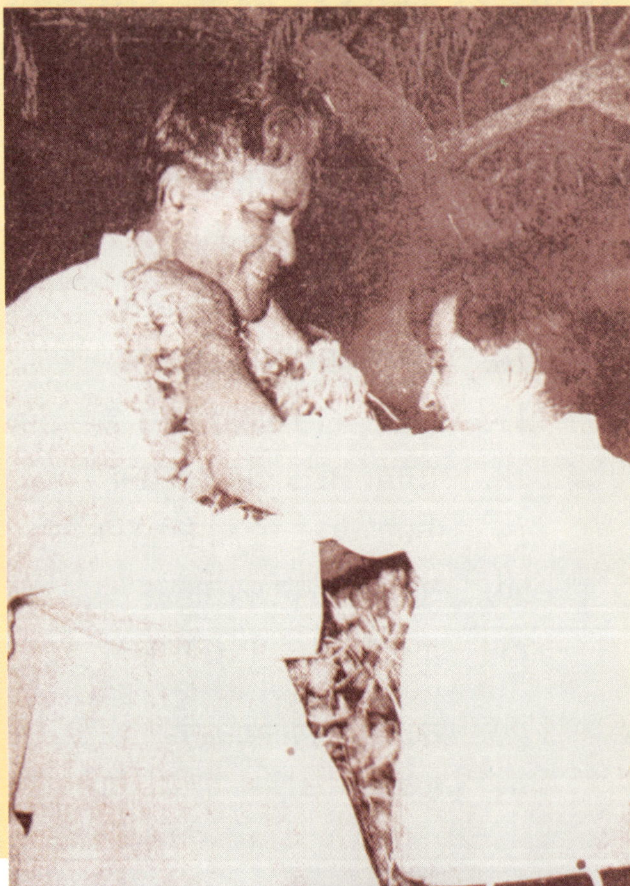

दसों दिशाएँ दोहरायेंगी कहानियाँ

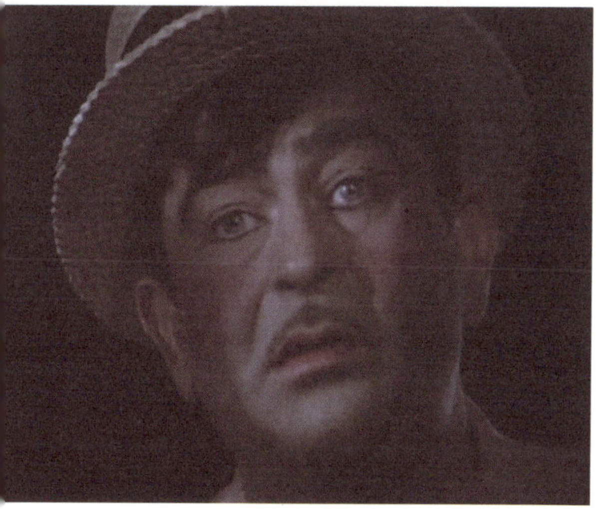

राजकपूर के जीवनकाल में उनके द्वारा निर्मित-निर्देशित फिल्मों ने, उनके लिए जितना लाभ कमाया, उससे हजार गुना अधिक धन, उनकी मृत्यु के बाद विगत इक्कीस वर्षों में कमाया है। प्रति तीन वर्ष सैटेलाइट पर प्रदर्शन के अधिकार अकल्पनीय धन में बिकते रहे हैं और यह सिलसिला आज भी जारी है। उनके समकालीन किसी भी फिल्मकार की रचनाओं को ये दाम नहीं मिले हैं।

फिल्मकारों की अधिकांश रचनाएँ काल कवलित हो जाती हैं और कुछ तो दूसरे शुक्रवार तक विस्मृत हो जाती हैं। जनवरी, 2009 में लंदन की एक संस्था ने 'आवारा' का प्रदर्शन किया और उस पर वार्ता भी आयोजित की, जिसकी सदारत के लिए उनके ज्येष्ठ पुत्र रणधीर कपूर को आमन्त्रित किया गया। ज्ञातव्य है कि 'आवारा' 14 दिसम्बर, 1951 को प्रदर्शित हुई थी, अतः उसने समय की परीक्षा पास कर ली है। एक विदेशी पत्रिका का आकलन है कि पूरे विश्व में 'आवारा' सबसे अधिक देखी गई भारतीय फिल्म है, जिसे सिनेमाघर के साथ डी.वी.डी. और सैटेलाइट इत्यादि माध्यमों के द्वारा देखा गया है।

उनकी तमाम फिल्मों का संगीत आज भी बिकता है और रॉयल्टी मिलती है। सभी फिल्मों की लागत से अधिक धन संगीत रॉयल्टी से मिल चुका है और संगीत आज भी बिक रहा है।

राजकपूर ने अपने जीवनकाल में अच्छे प्रस्ताव के बावजूद, अपनी फिल्मों के सैटलाइट अधिकार नहीं बेचे। उनका कहना था, कि यह माध्यम अजगर है और समय के साथ इसकी भूख विराट होती जाएगी, तब अकल्पनीय दाम मिलेंगे। विचारणीय है कि राजकपूर टेलीविजन के लिए सीरियल या रियल्टी शो रचते?

उनकी मृत्यु के अठारह महीने बाद, सूरज बड़जात्या की पहली फिल्म 'मैंने प्यार किया' का सफल प्रदर्शन हुआ और फिल्म के लिए श्रेष्ठ निर्देशक का पुरस्कार लेते हुए बड़जात्या ने कहा कि राजकपूर की फिल्मों ने उन्हें प्रेरित किया है और पाठ्यक्रम की तरह, वे इन फिल्मों को बार-बार देखते हैं। युवा पीढ़ी के करण जौहर और आदित्य चोपड़ा भी राजकपूर की फिल्मों से प्रेरणा लेते हैं। संजय लीला भंसाली ने 'साँवरिया' में राजकपूर को श्रद्धांजलि दी है और उनके पैशन को अपनाया है। सारांश यह है

कि राजकपूर अपनी मृत्यु के इक्कीस वर्ष बाद भी प्रासंगिक हैं और उनकी सिनेमाई शैली को दोहराने के प्रयास हो रहे हैं।

फिल्मकार और लेखक अपनी पटकथा की रचना करते हुए, प्रायः राजकपूर की फिल्मों का जिक्र करते हैं और उन्हें रेफरेंस मानते हैं। फिल्मकार अपने संगीतकार को राजकपूर के किसी गीत को आधार मानकर धुन बनाने का आग्रह करते हैं। राजकपूर गुजरकर भी नहीं गुजरे हैं और फिल्म निर्माण प्रक्रिया में, वर्तमान की तरह विद्यमान हैं। राजकपूर के समकालीन फिल्मकार शांताराम, मेहबूब खान, गुरुदत्त और विमलराय महान फिल्मकार रहे हैं, परन्तु वर्तमान पीढ़ी के युवा फिल्मकार उनकी फिल्मों का नाम नहीं लेते। कुछ कला फिल्मों को बनाने वाले गुरुदत्त की फिल्मों का स्मरण करते हैं। सच्चाई यह है कि राजकपूर से बेहतर फिल्मकार पहले, उनके साथ और उनके बाद भी हुए हैं, परन्तु युवा पीढ़ी के फिल्मकार राजकपूर की फिल्मों से भावनात्मक तादात्म्य महसूस करते हैं। युवा दर्शक पीढ़ी भी राजकपूर के सिनेमा को स्वयं के नजदीक महसूस करती है, जिसके कारण सैटेलाइट चैनल निरन्तर महँगे दाम चुकाकर उनका प्रसारण नियमित रूप से करता है। राजकपूर की इस निरन्तरता का कारण क्या हो सकता है? राजकपूर के लिए 'पटकथा सिमटे तो दिले आशिक, फैले तो सिनेमा है' रही। उन्होंने हमेशा हृदय की तीव्रतम भावना से फिल्में रचीं और उनका यह आशिकाना अन्दाज ही पीढ़ी दर पीढ़ी दर्शकों को भाता रहा। प्रेम-पत्र की तरह रची पटकथा की प्रस्तुति में तर्क से ज्यादा महत्त्व भावना को दिया गया है। वे अपने निर्देशन से एक लहर को जन्म देते थे, जिसमें तर्क और सन्देह बह जाते थे। 'संगम' का पूरा आधार नायक को 'हिन्दी पढ़नी नहीं आती है' पर टिका है। अगर सुन्दर (राजकपूर) राधा (वैजयंतीमाला) की हिन्दी में लिखी चिट्‌ठी पढ़ लेते, तो उन्हें समझ में आ जाता कि राधा गोपाल (राजेन्द्र कुमार) को चाहती है और कहानी पाँचवीं रील में दम तोड़ देती। महज तीन पात्रों की चार घंटे की मनोरंजक फिल्म राजकपूर ने गढ़ी और दर्शक मन्त्र-मुग्ध देखते रहे। राजकपूर के सिनेमा का केन्द्रीय पात्र दिल रहा है और प्रेम से ही सारी ऊर्जा प्रवाहित होती रही है। शायद यही राजकपूर की 'निरन्तरता' का कारण है। दूसरा कारण यह है कि राजकपूर की फिल्में ठेठ भारतीय होते हुए भी, उनमें सार्वभौमिकता के तत्त्व मौजूद रहे हैं। सारे परिवर्तन सतह पर झाग पैदा करती लहरों की तरह हैं, परन्तु समुद्र के गर्भ में कुछ मूल्य हैं जो कभी नहीं बदलते। राजकपूर की फिल्मों में निरन्तर परिवर्तन और घोर परिवर्तनहीनता के बीच के तनाव को साधने का प्रयास स्पष्ट नजर आता है। शायद इसी कारण ये फिल्में हमेशा दर्शक को बाँधती रही हैं। उनकी मृत्यु के बाद, विगत वर्षों में उनकी फिल्में दर्शकों द्वारा देखी गई हैं और फिल्मकारों को प्रेरित व प्रभावित करती रही हैं। यदि राजकपूर जीवित होते तो बदलती हुई दुनिया का उन पर क्या प्रभाव होता?

उन्हें सोवियत रूस का विघटन बहुत पीड़ा देता। उनका प्रिय सर्कस भी मनोरंजन उद्योग से लगभग लोप हो गया है। सर्कस राजनीति में चला गया है। आर्थिक उदारवाद से जन्मे सामाजिक परिवर्तन भी राजकपूर को विचलित कर सकते थे। उन्हें सबसे अधिक दुःख भारत में पनपती सम्प्रदायवादी ताकतों से होता और देश पर बाहरी तालिबान आक्रमण तथा भीतरी तालिबानी प्रवृत्तियों से वे लगभग टूट जाते। विदेशों में भारतीय फिल्मों का फैलता प्रभाव तथा मल्टीप्लैक्स के कारण बढ़ती हुई आय उन्हें उत्साहित कर सकती थी, परन्तु सितारों का आकाश को छूता हुआ मेहनताना उन्हें कतई बर्दाश्त नहीं होता, क्योंकि उन्होंने सारा जीवन फिल्मकार को प्रमुख सितारे के रूप में देखा था। जब 'प्रेमरोग' के लिए अमरीशपुरी के पाँच लाख के मेहनताने की बात उन्हें बताई गई, तब उन्होंने वर्षों से वनवास काटते रजामुराद को वह भूमिका दी। वर्तमान के लोकप्रिय सितारों का करोड़ों रुपए माँगना या मुनाफे में भागीदारी उन्हें कतई पसन्द नहीं आती और वे नए कलाकारों के साथ फिल्म बनाना पसन्द करते। ज्ञातव्य है कि 'जोकर' की असफलता के बाद धर्मेन्द्र, मनोज कुमार और प्राण उनके पास गए थे और पूरा सहयोग देना चाहते थे। राजकपूर ने सविनय प्रस्ताव अस्वीकार करते हुए कहा था कि आप सभी शिखर पर हैं और मेरी फिल्म असफल रही है, अतः समानता की स्थिति बनते ही वे उनके साथ काम करेंगे। तीन बड़े सितारों के सहयोग को खारिज करते हुए, नए कलाकार ऋषि कपूर और डिम्पल कपाड़िया के साथ 'बॉबी' बनाना एक साहसी निर्णय था। 'जोकर' और

रणधीर कपूर निर्देशित 'कल, आज और कल' की विफलता के बाद वे घोर आर्थिक संकट में थे और उनकी संस्था की साख मंडी में कम हो चुकी थी। एक और असफलता संस्था को समाप्त कर सकती थी। बतौर फिल्मकार उनका आत्मविश्वास

और अपने सम्मान की रक्षा करने का भाव कमाल का था। इसके दशकों पूर्व भी अपनी 'आह' की असफलता के बाद उन्होंने दो बाल कलाकारों के साथ सुपरहिट 'बूट पॉलिस' रची थी। आज के अत्यधिक सफल और स्थापित फिल्मकार भी नए कलाकारों को लेकर फिल्म बनाने का साहस नहीं जुटा पाते और सितारों की बैसाखियों के बिना, उनसे दो कदम भी नहीं चला जाता।

वर्तमान के फिल्मकारों में राजकपूर निश्चय ही राजकुमार हीरानी को बहुत पसन्द करते और उन्हें आमिर की 'लगान', 'तारे जमीं पर' बेहद पसन्द आतीं। 'रंग दे बसन्ती' के भी वे प्रशंसक होते। उन्हें 'वेडनेसडे' सबसे अधिक पसन्द आती, क्योंकि आम आदमी का नायक होना उनके दिल के निकट रहा है।

फिल्म उद्योग के कई लोगों का, जिनमें उनके परिवार के भी कुछ सदस्य शामिल हैं, यह खयाल है कि आज के बदले हुए माहौल और फिल्म टेक्नोलॉजी के नित्य बदलते स्वरूप में राजकपूर के लिए फिल्म बनाना असम्भव होता। इस तरह के विचार रखनेवाले राजकपूर को नहीं समझने और सिनेमा माध्यम से उनके बेइन्तहा प्यार को भी अनदेखा करते हैं। बाइस वर्ष की उम्र में, जब वे स्वयं स्थापित सितारा भी नहीं थे, राजकपूर ने अपनी पहली फिल्म 'आग' का निर्माण किया था, जो लीक से हटकर कहानी थी। अर्जुन देव रश्क की लिखी 'जिस देश में गंगा बहती है' को आधा दर्जन नामी फिल्मकार अस्वीकार कर चुके थे। 'संगम' की चार घंटे की अवधि पर तमाम वितरकों को एतराज था। परन्तु उन्होंने एक मिनट भी कम करने से इनकार कर दिया। कलकत्ते में देखे एक नाटक के आधार पर उन्होंने 'जागते रहो' का निर्माण किया, जिसमें नायक केवल फिल्म की अन्तिम रील में, एक संवाद बोलता है और उनकी पारम्परिक छवि से बिलकुल जुदा थी 'जागते रहो' के नायक की भूमिका। उनके तमाम निकट सहयोगी इसे बनाने के विरुद्ध थे, परन्तु राजकपूर के मन में कथा ऐसी समाई थी कि उसे बनाए बिना वे और कुछ सोचने में स्वयं को असमर्थ पाते थे।

'प्रेमरोग' सामन्तवादी परिवेश में, एक युवा विधवा की कहानी थी। सारांश यह है कि राजकपूर एक समर्पित और साहसी फिल्मकार थे तथा आज के वातावरण में भी सफल सार्थक मनोरंजन गढ़ सकते थे। राजकपूर को अपनी पुरानी कथाओं को पुनः गढ़ने में भी महारत हासिल थी। उन्होंने 'बरसात' की पहाड़न और शहरी बाबू की प्रेमकथा में उद्योगपति और नेता के घिनौने गठबन्धन को जोड़कर, सफल 'राम तेरी गंगा मैली' की रचना की। गंगा के प्रदूषण को प्रतीक के रूप में इस्तेमाल करके पूरे देश के नैतिक पतन को प्रेमकथा के साथ गूँथ दिया।

आज के युवा का मस्ती के प्रति आग्रह, अनौपचारिकता और एक किस्म की बेचैनी को राजकपूर आसानी से पकड़ लेते। उसका सुविधाभोगी होना भी उनसे छुपा

नहीं रहता। राजकपूर की सृजन प्रक्रिया में यादों की जुगाली शामिल रही है। उन्होंने अपने व्यक्तिगत जीवन की घटनाओं को, अपनी फिल्मों में प्रस्तुत किया है। इस जुगाली में अपनी पुरानी फिल्मों का पुनरावलोकन भी शामिल रहा है। अतः यह सम्भव है कि वे वर्तमान के विरोधाभास और शाइनिंग इंडिया की नाक के नीचे, मौजूद झोंपड़पट्टी और साधनहीन जीवन पर एक व्यंग्य रचना प्रस्तुत करने का विचार करते क्योंकि इस युग की विडम्बनाओं और विरोधाभास को प्रस्तुत करने के लिए व्यंग्य ही उन्हें अनुकूल लगता। हरिशंकर परसाई, शरद जोशी और श्रीलाल शुक्ल हमें स्वतन्त्रता के बाद का भारत समझने में जितनी मदद करते हैं, उतनी मदद उस कालखंड के अन्य लेखकों से नहीं मिलती। बहरहाल इस विचार के आते ही वे अपनी 'श्री 420' को देखते और उसे आज के रंग में प्रस्तुत करते। ख्वाजा अहमद अब्बास की लिखी 'श्री 420' में, रातोंरात अमीर होने के ख्वाब के साथ भ्रष्ट समाज अपने सभी रूपों में मौजूद है और सामाजिक सोद्‌देश्यता एक प्रेमकथा के ताने-बाने के साथ मजबूती से गूँथी गई है। फिल्म में अभूतपूर्व चरित्र भूमिकाओं की भरमार है। ईमानदारी का मैडल और स्नातक की डिग्री लिए इलाहाबाद से एक युवा सपनों को साकार करने मुम्बई आया है। उसका प्रेम होता है एक युवा लड़की से, जो झोंपड़पट्टी के बच्चों को पढ़ाकर अपने अपाहिज पिता की सेवा करती है। प्रेमिका आदर्शवाद की प्रतीक है और उसका प्रेमी बेहतर जिन्दगी की तलाश में, सफेदपोश लोगों के धन कमाने के दुष्चक्र में फँस जाता है। प्रेमिका उसे इस दलदल से बाहर निकलने की प्रेरणा देती है।

9 सितम्बर, 1955 को प्रदर्शित 'श्री 420' आधी सदी के बाद भी ताजा लगती है। राजकपूर इस विषय को वर्तमान के स्पर्श से नई धार प्रदान करते। ज्ञातव्य है कि राजकपूर की ज्येष्ठ पुत्री रितु नन्दा ने श्री 420 क्लाइमेक्स की तर्ज पर गरीबों के आवास की पहल छोटे स्केल पर की। रितु नन्दा ने राजकपूर पर दो किताबें भी सम्पादित की हैं। एक किताब के साथ ऑडियो सीडी में राजकपूर की गैर सिनेमाई बातें भी हैं। राजकपूर बाजार की ताकतों से शासित युवा मन की महत्त्वाकांक्षा, उसकी तड़प और मोबाइल के हंटर से चौबीसों घंटे नौकरी पर चुस्त-दुरुस्त रहने की बात भी महसूस करते। न्योन रोशनी की बाँहों में बसे बाजार में खुद को खर्च करता युवा नायक होता। 'श्री 420' का खलनायक भ्रष्ट अमीर सोनाचन्द धर्मानन्द आज प्रस्तुत खलनायकों की तुलना में निहायत ही मासूम नजर आता है। उनकी इस फिल्म का खलनायक सत्ता की जमावट का पॉवर ब्रोकर होता या हर्षद मेहता जैसा, दलाल स्ट्रीट का कोई चतुर खिलाड़ी होता। यह भी सम्भव है कि उनके सारे पात्र आर्थिक मन्दी की गिरफ्त में पीड़ा भोगते हुए लोग होते। उनका केन्द्रीय पात्र विराट बाजार तन्त्र का हिस्सा होते हुए भी, उसके तिलिस्म को तोड़ने का प्रयास करता। यह फिल्म निश्चित ही वे अपने पोते रनबीर के साथ बनाते।

राजकपूर ने अपने जीवनकाल में अच्छे प्रस्ताव के बावजूद, अपनी फिल्मों के सैटलाइट अधिकार नहीं बेचे। उनका कहना था, कि यह माध्यम अजगर है और समय के साथ इसकी भूख विराट होती जाएगी, तब अकल्पनीय दाम मिलेंगे। विचारणीय है कि राजकपूर टेलीविजन के लिए सीरियल या रियल्टी शो रचते? ऋषि कपूर का कहना है कि राजकपूर भव्य फिल्मों के रचनेवाले व्यक्ति थे और छोटे पर्दे के लिए वे कभी कुछ नहीं करते। ज्ञातव्य है कि आर. के. स्टूडियो को चार वर्ष पूर्व ही वातानुकूलित किया गया है और साठ वर्ष पूर्व बनाई गई इमारत की जमकर मरम्मत की गई है। उनके पुत्रों ने उन तमाम प्रस्तावों को अस्वीकार किया कि स्टूडियो को ध्वस्त करके वहाँ मॉल और मल्टीप्लैक्स बनाया जाए। भारी मुनाफे के प्रस्ताव को अस्वीकार किया गया, क्योंकि यह राजकपूर के मिजाज के खिलाफ होता। शो मस्ट गो ऑन के विरुद्ध हो जाता। 'जीना यहाँ, मरना यहाँ, इसके सिवा जाना कहाँ' गीत नहीं, इस परिवार का जीवन मन्त्र रहा है। पूना के निकट लोनी ग्राम में स्थित राजकपूर के लगभग सौ एकड़ के फार्म हाउस को, बाजार दाम से बहुत कम में एक शिक्षा संस्थान को (राजकपूर की इच्छा के अनुसार) बेचा गया है, क्योंकि वहाँ बार-बार अतिक्रमण होते थे और मुम्बई में बैठकर उसकी देखभाल सम्भव नहीं थी। शिक्षा संस्थान को इस शर्त पर दिया गया है कि वहाँ स्थित पृथ्वीराज एवं राजकपूर की समाधियों को अक्षुण्ण रखा जाएगा।

बहरहाल, विगत दो वर्षों से आर.के. स्टूडियो में सोनी कम्पनी के रियल्टी शोज

की शूटिंग होती है। वातानुकूलित करने की भारी लागत टेलीविजन से ही निकल सकती है। विगत वर्ष सलमान खान का शो 'दस का दम' की शूटिंग की तैयारी के समय, सोनी के अधिकारी ने प्रार्थना की कि राजकपूर की व्यक्तिगत कॉटेज इतनी जर्जर अवस्था में है कि कभी भी गिर सकती है, अतः उसी जगह वे नया शैले बनाना चाहते हैं, जिसमें सलमान खान रहेंगे। सोनी की अनुबन्ध अवधि के बाद मालिकाना हक आर.के. का ही होगा। यह एक व्यावहारिक सुझाव था और इसे इसलिए भी स्वीकार किया गया कि सलीम खान और राजकपूर गहरे मित्र थे तथा दोनों परिवारों में आज भी अच्छे रिश्ते हैं। श्रीमती कृष्णा राजकपूर और सलीम खान की पत्नी सलमा अनन्य सहेलियाँ हैं और एक-दूसरे के घर प्रायः आती-जाती रहती हैं।

सलमान खान को यह मालूम पड़ते ही उसने राजकपूर की दो पेन्टिंग्स बनाईं और उस ऐतिहासिक कॉटेज की जगह बने नए कक्ष में प्रवेश करते ही दोनों कृतियों को दीवारों पर लगा दिया। सलमान खान ने कहा कि वहाँ रहते समय उन्हें उस जगह के ऐतिहासिक महत्त्व का बोध भी है और संकोच के साथ भय भी है, कि राजकपूर सपनों में उन्हें डराएँगे तो नहीं। एक गैर कपूर उनके निजी कक्ष में रह रहा है। सलमान खान को विदित था कि राजकपूर ने वहाँ सारा सृजन का काम कॉटेज में किया था और सहयोगियों के साथ शराबनोशी भी की थी। उन्हें सलीम खान ने बताया कि राजकपूर ने काम के समय कभी शराब नहीं पी, क्योंकि वे अपने काम को इबादत की तरह लेते थे। अनेक बार अलसभोर में सुबह 4 बजे शूटिंग समाप्त हुई तब राजकपूर ने स्नान-ध्यान के बाद शराब पी है। ज्ञातव्य है कि 'जोकर' की शूटिंग के समय एक दिन धर्मेन्द्र शराब पीकर सैट पर आए तो राजकपूर ने शूटिंग ही नहीं की।

यह गौरतलब है कि सलमान का जो स्वरूप उनकी फिल्मों में देखा गया, उससे बिलकुल अलग रूप में वे 'दस का दम' में नजर आए। उनकी सहज स्वाभाविकता और आवाम के साथ अनौपचारिक व्यवहार ही उस शो की जान सिद्ध हुआ। पहली बार असल व्यक्ति कुछ हद तक उजागर हुआ। बहरहाल विचारणीय यह है कि क्या राजकपूर टेलीविजन से जुड़ते? उनके परिवार और मित्रों का खयाल है कि यह सम्भव नहीं होता। मुझे लगता है कि टेलीविजन के व्यापक क्षेत्रों में पहुँचने के कारण राजकपूर इसे अनदेखा नहीं करते। उन्होंने ऐसी कई साहसी पटकथाओं पर विचार किया था जिन्हें शायद वे छोटे पर्दे पर प्रस्तुत करना पसन्द करते। राजकपूर में स्वयं को उजागर करने की गहरी लालसा थी। शायद अभिनय के लिए, यह लालसा ही उनका प्रेरक तत्त्व रही। उनकी अधूरी कथा 'घूँघट के पट खोल' के लिए रवीन्द्र जैन का मुखड़ा था—'गुण अवगुण का डर भय कैसा, जाहिर हो भीतर तू है जैसा।' राजकपूर हमेशा अधिकतम लोगों से संवाद स्थापित करने के लिए बेचैन रहते थे। बॉक्स ऑफिस का सार भी तो अधिकतम ही है। वे आम आदमी के लिए फिल्में बनाते थे। आज टेलीविजन आम आदमी के

जीवन का हिस्सा बन गया है तो राजकपूर कैसे अपने को रोकते? राजकपूर ने अभिनव फिल्म 'आग' द्वारा फिल्मों में प्रवेश किया था, तो टेलीविजन के लिए भी कोई अभिनव विचार ही लाते। शायद वे आतंकवाद और देश के भीतर पनपती तालिबानी प्रवृत्तियों पर टेलीविजन के लिए कथाएँ रचते।

क्या राजकपूर आत्म-कथा लिखते? उनकी फिल्मों में उनके जीवन की बहुत-सी बातें अभिव्यक्त हुईं। अतः इसकी कोई सम्भावना नहीं है। सृजन करनेवालों पर अनेक प्रभाव होते हैं और उन्हें समझने की कुंजी भी वहाँ से ही मिल सकती है, मसलन दिलीपकुमार को समझने के लिए एमिल ब्रोन्टों की 'वुदरिंग हाइट्स' ही सच्ची मदद कर सकती है। राजकपूर को समझने के लिए पृथ्वीराज कपूर द्वारा मंचित नाटक सहायता कर सकते हैं, क्योंकि जवानी की दहलीज पर कदम रखते ही, वे पृथ्वी थियेटर्स से जुड़ गए थे। वही उनकी सच्ची पाठशाला थी। पृथ्वी में मंचित नाटक शकुन्तला, आहुति, पठान, दीवार सबसे अधिक लोकप्रिय थे। दर्शक की प्रतिक्रिया के अध्ययन से नाटकों में परिवर्तन किया जाता था। इन सभी नाटकों में धार्मिक सौहार्द, मानवीय करुणा, प्रेम और देशभक्ति की भावनाएँ समान रूप से मौजूद थीं और सोद्देश्यता के साथ भरपूर मनोरंजन था। राजकपूर का व्यक्तित्व और फिल्में सबसे अधिक इन्हीं से प्रभावित हैं।

राजकपूर की मृत्यु को बीस वर्ष हो चुके हैं और पुनर्जन्म की अवधारणा के अनुरूप वे अपने नए जन्म में बीस का होते-होते एक- दो प्रेम प्रकरण का आनन्द और अवसाद भोग चुके होंगे, क्योंकि प्रेमल स्वरूप ही उनका सार रहेगा जन्म-जन्मान्तर तक अगर विगत जन्मस्थल पेशावर में जन्मे हैं तो मुम्बई आना बहुत कठिन होगा। जहाँ उन्होंने बादाम, अखरोट खरीदे थे, वहाँ अब हथियार बिकते हैं। हथियार पेशावर की धरती और पठानों की आत्मा तक में धँस गए हैं। उन्हें लगेगा जैसे 'जिस देश' का डफवाला राजू डाकुओं की बस्ती में आ गया है। उन्हें सबसे अधिक पसन्द पहलगाम (काश्मीर) और इन्टरलॉकन (स्विट्जरलैंड) था। पहलगाम सुलग रहा है। देसी ठाठ का बंजारा इन्टरलॉकन में क्योंकर जन्मेगा? कुछ संस्कार जन्म-जन्मान्तर तक साथ चलते हैं। अतः राजकपूर गंगातट के किसी स्थान पर जन्मे होंगे। अपने नए चोले में वे कहीं भी जन्में हों, मुम्बई अवश्य आएँगे, क्योंकि यह शहर उनकी आत्मा और फिल्मों का अविभाज्य हिस्सा रहा है। यह भी सम्भव है कि वे 'श्री 420' के नायक की तरह ईमानदारी का मैडल और शिक्षा की डिग्री लिए मुम्बई आएँ। उन्हें विद्या (नरगिस का नाम, श्री 420 में) की तलाश में माया (नादिरा) से टकराना होगा। उन्हें धारावी देखकर आश्चर्य होगा कि नया जन्म हो गया परन्तु झोंपड़पट्टियाँ कायम हैं और कुमार (भिखारी) आज भी कहेगा कि ईमानदार और मेहनतकश हो तो काम नहीं मिलेगा, परन्तु छल-कपट से धन कमाने के रास्ते अब 840 हो चुके हैं। केलेवाली दिलवाली

(ललिता पवार) के निकट ही राज ठाकरे का सवैतनिक गुण्डा उनसे कहेगा कि वापस जाओ, तुम्हें यहाँ नहीं बसने देंगे। सब जगह से खदेड़े जाने के बाद उन्हें सेठ सोनानन्द धर्मानन्द के विशाल बंगले के सामने के फुटपाथ की तलाश होगी। पुलिसवाला फुटपाथ पर सोने नहीं देगा तो वे कहेंगे, 'यह पासबाँ हमारा, यह सन्तरी हमारा, रहने को घर नहीं कहने को सारा जहाँ हमारा' (फिर सुबह होगी)। जब राजकपूर अभिनय के अवसर तलाश करेंगे तब निर्माता कहेगा कि जिम जाकर सिक्स पैक बनाओ, घुड़सवारी सीखो, जूड़ो कराटे की संस्था में जाओ, क्योंकि अभिनय छोड़कर बाकी सब कुछ आना चाहिए। एक शाम वे जुहू में शशिकपूर द्वारा निर्मित पृथ्वी थियेटर्स में पहुँचते हैं। मंचन की व्यवस्था और सहूलियतें उन्हें प्रभावित करती हैं। उनके पिता के जमाने से आज का थियेटर अलग है। नए-नए प्रयोग हो रहे हैं।

किसी निर्माण संस्था में अवसर नहीं मिलने से हताश राजकपूर चेम्बूर के आर.के. स्टूडियो पहुँचते हैं। उन्हें चौकीदार भीतर नहीं जाने देता। उन्हें बताया जाता है कि विगत नौ वर्षों से आर.के. ने कोई फिल्म नहीं बनाई है। वे पिछली दीवार फाँदकर स्टूडियो में पहुँचते हैं। प्यास लगी है, नल खोलते हैं, तो उन्हें 'जागते रहो' के गँवई गाँव का आदमी समझकर खदेड़ दिया जाता है। बार-बार अस्वीकृत होने पर भी अभिनय की लालसा कायम है। वे अपनी तरह अस्वीकृत युवा लोगों के साथ नुक्कड़ नाटक खेलना प्रारम्भ करते हैं।

राजकपूर की 'आवारा' और 'जोकर' कथा के अन्तिम हिस्से से शुरू हुई और फ्लैशबैक में घटनाक्रम प्रस्तुत करके क्लाइमैक्स पर लौट आई।

इस किताब का प्रारम्भ भी हमने कुछ वैसा ही किया है और अब हम राजकपूर की सृजन प्रक्रिया देखते हुए, उनकी किंवदंती बनने को भी समझ सकेंगे। इस सारे प्रयास में भारत को समझने का अल्प प्रयास भी शामिल है।

सृजन के चार आधार

चौदह दिसम्बर, 1924 को पृथ्वीराज कपूर के घर प्रथम पुत्र का जन्म हुआ। किसी रिश्तेदार ने सुझाव दिया कि पुत्र का नाम सृष्टिनाथ रखा जाए। पृथ्वीराज को इस नाम में 'अहं' का बोध हुआ। उन्हें किसी प्रकार का घमंड पसन्द नहीं था। उन्हें सृष्टिनाथ नाम कठिन भी लगा। उन्होंने नाम रखा रणवीर राजकपूर। बड़े होने पर इसी पुत्र ने एक सृष्टि (दुनिया) की रचना तो की परन्तु ईश्वर की तरह नहीं, एक प्रेमी कलाकार की तरह। प्रेम ही राजकपूर के सृजन का शक्तिस्रोत रहा है। फिल्म माध्यम के इस कबीर ने प्रेम के ढाई आखर को समझने का प्रयास सारी उम्र किया और इस प्रयास के तहत ही साढ़े अठारह फिल्मों का निर्माण भी किया। अपनी अन्तिम फिल्म 'हिना' के तीन गीत रिकॉर्ड किए, पाँच गीतों की धुनें बनवाईं और पटकथा के चार संस्करण भी तैयार किए थे। कुछ सेट्स और पोशाकों के रेखाचित्र भी बनाए थे, लेकिन शूटिंग नहीं की थी। इसीलिए इसे आधी फिल्म कह रहे हैं। निर्माण के इकतालीस वर्षों में राजकपूर ने साढ़े अठारह फिल्में बनाईं, एक दर्जन पटकथाओं पर काम किया और सैकड़ों गीतों की धुनें बनाईं। अजन्ता, घूँघट के पट खोल, परमवीरचक्र, रिश्वत, मैं और मेरा दोस्त तथा जोकर भाग-2 वे पटकथाएँ हैं, जिन पर फिल्में नहीं बनाई जा सकीं।

सृजन के इन सारे कार्यों का केन्द्र हमेशा प्रेम ही रहा। दरअसल राजकपूर के

जीवन गीत में प्रेम स्थायी भाव है। प्यार, राजकपूर के जीवन में सबसे बड़ी ताकत और सबसे खतरनाक कमजोरी भी रहा है। प्रेम की शक्ति ने उनसे फिल्में बनवाईं तो प्रेम की कमजोरी के कारण वे जीवनभर ठगे भी गए। जानकर ठगे गए, अनजाने कुछ भी नहीं हुआ। ठग उनके अपने लोग थे, जिन्हें वे प्यार करते थे। वे सब कुछ जानकर, आँखें बन्द कर लेते थे। एक बार एक हितैषी ने एक मित्र की ठगी का वृत्तान्त राजकपूर को सुनाया और पूछा, 'क्या आप जानते हैं कि फलाँ आदमी आपको ठग रहा है? आपके नाम का दुरुपयोग कर रहा है?'

फिल्म जगत के इस कबीर ने प्रेम के 'ढाई-आखर' को समझने का प्रयास तमाम उम्र किया और इस प्रयास के तहत उनकी साढ़े अठारह फिल्में भारतीय सिनेमा की अनोखी धरोहर हैं। राजकपूर में प्रेम करने की असीमित शक्ति थी और असफल होने पर रोने का अदम्य साहस। सृजन की महत्त्वाकांक्षा के साथ अपने पिता पर अगाध श्रद्धा ने राजकपूर को राजकपूर बनाया है।

राजकपूर ने कहा, 'मैं जानता हूँ। यह उसका दुर्भाग्य है कि वह यह नहीं जानता कि एक बार उसने मुझ पर एक अहसान किया है, जिसके बदले वह मेरा सब कुछ ले सकता है। वह मूर्ख तो चन्द सिक्के ठगकर खुश हो रहा है।' तमाम ठगी और चोरियों के बाद राजकपूर को उनकी फिल्मों की व्यावसायिक सफलता का मात्र दस प्रतिशत ही मिल पाया। आय कर उनका 'सदा जागनेवाला हिस्सेदार' था। मृत्यु के समय भारत के सफलतम निर्माता, अभिनेता के घर और बैंक में नाममात्र की धनराशि थी। उनकी असली सम्पत्ति तो वह सिनेमा संस्कृति है, जो वह अपने पीछे छोड़ गए हैं।

राजकपूर के पास प्रेम करने की असीमित शक्ति थी और प्रेम में असफल होने पर खूब आँसू बहाने का माद्दा भी था। औद्योगिक प्रगति ने आदमी के सीने में इस्पात भर दिया है और इसी कारण वह आसानी से हँसना और सहज होकर रोना भूल-सा गया है। कामयाबी की आँधी सबसे पहले मनुष्य की संवेदना को लील जाती है। राजकपूर ने सारी जिन्दगी अपने भीतर के बच्चे को नहीं मरने दिया। इस चिरन्तन बच्चे से उनकी फिल्मों में सहजता और सरलता का निर्वाह हुआ है। आजकल के तथाकथित 'विज किड' निर्देशक सीधी बात को भी दुरूह बनाकर प्रस्तुत करते हैं और इस औघड़पन को अपनी योग्यता समझते हैं। बचपन और बालपन में यही फर्क है।

प्रेम ने राजकपूर को हँसना और रोना सिखाया, तो जिन्दगी ने उन्हें 'हँसते हुए रोना' और 'रोते हुए हँसना' सिखाया। जिन्दगी की पाठशाला में सीखे हुए सबक को राजकपूर ने अपनी फिल्मों में उतार दिया। उनकी अधिकांश फिल्में 'आँसू के मध्य से देखी हुई मुस्कान' हैं। राजकपूर की अन्यतम रचना 'जोकर' में तो यह विचार जस का तस ही रख दिया गया है। नायक की माँ की मृत्यु हो जाती है और 'तमाशा सदा जारी रहे' की भावना के अनुरूप नायक नाच-गाकर तमाशबीन जनता का मनोरंजन करता है। इस दृश्य के अन्त में नायक, वायलिन बजाते हुए मन्द-मन्द मुस्कराता है। यह शॉट आँसू की एक बूँद के मध्य से लिए जाने का आभास देता है। यह यादगार दृश्य ही राजकपूर के फिल्म चिन्तन की आत्मा है।

आँसू के मध्य से देखी हुई मुस्कान को सिनेमा के पर्दे पर प्रस्तुत करने का प्रयास

है—आवारा, श्री 420, जागते रहो, जिस देश में गंगा बहती है और मेरा नाम जोकर। शुद्ध प्रेम-कथाओं का चित्रण हुआ है—बरसात, आह, संगम, बॉबी, सत्यम् शिवम् सुन्दरम्, प्रेम रोग और राम तेरी गंगा मैली में। बच्चों को केन्द्रीय भूमिका देकर बनाई गई फिल्में हैं—बूट पॉलिस और अब दिल्ली दूर नहीं। बीवी ओ बीवी शुद्ध हास्य फिल्म थी। 'कल, आज और कल' रणधीरकपूर की फिल्म थी और 'धरम-करम' आवारा के सिक्के का दूसरा पहलू है। राजकपूर की पहली फिल्म 'आग' को किसी भी श्रेणी में नहीं रखा जा सकता, क्योंकि वह राजकपूर की सभी फिल्मों से अलग है और उनकी हर फिल्म में आग कहीं-न-कहीं मौजूद है। दरअसल 'आग' सर्जक राजकपूर का घोषणा-पत्र था। उनका शंखनाद था। बाइस वर्षीय युवक की आकांक्षाओं का दस्तावेज था। कथ्य और तकनीक की दृष्टि से जिन विशेषताओं की झलक आग में देखी गई, उन सभी का चरम विकास अगली फिल्मों में हुआ। 'जोकर,' 'आग' का ही विराट स्वरूप था। आग के प्रणय दृश्य बरसात और बॉबी में विकसित हुए। आग में नायक (स्टेज का दिग्दर्शक) जिस अदा से नायिका को प्रस्तुत करता है, वह अदा और भव्य सैट्स भावी शो-मेन की कल्पनाओं से परिचित कराते हैं। कमोबेश आग उस यात्रा का प्रारम्भ है, जिसका विस्तार और समापन 'जोकर' में हुआ। सत्यम् शिवम् सुन्दरम् भी आग की आणविक विकिरण मात्र थी।

प्रेम और प्रेम में हँसना-रोना, राजकपूर की प्रथम प्रेरणा थी, तो सृजन शक्ति का दूसरा स्रोत उनकी अदम्य महत्त्वाकांक्षा थी। आग के नायक की तरह राजकपूर जीवन में कुछ असाधारण कर गुजरना चाहते थे। जलती हुई-सी महत्त्वाकांक्षा उनका ईंधन बनी। इस अपार महत्त्वाकांक्षा ने राजकपूर को भावनाओं की तीव्रता दी और यह 'इंटेनसिटी' ही राजकपूर के दिग्दर्शन को पैनापन देती है। कम उम्र में ही राजकपूर ने महत्त्वाकांक्षा का पौधा अपने दिल में लगा लिया था, जिसे

दादा बसेसरनाथ जी की गोद में पोता रणधीर कपूर

हालात ने सींचा और बड़ा किया। जोकर की असफलता ने राजकपूर को राख कर दिया, परन्तु महत्त्वाकांक्षा की चिंगारी ने फिर शोले पैदा किए और उन्होंने बॉबी बनाकर स्वयं को पुनः उच्चतम आसन पर स्थापित किया। विपरीत परिस्थितियों ने राजकपूर को नष्ट नहीं किया, वरन् इस जीवटवाले पठान का श्रेष्ठतम स्वरूप ही उजागर किया और वह कहावत के अनल-पक्षी (फोनिक्स) की तरह राख से निकलकर पुनः खुले आकाश में उड़ने लगे।

पृथ्वीराज उनकी प्रेरणा के तीसरे स्रोत रहे हैं। उन्हें अपने पिता के प्रति असीम श्रद्धा थी और वे हमेशा ऐसे कार्य करना चाहते थे कि जिनसे उनके पिता की गरिमा बढ़े। राजकपूर को जीवन में कभी ऐसा नहीं लगा कि वे अपने पिता से अधिक ख्याति अर्जित कर सके हैं। दुनियावालों ने जल्दी ही स्वीकार कर लिया कि पृथ्वीराज सिर्फ राजकपूर के पिता हैं, जबकि राजकपूर अन्तिम समय तक स्वयं को पृथ्वीराज के बेटे से अधिक कुछ नहीं मानते रहे। कभी-कभी राजकपूर शराब पीकर आधी रात के बाद (राजकपूर का मनपसन्द समय) अपने पिता के मकान के नीचे खड़े रहकर उन्हें आवाज देते थे। जब पृथ्वीजी बॉलकनी में आते, तो राजकपूर कहते–'आप नीचे नहीं आइए, मैं ही कोशिश करूँगा कि आपके बराबर आ सकूँ।' इतना कहकर राजकपूर गाड़ी में बैठकर भागे हुए काफिर नशे की तलाश में निकल जाते थे। बाप-बेटे के बीच ऊपर से नीचे और नीचे से ऊपर आना महज चन्द सीढ़ियों का चढ़ना-उतरना नहीं था, बल्कि एक पूरी उम्र का फासला, श्रद्धा के चन्द लम्हों में पार करना था।

'बरसात' की अपार सफलता ने राजकपूर को भारतीय सिनेमा का महत्त्वपूर्ण हस्ताक्षर बना दिया था। वे अपने पिता की महानता से इतने आतंकित थे कि 'आवारा' की पटकथा सुनाने स्वयं नहीं गए। जब के.ए. अब्बास और वी.पी. साठे जब पृथ्वीराज को 'आवारा' सुना रहे थे, राजकपूर ईश्वर से प्रार्थना कर रहे थे कि पापाजी को 'आवारा' पसन्द आ जाए। उस जमाने में पृथ्वीराज अत्यन्त सफल और गरिमामय सितारे थे। फिल्म के बाजार में नायक के रूप में उनका दबदबा था। आज धर्मेन्द्र और सुनील दत्त किसी फिल्म में अपने बेटों के बाप की भूमिका करने से कतराते हैं, क्योंकि नायक की छवि से हटकर अपने बेटों के बाप वे नहीं दिखाई देना चाहते हैं। आज उम्र के इस दौर में धर्मेन्द्र नेकर और शार्ट्स (फरिश्ते, मस्त कलन्दर) पहनकर अपने से आधी से भी कम उम्र की नायिका के साथ इश्क करने में शान समझते हैं। 'रुस्तम और सोहराब' जैसी महान कथा में भी धर्मेन्द्र और सनी देओल पिता-पुत्र की भूमिका नहीं करना चाहते हैं। 'आवारा' के जमाने में पृथ्वीराज कपूर आज के धर्मेन्द्र से कहीं अधिक बड़े और गरिमामय सितारे थे। पृथ्वीराज ने 'आवारा' की पटकथा सुनकर बगैर अपनी छवि आदि की परवाह किए पिता की भूमिका करना स्वीकार किया।

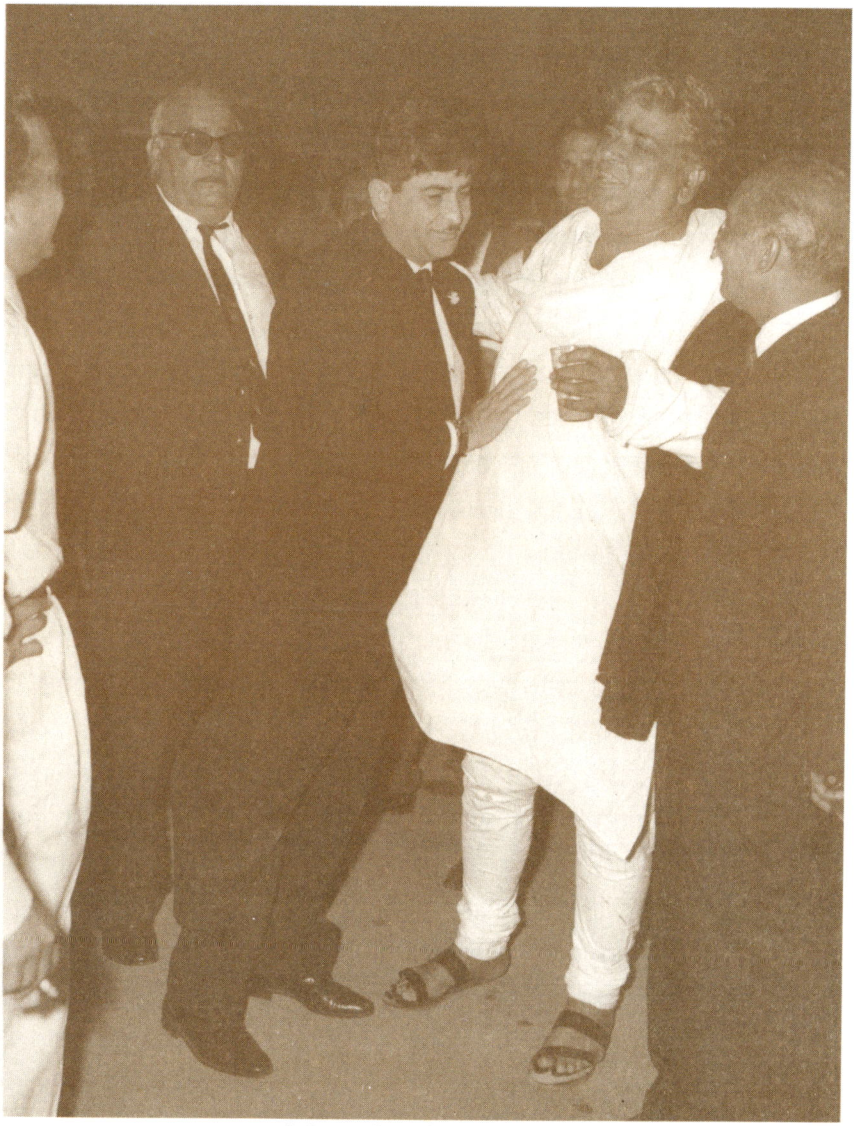

राजकपूर अपने पिता पृथ्वीराज जी तथा अन्य साथियों के साथ

राजकपूर अपने पिता का इतना आदर करते थे कि उनके सामने कभी सिगरेट और शराब का सेवन नहीं किया। हर फिल्म के प्रारम्भ में ईश्वर से आशीर्वाद लेने के बाद पिता का आशीर्वाद लेते रहे और आर.के. के प्रतीक चिन्ह के पहले पृथ्वीराज की पूजा का दृश्य पर्दे पर आता रहा। बचपन से ही राजकपूर पर अपने पिता के भव्य व्यक्तित्व का दबदबा रहा, उन्होंने सदैव पिता को ही अपना आदर्श माना। पृथ्वी-थियेटर में शो के बाद पृथ्वी के कमरे में दिग्गजों की महफिल लगती थी। राजकपूर एक कोने में बैठकर विद्वानों की बातें सुना करते थे। सभा के अन्त में

पृथ्वीराज सारी बातों को अत्यन्त सरल शब्दों में प्रस्तुत करते थे और उनकी इस योग्यता का राजकपूर पर बहुत गहरा प्रभाव पड़ा। राजकपूर ने बहुत गौर से देखा कि किस प्रकार उनके पिता अपनी मनपसन्द थीम पर लेखकों से नाटकों की पटकथा लिखवाते थे। पृथ्वीराज की ये बौद्धिक सभाएँ बहुत देर तक चलती थीं। सबके जाने के बाद साफ-सफाई कराके राजकपूर ऑपेरा हाउस से माटूँगा की ओर पैदल रवाना होते थे। उतनी रात बस या ट्रेन मिलने का सवाल नहीं था और टैक्सी के लिए पैसे नहीं होते थे। अतः सारे वार्तालाप की जुगाली करते हुए राजकपूर अलसभोर में घर पहुँचते थे। यह अनुभव सारी उम्र राजकपूर के काम आया नाटक की पटकथा बनाते समय पृथ्वीराज दर्शकों पर दृश्यों के प्रभाव के बारे में बहुत जागरूक रहते थे। उनके सभी नाटकों में संवाद सामाजिक उद्देश्यों के साथ पर्याप्त मनोरंजक रहता था। संवादों पर दर्शकों की प्रतिक्रिया जान लेने के बाद आवश्यक परिवर्तन भी किया जाता था। सिनेमा में यह सम्भव नहीं है। पृथ्वी थियेटर में राजकपूर ने दर्शकों की प्रतिक्रिया का गहराई से अध्ययन किया। सारी उम्र राजकपूर का दर्शकों से गहरा तादात्म्य रहा, क्योंकि दर्शक राजकपूर के लिए अजनबी नहीं थे और दर्शकों के लिए राजकपूर कोई गैर नहीं थे। इस अटूट सम्बन्ध की आधारशिला पृथ्वी थियेटर था। अनुभव और समय के साथ इस अटूट सम्बन्ध पर राजकपूर की पकड़ इतनी गहरी हो गई थी कि पटकथा बनाते समय ही वह कह देते थे कि किस दृश्य पर ताली पड़ेगी। 'राम तेरी गंगा मैली' के प्रदर्शन के पूर्व ही उन्होंने मुझसे कहा था कि रील नम्बर चार में जब मंदाकिनी का पहला 'क्लोज अप' आएगा और वह कहेगी 'मैं ही तो हूँ गंगा' इस दृश्य पर अगर ताली पड़ती है, तो समझना कि दर्शकों ने मंदाकिनी को गंगा के रूप में स्वीकार कर लिया है और फिल्म सफल सिद्ध होगी। इन्दौर में फिल्में गुरुवार को प्रारम्भ होती हैं और बम्बई में शुक्रवार को। अतः उनकी हिदायत थी कि इस दृश्य के बाद मैं उन्हें फोन करूँ और निश्चित समय का कॉल पहले से ही बुक करा लूँ। इन्दौर के संगीता सिनेमा में मैंने दर्शकों को इस दृश्य पर ताली बजाते हुए देखा और फोन पर राज साहब को बधाई दी। फोन पर ही राजकपूर ने ऑपरेटर को लाइन पर से हटने को कहा। मुझे आश्चर्य हुआ कि उन्हें ऑपरेटर की मौजूदगी का अहसास कैसे हुआ। मैंने पूछा भी। उन्होंने कहा कि अति उत्साहित ऑपरेटर की साँस स्पष्ट सुनाई दे रही थी। उम्र के उस दौर (60 वर्ष) में भी राजकपूर की सारी इन्द्रियाँ कितनी सचेत थीं। कोई आश्चर्य नहीं कि हवा में मौजूद अनसुनी-सी ध्वनि को भी पकड़कर राजकपूर कोई गीत रच लिया करते होंगे। राजकपूर कहते भी थे कि प्रकृति के हर क्रिया-कलाप में संगीत होता है। जब सब ओर सन्नाटा छाया रहता है, तब भी सन्नाटे की सिम्फनी बजती रहती है। सचमुच राजकपूर ध्वनि का पुरुष रूपान्तर थे।

राजकपूर की सृजन शक्ति की चौथी प्रेरणा उनकी धार्मिक आस्था रही है।

राजकपूर ने पृथ्वीराज से जन्मजात संस्कारों के अतिरिक्त धर्म के प्रति अटूट आस्था भी पाई थी। पृथ्वीराज कार में बैठकर, जहाँ कहीं जाते थे, तो रास्ते में सभी मन्दिरों, मस्जिदों और गिरजाघरों के सामने अपना सिर झुकाते थे। यही आदत सभी कपूरों में है। आज भी वे लोग आस्था के सभी केन्द्रों पर सिर नवाते हैं। दरअसल कपूर परिवार ने ही फिल्मों में धार्मिक अनुष्ठानों, हवन और पूजा को इतना महत्त्व दिया। कपूर परिवार के लिए धर्म का अर्थ कट्टरता नहीं है, क्योंकि उनके अत्यन्त प्रिय मित्र और सहयोगी विभिन्न धार्मिक सम्प्रदायों से आए थे। राजकपूर की कॉटेज में सभी धर्मों के ग्रन्थ रखे होते थे और वे सबको समान आदर देते थे। राजकपूर के घाट पर शैलेन्द्र और हसरत ने सदैव एक साथ शराब पी और किसी प्रकार का भेदभाव नहीं किया। यदि बंगाली कैमरामैन राधू करमाकर, निर्देशक राजकपूर की आँखें थीं, तो साउंड रिकॉर्डिस्ट मुसलमान अलाउद्दीन खान निर्देशक राजकपूर के कान थे। गुजराती मुकेश यदि कलाकार राजकपूर की आवाज थे, तो मुसलमान नरगिस उनकी फिल्मों की आत्मा थीं। राजकपूर के स्थायी लेखकद्वय थे, ख्वाजा अहमद अब्बास और वी.पी. साठे। राजकपूर के सृजन का आधार विराट हिन्दू धर्म था, परन्तु धार्मिक संकीर्णता के लिए उनके जीवन में कोई स्थान नहीं था।

राजकपूर ने आर.के. स्टूडियो के प्रारम्भ ही से गणपति की स्थापना की परम्परा डाली थी, जो आज भी जारी है। चेम्बूर के गणपति उत्सव में आर.के. के गणपति का विशेष स्थान है। राजकपूर सार्वजनिक गणपति के सामाजिक महत्त्व से भली-भाँति

परिचित थे। गणपति उत्सव पर स्थापना और विसर्जन का प्रारम्भ सच्ची आस्था से ही हुआ है। कल्पना कीजिए आवारा की असीम सफलता के बादवाले गणपति विसर्जन में राजकपूर, नरगिस, शंकर, जयकिशन, मुकेश, लता, शैलेन्द्र, हसरत नाचते-गाते हुए बम्बई की सड़कों पर निकलते थे, तो आम आदमी का उत्साह क्या होता होगा? ये परम्परा आज भी जारी है। एक बार गणपति उत्सव के समय हिना की शूटिंग यूरोप में हो रही थी, तब राजीव कपूर को बम्बई भेजा गया, जहाँ उन्होंने गणपति उत्सव की तैयारियाँ कराईं। आर.के. गणपति उत्सव बम्बई के सामाजिक जीवन में बहुत महत्त्व रखता है। क्या राजकपूर जैसे बुद्धिमान व्यक्ति ने गणपति उत्सव के 'बॉक्स आफिस' मूल्य का अन्दाजा नहीं लगाया होगा? यह प्रश्नचिन्ह उनकी आस्था पर नहीं है वरन् राजकपूर नामक किंवदन्ती के बनने के कारण खोजता है और राजकपूर तथा आम आदमी के सम्पर्क का ज्ञान हमें कराता है। इससे यह भी समझना आसान होता है कि पृथ्वीराज का प्रभाव राजकपूर पर कितना गहरा था। पूजन और हवन की परम्परा इस तरह फिल्मों में विकसित हुई।

'राम तेरी गंगा...' के मुहूर्त पर हवन

हिन्दी थियेटर के इतिहास में पृथ्वी थियेटर का बहुत महत्त्व है। पृथ्वी थियेटर के मोनोग्राम पर लिखा होता था 'कला देश की सेवा में'। उस जमाने में नाटकों में फूहड़ता होती थी। पृथ्वीराज ने अपने नाटकों में सामाजिक समस्याओं के सरल निदान प्रस्तुत किए थे। दर्शकों को अपने कर्तव्य और दायित्व के प्रति जागरूक किया था। अपने

जमाने के सुपर स्टार पृथ्वीराज ने फिल्मों से पैसा कमाकर नाटक कम्पनी पर खर्च किया। उस जमाने में समाज का एक बड़ा वर्ग नाटक को हिकारत की निगाह से देखता था। पृथ्वीराज ने इस दृष्टिकोण में बदलाव लाने के लिए बहुत मेहनत की। उनके इस संघर्ष को राजकपूर ने बहुत नजदीक से देखा था और उन्हें इस बात का भी ज्ञान था कि जब पृथ्वीराज अभिनेता बनना चाहते थे, तो उनके पिता और अन्य रिश्तेदारों ने इसका जबरदस्त विरोध किया था। वे लोग चाहते थे कि पृथ्वीराज वकील या सरकारी अफसर बनें। 1924 के जमाने में भला कौन समझदार आदमी अपने पढ़े-लिखे बेटे को अभिनेता बनने की इजाजत देता? उस समय भारत में सिनेमा को विकसित हुए सिर्फ ग्यारह वर्ष हुए थे। इसी बात ने राजकपूर के सीने में आग को जन्म दिया। आग का नायक भी सफल बैरिस्टर की सन्तान है और पिता से विद्रोह कर वह नाटकों की दुनिया में चला जाता है। प्रारम्भ में तीन दिन का भूखा-प्यासा, थका-हारा नायक पिछले अधखुले दरवाजे से वर्षों से बन्द नाटक-घर में जा पहुँचता है। कबूतरों ने थियेटर को अपना घर बना लिया है। जगह-जगह मकड़जाले हैं। धूल-मिट्टी से सनी बाँसुरी और पायल पर नायक की निगाह जाती है। अँधेरे-बन्द थियेटर में स्टेज पर रोशनी हो जाती है और नायक कहता है—यह अकेले मेरी कहानी नहीं है। मुझ जैसे लाखों नौजवान हैं। जिन्दगी तो उनकी है, परन्तु उसे बनानेवाला कोई और है। हम अपना जीवन खुद क्यों नहीं बना सकते। माँ, मैंने तेरे प्यार का अपमान नहीं किया है, सिर्फ वह घर छोड़ा है, जिसकी पथरीली दीवारें मेरी आवाज नहीं सुन सकती। माँ, पिताजी को समझाना कि मैं उनके माथे का धब्बा नहीं बनूँगा। "मैं थियेटर को उस ऊँचाई पर ले जाऊँगा, जहाँ लोग उसे सम्मान की दृष्टि से देखते हैं...।"

खाली थियेटर में तालियों की गड़गड़ाहट गूँजती है। फिर खामोशी के बाद ताली बजाते हुए प्रेमनाथ प्रवेश करते हैं, जो उस बन्द थियेटर के मालिक हैं और नायक को कहते हैं कि थियेटर शुरू करो। प्रेमनाथ लाखों रुपए लगाने को तैयार हैं। राजकपूर कहते हैं, "क्या आपके पास चार आने हैं, मैंने दो रोज से खाना नहीं खाया।" यह राजकपूर की प्रतिभा थी कि एक गम्भीर नाटकीय दृश्य का अन्त हास्य के स्पर्श से होता है जो दृश्य को मार्मिक भी बना देता है।

आग के इस दृश्य से राजकपूर पर पृथ्वीराज के गहरे प्रभाव का पता चलता है। पृथ्वीराज ने सफल सितारे का आरामवाला जीवन छोड़कर नाटक का कठिन मार्ग चुना था। राजकपूर ने भी निर्माता होने का जोखिम बहुत ही कम उम्र में लिया था। पिता-पुत्र में जीवन की चुनौती को स्वीकार करने की अद्‌भुत क्षमता थी। दोनों ही बड़े जीवट के लड़ाकू थे। आग का यह दृश्य जोकर के 'खाली-खाली कुर्सियाँ हैं' में दोहराया गया है। पिता एक सफल जोकर थे, जो लोगों का मनोरंजन करते हुए मर गए। पुत्र का आदर्श भी यही है और वह महान जोकर होना चाहता है। संगम का

नायक हिन्दी नहीं पढ़ सकता है। पृथ्वीराज के जमाने में महिलाएँ हिन्दी पढ़ती थीं और पुरुष उर्दू। दरअसल राजकपूर की सारी फिल्मों में उनके स्वयं के जीवन की घटनाएँ हैं और अपने पिता के जीवन की घटनाएँ हैं। पृथ्वीराज को मरणोपरान्त दादा फाल्के पुरस्कार मिला था, जिसे लेने के लिए ज्येष्ठ पुत्र राजकपूर दिल्ली गए थे। जब स्वयं राजकपूर को दादा साहब फाल्के पुरस्कार मिला, तो खराब तबियत के बावजूद भी वे दिल्ली गए, क्योंकि पिता द्वारा पाए गए इस पुरस्कार को भी स्वयं अर्जित करना, उनके लिए विशेष महत्त्व रखता था। राजकपूर की प्रिय जोकर में पिता का पात्र अपने श्रेष्ठतम तमाशे के समय ही मरता है और जीवन में राजकपूर के साथ भी लगभग यही हुआ कि दादा फाल्के पुरस्कार लेते समय ही वे लगभग मर गए। बाद का एक महीना तो मशीनों ने कृत्रिम तौर पर उन्हें जिन्दा रखा। राजकपूर के जीवन में हकीकत और अफसाना गले मिलते हुए-से नजर आते हैं।!

राजकपूर की फिल्मों के निर्माण में प्रेरणा के चार बिन्दु थे—राजकपूर के प्रेम करने की असीमित शक्ति, प्रेम में असफल होने पर रोने का साहस तथा राजकपूर की अदम्य महत्त्वाकांक्षा। अपने पिता पर अगाध श्रद्धा और अपार धार्मिक श्रद्धा जो जन्मजात संस्कार के अतिरिक्त उन्हें अपने पिता द्वारा दी गई शिक्षा से प्राप्त हुई थी। इन चारों शक्तियों ने राजकपूर को प्रेरणा दी और यही शक्तियाँ वे आधार स्तम्भ बनीं, जिन पर राजकपूर ने सृजन किया है।

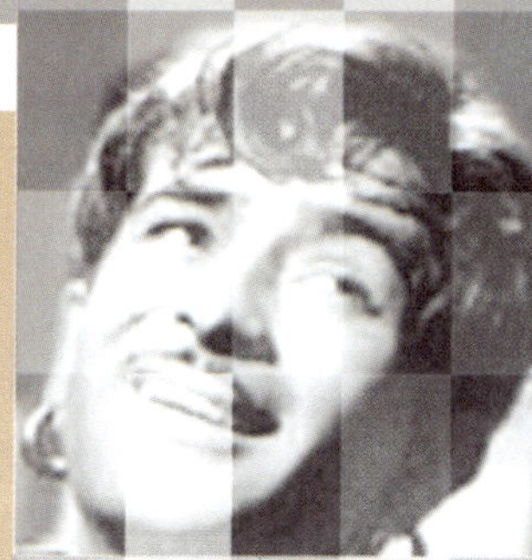

राजकपूर, भारत और पं. नेहरू

राजकपूर के जीवन में कई अजीब बातों का समावेश था और अनेक विरोधाभास भी थे। उनके सृजन की प्रक्रिया समझने के लिए उन अजीब बातों और विरोधाभासों को समझना बहुत जरूरी है। यह बात सभी जानते हैं कि के. ए. अब्बास और शैलेन्द्र जैसे साथियों के प्रभाव ने राजकपूर को समाजवादी दृष्टिकोण दिया और उन्हें साम्यवादी सिनेमा का फिल्मकार भी समझा जाता रहा। रूस, चीन, रूमानिया और अन्य कम्युनिस्ट देशों में उनकी फिल्में लगभग राष्ट्रीय फिल्मों की तरह देखी और सराही गईं। अपनी अनेक यात्राओं में उन्हें वहाँ की जनता ने बहुत प्यार और सम्मान दिया। एक तरफ उनका समाजवादी रुझान था, तो दूसरी ओर आएन रैंड की 'फाउंटेनहैड' नामक पुस्तक उन्हें बहुत पसन्द थी। 'फाउंटेनहैड' पूँजीवाद का दस्तावेज है और समाजवादी व्यवस्था पर गहरा प्रहार है। मैंने एक बार उनसे पूछा भी था कि समाजवादी राजकपूर, पूँजीवादी किताब को इतना पसन्द क्यों करता है? राजकपूर को उस किताब की नायिका डॉमनिक बहुत पसन्द थी। उन्हें नायक हॉवर्ड रॉर्क का आत्मविश्वास बहुत प्रेरक लगता था। उनका कहना था कि नायक हॉवर्ड रॉर्क का सृजनात्मक 'अहं' बहुत महत्त्वपूर्ण है, जो भारतीय विचारधारा 'अहम् ब्रह्मास्मि' के बहुत निकट है। यह विचार व्यक्ति को इतना महत्त्व देता है कि मनुष्य ही ईश्वर है। आत्मा और परमात्मा में कोई अन्तर नहीं है। 'कर खुदी को इतना बुलन्द कि खुदा खुद बंदे से यह पूछे बता तेरी रजा क्या है'। दरअसल राजकपूर

पंडित जवाहरलाल नेहरू के साथ दिलीप कुमार, देवानंद तथा राजकपूर

राजनीति में जो स्थान पंडित जवाहरलाल नेहरू का बना है, मनोरंजन की दुनिया में वही स्थान राजकपूर का कायम हुआ है। इन दोनों के जादुई व्यक्तित्व ने आम आदमी से प्यार का नजदीकी रिश्ता कायम करने में कामयाबी पाई है। दोनों समाजवादी सपनों के सौदागर थे। शुद्ध भारतीयता के रंग में रंगे नेहरूजी और राजकपूर के प्रेम और समाजवाद का अजीब-सा मिश्रण जादुई ताकत बनकर जनता के सिर चढ़ गया।

स्वयं 'अहम् ब्रह्मास्मि' में विश्वास रखते थे और ऐसे अदम्य आत्मविश्वास के बिना कोई भी कलाकार सृजन नहीं कर सकता। राजकपूर को डॉमनिक और रॉर्क के पात्रों में अद्‌भुत सिनेमाई सम्भावना नजर आती थी। राजकपूर के लिए पहली और अन्यतम चीज थी सिनेमा—और सिनेमा के इस महान प्रेमी के लिए राजनीतिक विचारधारा बहुत महत्त्वपूर्ण नहीं थी।

विरोधाभास पर विचार करने पर पाते हैं कि भारतीय सिनेमा के पर्दे पर राजकपूर आम आदमी के चरित्र को प्रस्तुत करनेवाले अमर कलाकार हुए हैं। उन्होंने यह काम अनुभूति की इतनी तीव्रता से प्रस्तुत किया कि अफसाना हकीकत बन गया है। तीसरी कसम के हीरामन पर कौन अविश्वास कर सकता है? जागते रहो का गवई गाँव का नायक भूखा-प्यासा महानगर की गगनचुम्बी अट्टालिका में असहाय है और उसकी बेबसी पर आँखें नम हो जाती हैं। जिस देश में गंगा बहती है का राजू, ठेठ भारतीय चरित्र है।

भारतीय आम आदमी के चरित्र को पर्दे पर प्रस्तुत करनेवाले राजकपूर यथार्थ में एक खूबसूरत व्यक्तित्व के मालिक थे। गोरा-चिट्टा रंग, हल्के नीले रंग की आँखें, लाल गाल और सुनहरे बाल। यह आम भारतीय का व्यक्तित्व तो नहीं है। उनका रूप-रंग और डील-डौल एक यूरोपियन व्यक्ति की तरह था। उम्र के एक दौर में वे क्लार्क गैबल की तरह दिखते थे। अनेक बार विदेशों के दौरों पर लोग उन्हें इटेलियन

समझते थे। पर्दे पर ठेठ भारतीय और जीवन में यूरोपियन लगनेवाले राजकपूर हकीकत और अफसाने की खाई को अपनी कला से पाट देते थे। यह सब कैसे सम्भव हुआ? इस विराट विरोधाभास के पीछे क्या सिर्फ इतना तथ्य है कि राजकपूर बहुत अच्छे अभिनेता थे? इसमें कोई शक नहीं कि वे एक स्वाभाविक अभिनेता थे, परन्तु वह तकनीक कहाँ से आई, जिसने उन्हें नितान्त भारतीय रूप में पर्दे पर अमर कर दिया? इसके लिए सिर्फ अच्छा अभिनेता होना ही पर्याप्त नहीं था। राजकपूर का व्यक्तित्व सतही रूप से भले ही यूरोपियन था, परन्तु उनका 'दिल हिन्दुस्तानी' था। फिल्म श्री 420 की यह पंक्तियाँ ही सच्चे राजकपूर को प्रस्तुत करती हैं—''मेरा जूता है जापानी, मेरी पतलून इंग्लिस्तानी फिर भी दिल है हिन्दुस्तानी''। इस तथ्य को उन्होंने दर्शकों के दिल में उतार दिया।

राजकपूर के लालन-पालन में पिता पृथ्वीराज और माता रमा सरनी ने जो संस्कार दिए, वे उनके दिल को सदैव हिन्दुस्तानी रख सके। उम्र के किसी भी दौर में राजकपूर ने अपनी सहजता नहीं खोई। अपार लोकप्रियता और धन ने कभी उनके जीवन मूल्य नहीं बदले। राजकपूर ने कभी भी अपनी आत्मा को वातानुकूलित कमरे में कैद नहीं किया। छोटे-मोटे सड़कछाप भोजन के ठियों पर नियमित रूप से जाकर उन्होंने आम आदमी से अपना सम्पर्क कभी टूटने नहीं दिया। अपने ड्राइवर, खानसामा और स्टूडियो के साधारण कर्मचारियों से वे रोजमर्रा की बात हमेशा करते थे। सहज ही हँसने और रोने की क्षमता उन्होंने कभी नहीं खोई और जीवन की इसी आधारभूत सतह पर आम आदमी से उनका तादात्म्य बराबर बना रहा। दर्शक के साथ यह आत्मीय निकटता ही उनकी फिल्मों की सफलता का सबसे बड़ा राज है।

राजकपूर कोई भी भूमिका करते, उसकी सहजता उन्हें आम आदमी से जोड़ देती थी और अविश्वसनीय भूमिकाओं में भी उन्हें स्वीकार किया जाता था। 'जिस देश में गंगा बहती है' का राजू एक नितान्त ही अविश्वसनीय पात्र था। कई दिनों तक डाकुओं का मेहमान रहने के बाद भी वह डाकुओं को 'चोचलिस्ट' समझता रहा। आधा दर्जन गानों और सात रीलों के बाद उसे डाकुओं की अमानवीयता समझ में आती है। इतनी घोर अविश्वसनीय बात को भी सत्य के रूप में प्रतिपादित करना राजकपूर जैसे निर्देशक और अभिनेता के ही बस की बात थी। जिस देश के राजू की पारदर्शी मासूमियत दर्शकों को पसन्द आई और पहले ही दृश्य में डफ बजाते हुए वह दर्शकों की आत्मा में प्रवेश कर गया। इस रागात्मक तादात्म्य के बाद सब कुछ सम्भव हो गया।

राजकपूर का जीवन बहुत अधिक प्रचारित जीवन था। उनकी भव्य दावतों के किस्से आम आदमी बहुत चटखारे लेकर पढ़ता था। वे बहुत अमीर हैं और बहुत अच्छा भोजन करते हैं—ये तमाम बातें सभी को मालूम थीं। आम आदमी को इस बात का कोई दुःख नहीं था, बल्कि उन्हें खुशी थी कि उनका राज सचमुच में राज

कर रहा है! यह सारा मामला कुछ ऐसा ही था जैसे फिल्म श्री 420 में नायक फुटपाथ से जीवन प्रारम्भ कर एक करोड़पति व्यक्ति हो जाता है और वह वैभव के खोखलेपन से परिचित होकर, सम्पूर्ण मोहभंग की स्थिति में फुटपाथ पर वापस आता है, तो फुटपाथ वाले उसे सिर आँखों पर बैठाते हैं। हकीकत और अफसाने के भेद को राजकपूर इसी तरह मिटाते रहे। दरअसल आम आदमी का राजकपूर पर असीम विश्वास था और वह राजकपूर को बहुत प्रेम करता था। इसी प्रेम के कारण उसे राजकपूर के सारे पात्र हकीकत ही लगते थे। राजकपूर और आम दर्शक का रिश्ता बड़ा अजीब था—यह रिश्ता भक्त और भगवान का न होते हुए दो प्रेमियों का रिश्ता था, जिसमें सारी कमजोरियों को नजरअन्दाज कर दिया जाता है। इसी कारण राजकपूर की फिल्म दर्शकों के लिए फिल्म न होकर प्रेम-पत्र का दर्जा पा लेती थी और कई बार यह प्रेम-पत्र सामाजिक दस्तावेज का रूप ग्रहण कर लेता था।

राजकपूर के प्रेम करने की क्षमता के कारण ही यह रिश्ता बन पाया। सहज ही हँसने-रोने के कारण वे आम आदमी से जुड़े। सबसे बड़ी बात यह है कि दोनों ही पक्ष अपने अपार प्यार को सहजता से प्रदर्शित भी कर पाए। भारत के लोग प्रेम के रस में डूबे हुए प्राणी हैं, क्योंकि उनके धार्मिक विश्वास ने भी उन्हें प्रेमी हृदय दिया है। राधा-कृष्ण के देश में प्रेम की बात करनेवाले को सहज ही स्वीकार किया जाता है। राजकपूर भारतीय जनमानस की जड़ों से परिचित थे और उनकी आत्मा भी उसी मिट्‌टी से बनी थी। राजकपूर का कमाल सिर्फ इतना है कि उन्होंने किसी आवरण

या किसी भी नकली चीज को अपने पर हावी नहीं होने दिया।

आम दर्शक और राजकपूर के रिश्ते को समझने के एक प्रयास में हमें कुछ खास बातों पर भी गौर करना होगा। भारत में अनेक नेता हुए हैं, जिन्हें भारत और आम आदमी से सच्चा प्यार था। परन्तु जो ख्याति जवाहरलाल नेहरू ने अर्जित की है, उसकी कोई सानी नहीं है, क्योंकि प्यार का रसायन ही विचित्र है। सरदार पटेल या मौलाना अबुल कलाम आजाद को भी भारत से उतना ही प्यार था, जितना नेहरू को था। लेकिन नेहरू और आम आदमी के बीच जो प्यार का अजीब-सा रिश्ता था, वह कम लोगों को ही नसीब हुआ है। राजनीति में जो स्थान जवाहरलाल नेहरू का बना है, मनोरंजन की दुनिया में वही स्थान राजकपूर का कायम हुआ है। इन दोनों के जादुई व्यक्तित्वों ने आम आदमी से बेहद प्यार का रिश्ता कायम किया था। यहाँ यह समझने की भूल नहीं होनी चाहिए कि मैं जवाहरलाल और राजकपूर को एक जैसा महत्त्व दे रहा हूँ या सरदार पटेल और मौलाना के प्रति मेरी श्रद्धा में कमी है। मेरा प्रयास तो केवल लोकप्रियता के विचित्र रसायन को समझने-समझाने की कोशिश है और इसी बहाने भारतीय जनमानस के अध्ययन का एक दिलचस्प प्रयास भी है।

जवाहरलाल नेहरू और राजकपूर रूस और चीन में भी अत्यन्त लोकप्रिय थे, क्योंकि दोनों ही समाजवादी सपनों के सौदागर होते हुए भी शुद्ध भारतीय व्यक्ति थे। इनका पूरा व्यक्तित्व प्रेम के रस में डूबा हुआ था। प्रेम और समाजवाद का अजीब-सा मिश्रण जादुई ताकत बनकर जनता के सिर पर चढ़ गया। दोनों ही व्यक्ति पश्चिम की औद्योगिक प्रगति से प्रभावित थे और भारत को आधुनिकता के मार्ग पर लाना चाहते थे। दोनों को पाश्चात्य विचारधारा प्रभावित करती थी, परन्तु उनका रुझान समाजवाद की तरफ था। नेहरू का सपना था कि भारत का औद्योगीकीकरण पश्चिम की तरह हो, परन्तु समाज का ढाँचा समाजवादी हो। पूँजीवाद से वे सिर्फ मशीन और उत्पादन क्षमता लेना चाहते थे। मशीन कभी अकेली नहीं आती—उसके साथ आती है एक पूरी जीवन-पद्धति। दूसरे विश्व युद्ध के पश्चात भारत आजाद हुआ था। दुनिया एक दुःखद दौर से बाहर निकली थी। भारत सैकड़ों सालों की गुलामी से आजाद हुआ था। भारत ने अपनी आँखों से गुलामी के आँसू पोंछ दिए थे और उसकी आँखें सुख के सपनों के लिए बेकरार थीं। जवाहरलाल नेहरू ने सदियों से जागी इन आँखों को समाजवादी सपने दिए और इन सपनों का सैल्योलाइड पर अनुवाद राजकपूर ने अपनी फिल्मों में प्रस्तुत किया। जवाहरलाल और राजकपूर दोनों ही रोमांटिक व्यक्ति थे और सहज ही सपने देखते और दिखाने में माहिर थे। दोनों ही के इरादे नेक थे। भारत के प्रति उनका प्यार सच्चा था। सपनों और हकीकत के फर्क को दोनों ही नजरअन्दाज कर गए, क्योंकि उन परिस्थितियों में उसके

अतिरिक्त शायद कुछ सम्भव भी नहीं था।

जवाहरलाल और राजकपूर अमीर परिवारों से आए थे और दोनों ही के पिता बहुत प्रसिद्ध और सफल व्यक्ति थे। दोनों के पास अत्यन्त सुन्दर व्यक्तित्व थे। जवाहरलाल कभी भी एक सफल कलाकार बन सकते थे और राजकपूर में नेतृत्व के सभी गुण विद्यमान थे। यह अकल्पनीय बात सच होते-होते रह गई। राजकपूर, नेहरू के अनन्य भक्त थे और अकसर उनसे मिलने जाया करते थे। ऐसी ही एक मुलाकात में नेहरू ने राजकपूर से कहा था कि एक ऐसे बच्चे की कहानी तैयार करो, जो अपने पिता को न्याय दिलाने के लिए दिल्ली की दुर्गम यात्रा करता है और प्रधानमन्त्री से मिलने में सफल भी हो जाता है। नेहरू ने अन्तिम रील में कार्य करने की इच्छा भी प्रकट की थी। राजकपूर ने इसी आधार पर 'अब दिल्ली दूर नहीं' का निर्माण प्रारम्भ किया। मोरारजी देसाई ने नेहरू को फिल्म में काम करने से रोका। नेहरू पर अन्य क्षेत्रों से भी दबाव आए और इस असमंजस की दशा में उन्होंने इन्दिरा गांधी को कहा कि वे राजकपूर को परिस्थितियों से अवगत कराएँ। जब राजकपूर को यह बात मालूम पड़ी, तो उन्होंने फिल्म्स डिवीजन के स्टॉक शाट्स की मदद से जैसे-तैसे फिल्म पूरी की और अनमने ढंग से प्रदर्शित कर दी।

आवारा की अपार सफलता के बाद राजकपूर ने 'यूथ फोरम' नामक युवा समाजवादी संस्था की सदस्यता ग्रहण की और समाज सुधार के कार्य प्रारम्भ किए। यह राजनीति की ओर बढ़ने का पहला कदम था। उन्हीं दिनों भारत सरकार की ओर से राजकपूर को रूस की यात्रा का अवसर मिला, जहाँ आवारा ने सफलता का नया इतिहास लिखा था। उस लम्बी और सफल यात्रा से लौटने के बाद पृथ्वीराज ने उन्हें सलाह दी थी कि वे अपनी पूरी शक्ति फिल्म बनाने में लगाएँ, क्योंकि इसी माध्यम से वे देश सेवा भी कर सकते हैं। इस तरह राजकपूर और नेहरू की भूमिकाएँ भारत की पटकथा

में अपनी जगह कायम रहीं। भूमिकाओं की अदला-बदली या उलटफेर भारत की पटकथा में नहीं था।

गरीब आदमी को यह बात छू जाती थी कि इतने अमीर परिवेश के ये दो महापुरुष हमारे दर्द में शामिल हैं। कितने गोरे-चिट्टे! कितने अमीर! फिर भी ये लोग हमारे दर्द की बात करते हैं। बात दर्द से शुरू होकर प्यार के रिश्ते में बदल गई! नीरद चौधरी ने कहा है कि आम भारतीय आदमी को तीनों चीजें बहुत प्रिय हैं—गोरा रंग, नदी और मेले। जवाहरलाल और राजकपूर गोरे रंग के थे और दोनों ही भारतीय जन-जीवन में गंगा के महत्त्व को समझते थे। नेहरू का अन्तिम दस्तावेज तो गंगा की प्रशंसा में लिखी कविता की तरह है। राजकपूर की अन्तिम फिल्म भी गंगा को ही समर्पित थी। दोनों ही को मेले अर्थात् उत्सव और आनंद से विशेष प्यार था। राजकपूर के लिए तो हिन्दू धर्म का अर्थ ही यह था कि जो जीवन से आनन्द ग्रहण कर सके और आनन्द दूसरों को बाँट सके—वह हिन्दू है। हो सकता है कि आम आदमी इन्ही कारणों (गोरा रंग, नदी, मेले) से नेहरू और राजकपूर का दीवाना था।

यक्ष ने युधिष्ठिर से जो प्रश्न पूछे थे, उनमें से एक प्रश्न यह था कि राजा अधिक बलवान होता है या समय। युधिष्ठिर का उत्तर था कि राजा अधिक बलवान होता है, क्योंकि वह समय की धारा को बदल सकता है। साधारण मनुष्य समय की धारा के साथ बहता है, इतिहास उन हाथों से लिखा जाता है, जो विपरीत धारा में तैरने का प्रयास करते हैं। यह तो एक स्थापित सत्य है कि राजा अपने समय की सभी चीजों को प्रभावित करता है। राजा के व्यक्तित्व का असर हर विधा पर पड़ता है। राजकपूर, नेहरू युग के प्रतिनिधि फिल्मकार माने जाते हैं, जैसे कि शास्त्री-युग के मनोज कुमार। इन्दिरा गांधी के युग में बहुत से मूल्य ध्वस्त हुए और जिन्दगी से मासूमियत ने बिदा ली। इन्दिरा गांधी के इस्पात ने सभी स्थापित ढाँचों को तोड़ा। इस निर्मम-युग के प्रतिनिधि फिल्मकार होने का हक मनमोहन देसाई और प्रकाश मेहरा को दिया जाना चाहिए और इसी निर्मम-युग के प्रतिनिधि अभिनेता अमिताभ बच्चन रहे हैं, जो हिंसा की आँधी पर सवार होकर सब पर छा गए! इस युग में भारतीय सिनेमा का पर्दा लहूलुहान हो गया। विचार की इसी तर्ज पर राजीव गांधी के युग के प्रतिनिधि फिल्मकार शेखर कपूर, एन. चन्द्रा और राहुल रवैल को माना जा सकता है। ये सभी लोग बहुत 'हाई टैक' बातें करते हैं।

आजाद भारत के साथ ही राजकपूर की सृजन यात्रा भी शुरू होती है। राजकपूर ने 6 जुलाई, 1947 को आग का मुहूर्त किया था और 6 जुलाई, 1948 को आग प्रदर्शित हुई थी। भारत की आजादी जब उफक पर खड़ी थी और सहर होने को थी, तब राजकपूर ने अपनी पहली फिल्म बनाई थी। आग आजादी की अलसभोर की फिल्म थी, जब गुलामी का अँधेरा हटने को था और आजादी की पहली किरण आने

को थी। आग में भारत की व्याकुलता है, जो सदियों की गुलामी तोड़कर अपने सपनों को साकार करना चाहता है। राजकपूर की आग भारत के आम आदमी की तड़प और उसके सीने में सदियों से जलती हुई आग का प्रतीक बन गई। राजकपूर की आखिरी फिल्म राम तेरी गंगा मैली 15 अगस्त, 1985 को प्रदर्शित हुई। इस आखिरी फिल्म में एक भ्रष्ट राजनेता है, जिसे चुनाव जीतने के लिए एक उद्योगपति धन देता है। नेता को चुनाव के लिए धन चाहिए और उधोगपति को नए लाभप्रद लाइसेंस के लिए विजयी नेता। इस फिल्म में राजकपूर ने उस कुचक्र को उजागर किया है, जो कहता है कि पैसे से सत्ता मिलती है और सत्ता से पैसा पैदा होता है। यह फिल्म आजाद भारत में नेता और उद्योगपति के गठबन्धन और उससे पैदा सामाजिक विकृति की सच्ची तस्वीर है। गंगा का प्रदूषण भारतीय राजनीति में व्याप्त गन्दगी का प्रतीक है। इस तरह राजकपूर ने अपनी पहली फिल्म आग से लेकर अन्तिम फिल्म राम तेरी गंगा मैली तक भारत के जनमानस के प्रतिनिधि फिल्मकार की भूमिका निभाई है। राजीव गांधी इस सत्य से परिचित थे और इसीलिए उन्होंने और भारत सरकार ने राजकपूर का अन्तिम संस्कार (लगभग) राजकीय सम्मान के साथ किया।

राजकपूर और संगीत

आमतौर पर निर्देशक कथा तय करने के बाद उसके दृश्यों के बारे में विचार करते हैं। सत्यजीत रॉय रेखाचित्र बनाकर अपनी पटकथा तैयार करते रहे हैं। दृश्य संरचना फिल्म माध्यम की आत्मा है। फिल्म की शूटिंग समाप्त होने के बाद सम्पादन होता है और फिर सारे संवादों को डबिंग थियेटर में कलाकारों द्वारा पुनः रिकॉर्ड किया जाता है। शूटिंग के समय बहुत-सी बाहरी ध्वनियाँ भी रिकॉर्ड हो जाती हैं, जिन्हें हटाने के लिए सारे संवाद पुनः रिकॉर्ड किए जाते हैं। इस डबिंग के बाद पार्श्व संगीत रिकॉर्ड किया जाता है और प्रभाव पैदा करनेवाली ध्वनियाँ जैसे पदचाप, दरवाजा खुलना, बादल या बिजली की आवाजें इत्यादि मिक्सिंग के समय ध्वनि-पट्ट पर रिकॉर्ड की जाती हैं। भारतीय फिल्मों के कबीर राजकपूर का हाल अजीब था 'जैसे औघड़ गुरु का, औघड़ ज्ञान, पहले भोजन, फिर स्नान'। दुनिया से सम्भवतः राजकपूर एकमात्र ऐसे निर्देशक हुए हैं, जिनके मन में पहले ध्वनियों का जन्म होता था, फिर दृश्य संरचना का विचार रूपायित होता था। कथा निश्चित करते ही राजकपूर संगीत के बारे में विचार प्रारम्भ कर देते थे। राम तेरी गंगा मैली के मामले में तो पहले एक गीत उनके मन में आया। फिर फिल्म का नाम और बाद में कथा लिखी गई। इस फिल्म की सम्पूर्ण पटकथा बनने के पहले ही 18 अप्रैल से 28 अप्रैल '83 तक सारे गाने रिकॉर्ड कर

लिए गए थे। दरअसल 'गंगा मैली' एक 'एक्सटेम्पोर' फिल्म थी। एक त्वरित फिल्म जिसे राजकपूर ने मन में बसी परन्तु अलिखित पटकथा पर बनाया, क्योंकि उस दौर तक आते-आते माध्यम पर राजकपूर की पकड़ बहुत गहरी हो चुकी थी।

विश्व सिनेमा में संभवतः राजकपूर ऐसे एकमात्र फिल्मकार हुए हैं, जिनके मन में पहले ध्वनियों का जन्म होता था, फिर दृश्य-संरचना का विचार रूपायित होता था। एक धुन अथवा एक दृश्य राजकपूर के मन के तहखाने में बरसों दबी रहती थी। सही समय पर तथा सही स्थान पर वह हिट बनकर उभरती थी। संगीतकार लक्ष्मीकांत-प्यारेलाल ने राजकपूर की संगीत क्षमता के बारे में कहा है कि यदि वे संगीतकार बनना चाहते, सर्वश्रेष्ठ संगीतकार सिद्ध होते।

राजकपूर संगीत की ओर बचपन से ही आकृष्ट हुए थे, क्योंकि उनकी माँ रमासरनी देवी को गीत गाने का बहुत शौक था। उनका गला भी अत्यन्त सुरीला था। हमेशा गुनगुनाते रहना, उन्हें भला लगता था। भारतीय जीवन में जन्म से मृत्यु तक के सभी अवसरों के लिए लोक गीत हैं और राजकपूर की माँ के पास लोक गीतों का खजाना था जिन्हें उन्होंने अपनी ममता के साथ सभी सन्तानों पर लुटाया।

'बेगानी शादी में अब्दुल्ला दिवाना'

राजकपूर की तरह ही शम्मीकपूर को भी संगीत का ज्ञान है और अपनी अभिनीत सभी फिल्मों के संगीत पर शम्मीकपूर ने स्वयं काम किया है।

पृथ्वीराज कलकत्ता के न्यू थियेटर की फिल्मों में काम करते थे। उस समय राजकपूर बहुत छोटे थे, परन्तु नियमित रूप से न्यू थियेटर के संगीत कक्ष में जाया करते थे। वहाँ आर.सी. बोराल और के.एल. सहगल जैसे दिग्गज लोग रियाज किया करते थे। बालक राजकपूर कई बार तबला बजाने का प्रयास करते थे और संगीत कक्ष में मौजूद लोग उन्हें प्रेरणा देते थे और शिक्षा भी। न्यू थियेटर के संगीत कक्ष में ही राजकपूर ने रवीन्द्र संगीत भी सुना और टैगोर की कई कविताओं को याद भी किया। राजकपूर को बंगाली भाषा का अच्छा ज्ञान भी उसी दौर में हुआ। पृथ्वीराज को शास्त्रीय संगीत की सभाओं में जाने का शौक था और वे राजकपूर को साथ ले जाते थे। बाद में पृथ्वी थियेटर में भी शास्त्रीय संगीत की महफिलें लगती थीं, जहाँ राजकपूर हमेशा मौजूद होते थे। जब स्वयं राजकपूर प्रसिद्ध अभिनेता बने और उनके पास पैसा आया तो, उन्होंने स्वयं महान संगीतकारों और गायकों को अपने घर निमन्त्रित करने की परम्परा प्रारम्भ की। पाकिस्तान की खानाबदोश गायिका रेशमा को भारत में पहला निमन्त्रण राजकपूर ने ही दिया था। अपनी युवावस्था के आरम्भिक वर्षों में राजकपूर ने विधिवत् शास्त्रीय संगीत भी सीखा था, जहाँ उनकी मुलाकात मुकेश से हुई। इन गुरु-भाइयों के बीच जीवनभर की मित्रता का राज भी यही रहा है।

राजकपूर ने जवानी की दहलीज पर कदम रखने के पहले ही एक सजातीय कन्या का दिल जीत लिया पर यह विवाह नहीं हो पाया, क्योंकि कन्या के पिता घर-जँवाई चाहते थे। उन्हें राजकपूर के अभिनेता बनने की महत्त्वाकांक्षा नहीं जँची। जब राजकपूर आखिरी बार उस अल्हड़ लड़की से मिलने गए, तो उसने ठेंगा दिखाकर कहा था, 'ये गलियाँ, ये चौबारा, यहाँ ना आना दोबारा'। उसी अदा और मस्ती से यह गीत राजकपूर ने 40 वर्ष बाद 'प्रेम रोग' में प्रयोग किया। उस असफल प्यार से दुखी राजकपूर कश्मीर जाना चाहते थे, जहाँ वह लड़की अपने परिवार के साथ गई थी। पृथ्वीराज ने पैसे देने से इनकार कर दिया। आधी रात को पृथ्वीराज, टूटे हुए दिल के दर्द की आवाज सुनकर जाग गए। उन्होंने देखा कि एक दरख्त के नीचे बैठा युवा राजकपूर गीत गा रहा है और कुछ लोग मन्त्रमुग्ध होकर गीत सुन रहे हैं। यह बात देहरादून की है। दूसरे दिन सुबह पृथ्वीराज ने राजकपूर को पैसे भी दिए और कश्मीर जाने की इजाजत भी। पृथ्वीराज को इस बात का हमेशा अफसोस रहा कि राजकपूर ने गीत-संगीत को अपना पेशा नहीं बनाया। लक्ष्मी-प्यारे भी स्वीकार करते हैं कि राजकपूर यदि सिर्फ संगीतकार बनना चाहते, तो सर्वश्रेष्ठ संगीतकार सिद्ध होते।

बचपन से ही गीत-संगीत में रुचि के कारण दृश्य संरचना के पहले ही राजकपूर

के मन में ध्वनियों का जन्म होता था और इन्हीं ध्वनियों का दृश्य रूपान्तर उनके फिल्म तकनीक का सबसे महत्त्वपूर्ण हिस्सा है। एक तरह से राजकपूर के लिए पूरी फिल्म 'ऑपेरा' की तरह होती थी। पाश्चात्य देशों में सिर्फ गीतों के द्वारा पूरी कथा को मंच पर प्रस्तुत करने की विधा को 'ऑपेरा' कहते हैं। 'ऑपेरा' में मूल-कथा के 'मॉटिफ' पर पूरी रचना आधारित होती है। राजकपूर की फिल्मों में संगीत की धुरी पर सारा कथानक घूमता था।

राजकपूर के जीवन का सबसे दुःखद समय था, जब जागते रहो असफल हो गई थी और नरगिस, सुनील दत्त से शादी करके उनसे दूर चली गई थी। आलोचकों ने राजकपूर को समाप्त घोषित कर दिया था। उन दिनों राजकपूर, अर्जुनदेव रश्क की कहानी जिस देश में गंगा बहती है खरीद चुके थे। जब राजकपूर की मौजूदगी में रश्क ने शंकर-जयकिशन को कहानी सुनाई, तो शंकर ने कहा कि इस कथा में संगीत के लिए कोई जगह नहीं है। बेहतर होगा यदि राजकपूर इसका संगीत भी सलिल चौधरी (जागते रहो में सलिल चौधरी का संगीत था, क्योंकि फिल्म बंगाली और हिन्दी में बनी थी) से लें। जयकिशन, शंकर की तरह मुँहफट नहीं थे, परन्तु उन्हें राजकपूर से यह उम्मीद नहीं थी कि वे एक दस्यु-सुधार कथा चुनेंगे। वह भी ऐसे संकट के समय जब आर.के. का अस्तित्व ही खतरे में था। 'आग' से 'जागते रहो' तक के फाइनेंसर पुरी साहब भी आर.के. छोड़ चुके थे, यद्यपि इसका कारण रश्क की कहानी नहीं था। राजकपूर ने बैठक स्थगित कर दी।

कुछ ही दिनों बाद राजकपूर ने शंकर, जयकिशन, शैलेन्द्र, हसरत और मुकेश के साथ कहानी पर विचार किया। इस बार राजकपूर ने पूरी पटकथा सभी गीत, स्थितियों

के साथ सविस्तार सुनाई और सभी लोग स्तम्भित रह गए कि इस दस्यु-सुधार कथा में ग्यारह गीतों के लिए जगह निकल आई है। डाकू फिल्म में केवल एक दृश्य डाके का है और पूरी कथा ने एक 'ऑपेरा' का स्वरूप ले लिया है। इसी फिल्म में डाकू नायक राजू से उसका परिचय पूछते हैं और वह डफ बजाना शुरू करता है, जिसके साथ गाँव की साधारण गतिविधियों की ध्वनियाँ जुड़ जाती हैं—लुहार का हथौड़ा, महिलाओं की थालियाँ इत्यादि। मूल गीत के शुरू होने से पहले तीन मिनट का अमर संगीत है। राजकपूर की फिल्मों में ध्वनि पूरी कथा में अंतःसलिला की भाँति प्रवाहित होती रहती है और गीत स्थितियों के समय सतह पर आ जाते हैं।

पटकथा तैयार करते समय राजकपूर अपने सहयोगी लेखकों को बार-बार कहते थे कि एक दृश्य को दूसरे दृश्य से जोड़ने के लिए तकनीकी जगलरी के बारे में नहीं सोचते हुए, उस संगीत और रस के बारे में विचार करो, जो सारी कथा को एक सुर में बाँधती है और फिल्म के समग्र प्रभाव को बनाए रखती है। राजकपूर का सारा ध्यान सुर और रस की ओर रहता था। शायद इसी कारण दर्शकों से उनका लायात्मक तादात्म्य हमेशा बना रहा।

'राम तेरी गंगा मैली' की शूटिंग के लिए कुंज मौसा (सईद जाफरी) के घर का सैट लगा था, जो कहानी के अनुसार एक धंधा छोड़कर घर बैठी बाईजी का घर था। नायक नरेन (राजीव कपूर) को वहाँ आकर अपने मौसा से निवेदन करना था कि वे गंगोत्री जाकर गंगा (मंदाकिनी) को ले आएँ। वह गंगा के बगैर जीवित नहीं रह सकता। शूटिंग की सारी तैयारी हो चुकी थी। फिल्म के हिसाब से यह एक साधारण सूचना देनेवाला दृश्य था। सैट पर पहुँचकर राज साहब को एक पुरानी बंदिश याद आ गई—'लाड़ला कन्हैया मोरा, खेलन को माँगे चाँद खिलौना'। उन्हें लगा कि जब नरेन और कुंज मौसा बात कर रहे हैं, तब बाईजी पीछे बैठी रियाज कर रही हैं और यही बन्दिश गा रही हैं। दृश्य में भी अमीर परिवार का एक लाड़ला एक न मिलनेवाली कठिन-सी चीज माँग रहा है। राज साहब ने इस पुरानी बन्दिश को रिकॉर्ड करके ही शूटिंग की। कोई भी निर्देशक एक छोटी-सी सूचना मात्र देने वाले दृश्य के लिए इतना खर्च नहीं करता। राजकपूर का विश्वास था कि फिल्म बनाने में छोटी-छोटी चीजों का बहुत महत्त्व है, क्योंकि समग्र प्रभाव इन चीजों के मिलने से ही बनता है।

राजकपूर चेहरा भूल सकते थे, परन्तु वे कभी कोई धुन नहीं भूलते थे। सागर, मध्यप्रदेश के गीतकार विट्ठलभाई पटेल के घर सन् 1964 में तीसरी कसम की शूटिंग के समय उन्होंने 'झूठ बोले कौआ काटे' सुना था और 1973 में 'बॉबी' में इसका प्रयोग उन्होंने किया। प्रेमरोग में प्रयुक्त 'ये गलियाँ, ये चौबारा' उन्होंने 40 वर्ष पूर्व सुना था। पाँचवें दशक में रूमानिया के दौरे पर एक पार्टी से लौटते समय उनके

दिमाग में एक धुन गूँजी थी, जिसे उन्होंने मेरा नाम जोकर में इस्तेमाल किया—'जीना यहाँ, मरना यहाँ'। जोकर का अमर गीत 'जाने कहाँ गए वो दिन' उनकी पाँचवें दशक की फिल्मों में पार्श्व संगीत की तरह बजती रही थी। 'ओ बसन्ती पवन पागल' (जिस देश में गंगा बहती है) भी 'आह' के पार्श्व संगीत का ही हिस्सा थी।

राजकपूर और लता : उपासक और साक्षात सरस्वती

बॉबी के दिनों में उन्होंने लक्ष्मी-प्यारे के संगीत कक्ष में एक धुन बनाई थी, 'वो कहते हैं उम्र नहीं है प्यार की, नादां हैं क्या जाने कली खिल चुकी बहार की'। उन दिनों संगीतकार राजेश रोशन लक्ष्मी-प्यारे के यहाँ काम सीखते थे। पंद्रह वर्ष बाद राजेश रोशन ने फिल्म 'दरियादिल' में इस गाने का प्रयोग किया। राजकपूर ने रेडियो पर गीत सुना और बहुत नाराज हुए। राजेश रोशन का खयाल था कि पन्द्रह वर्षों में राजकपूर धुन भूल गए होंगे या अब उसका प्रयोग नहीं करना चाहते हों। राजेश

इस बात से अनभिज्ञ थे कि राजकपूर की कार्य-प्रणाली ही विचित्र है। एक कथा, एक विचार, एक धुन बरसों उनके सीने के तहखाने में दबे रहने के बाद सही जगह पर, सही मौके पर हिट बनकर उभरती थी।

'राम तेरी गंगा मैली' में गंगा (मंदाकिनी) की यात्रा (गंगोत्री से कलकत्ता तक) के दृश्यों की परिकल्पना की जा रही थी। हिन्दू कुरीतियों पर हिन्दी कथा पत्रिका 'सारिका' के एक अंक में छपा था कि रेल के डिब्बे में एक प्यासे बालक को एक बूढ़ी स्त्री ने गंगा जल नहीं दिया, क्योंकि वह इस पवित्र जल को अपने आखिरी वक्त के लिए ले जा रही थी। इससे प्रेरणा लेकर राजकपूर ने एक अद्‌भुत और मार्मिक दृश्य की कल्पना की जिसमें गंगा का बच्चा भूख से बिलख रहा है और तीन दिन की भूखी-प्यासी माँ के आँचल में दूध नहीं है। मूढ़ सहयात्री गंगाजल देने से इनकार करती है। इस दृश्य की कल्पना करते समय राजकपूर के दिमाग में रेल की रिद्‌म गूँज उठी। रात के सन्नाटे में पटरियों पर रेल के पहियों से उत्पन्न रिद्‌म पर राजकपूर ने निम्न पंक्तियों की रचना की–

आ...आ...आ
मैं जानूं मेरा राजदुलारा भूखा है
दूध कहाँ से लाऊँ, आँचल सूखा है
अपनी आँख में आँसू लेकर कैसे कहूँ
चुप हो जा, मुन्ने हो सके तो सोजा...

रेल की रिद्‌म और लता की आवाज ने एक अवर्णनीय दृश्य का संयोजन किया था।

इसी फिल्म में जब मंदाकिनी को अन्धा दलाल कोठे पर छोड़ने आता है, तो वाराणसी के रेलवे स्टेशन से ही पार्श्व में पुरानी बन्दिश बजती है, जो कोठे पर जाकर मुखर हो उठती है। बानगी प्रस्तुत है–

प्रीतम की पगली भई, तक तक पी की राह
सैंयाँ सैंयाँ रटती मैं डोली...
साईं इतना रूठ ना, आदर करे न कोई
दुर-दुर करे सहेलियाँ, साईं मुड़-मुड़ देखे न कोई...

राजकपूर ने फिल्मों में पारम्परिक गीतों और बोलों तथा बन्दिशों का बहुत प्रयोग किया है। दुःख इस बात का है कि ये छोटे-छोटे टुकड़े रिकॉर्ड में नहीं हैं। जिस देश में गंगा बहती है, में जब राजकपूर पद्‌मिनी को लेकर पुलिस स्टेशन आते हैं और राका का गुमनाम पत्र आता है कि वह पुलिसवालों के परिवार को मार देगा, तब राजकपूर सोते-सोते जाग उठते हैं और निश्चय करते हैं कि वे डाकुओं के गुप्त स्थान पर जाएँगे और उन्हें हिंसा छोड़कर देश की मुख्यधारा में मिलने को कहेंगे। उस समय

उन्होंने निम्न पंक्तियों का प्रयोग किया है—

कबीरा सोया क्या करे
उठ न रोवे दुःख
जाका वासा भोर में
सो क्यों सोये सुख
जीवन-मरण विचार कर
पूरे काम निवार
जिन पंथों तुझे चलना
सोई पंथ संवार...

'मेरा नाम जोकर के' अविस्मरणीय ट्रेन दृश्य में राजू ट्रेन के साथ दौड़कर अपने साथियों को फूल बाँटता है और एक अंग्रेजी गीत गाता है। इसी फिल्म में सिमी और मनोज की शादी के समय अंग्रेजी पंक्तियों का प्रयोग है—'गिव मी ए स्माइल...'।

राजकपूर अपनी फिल्म के संगीत के प्रति इतने जागरूक थे कि कई बार वे अपने संगीतकारों से बहुत नाराज हो जाते थे। प्रेमरोग में प्यारे की इच्छा नहीं थी कि बहुत पुरानी बन्दिश 'मैं तेरा इन्तजार करता हूँ' का प्रयोग किया जाए। प्यारे इस गीत-स्थिति पर दूसरा गीत प्रयोग करना चाहते थे, परन्तु राजकपूर चौथे दशक की इस धुन के प्रयोग का मन बना चुके थे। यह बड़ी अजीब बात है कि जिस धुन को लेकर प्यारे ने इतना हल्ला मचाया था, उसी धुन को उन्होंने थोड़े से परिवर्तन के साथ सुभाष घई की फिल्म सौदागार (1991) में इस्तेमाल किया है। दरअसल लाख मनमुटाव के बाद भी राजकपूर लक्ष्मी-प्यारे को बहुत प्यार करते थे और इनके मन में भी आज तक राजकपूर के लिए आदर कायम है और शायद राजकपूर को याद करते हुए ही उन्होंने सौदागर में इस धुन का प्रयोग किया है।

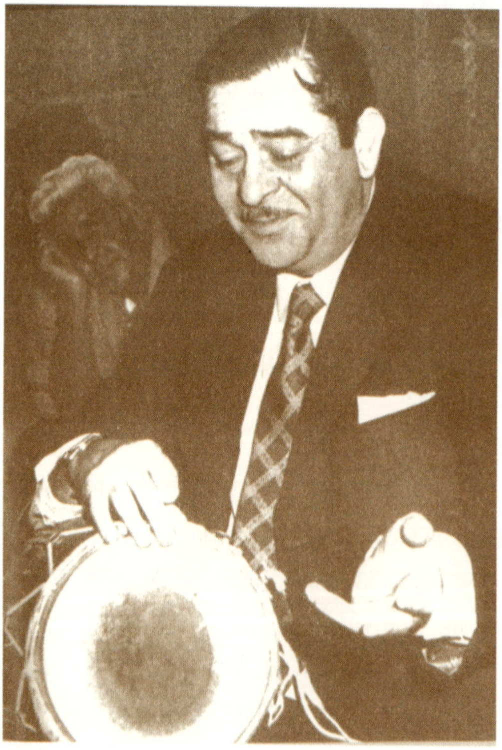

राजकपूर ने पारम्परिक गीतों का प्रयोग 'आवारा' से ही प्रारम्भ

कर दिया था। 'हो भय्या...तेरी नाव में है तूफान...'। आवारा के रिकॉर्ड में एक गीत नहीं है—'जुलुम सहे भारी जनक दुलारी'—गर्भवती लीला चिटणीस को पृथ्वीराज घर से बाहर निकालते हैं—उस समय इस रचना का प्रयोग हुआ है।

राजकपूर ने संगीत का शास्त्रीय अध्ययन तो बहुत थोड़े समय ही किया, परन्तु संगीत की सारी प्रेरणा उन्हें अपनी माँ से मिली, जो लोक-गीतों और पारम्परिक गीतों का चलता-फिरता कोश थीं। राजकपूर ने बिना किसी गुरु के ही बहुत से वाद्य यन्त्र बजाने सीख लिए थे। पियानो उनका मनपसन्द वाद्य था। उनकी बड़ी पुत्री रितु नन्दा भी एक जमाने में अच्छा पियानो बजाती थी। राजीव कपूर भी इसका ज्ञान रखते हैं। शम्मीकपूर को भी संगीत का अद्‌भुत ज्ञान है। राजकपूर की धर्मपत्नी, कृष्णा कपूर ने शादी के बाद सितार नहीं बजाया, परन्तु एक जमाने में सितार से ही उनके प्रेम का तार जुड़ा था। राजकपूर की बनाई हुई धुनों का प्रयोग दूसरों ने भी किया है। दत्ताराम जानते थे कि 'आँसू भरी हैं, जीवन की राहें' उन्होंने राज साहब से ही ली है। कन्हैया का लोकप्रिय गीत 'मुझे मेरे हाल पर छोड़ दो' भी राजकपूर की धुन है।

जिस देश में गंगा बहती है : राजकपूर और पद्‌मिनी नृत्य करते हुए

एक बार शैलेन्द्र और शंकर का झगड़ा हुआ, तो राजकपूर ने सुलह कराई और कहा 'हम भी हैं, तुम भी हो आमने-सामने, देख लो क्या असर कर दिया प्यार के नाम ने'—बस इस तरह 'जिस देश' का गीत बन गया। दरअसल राजकपूर ने अपनी फिल्मों के अधिकांश मुखड़े इसी तरह बातचीत में ही बनाए हैं। बॉबी की शूटिंग के

दरम्यान प्रेमनाथ से झगड़ा हो गया। शाम को राजकपूर ने उन्हें मनाने की कोशिश की। प्रेमनाथ खामोश ही रहे और कुछ भी सुनने से इनकार कर दिया। राजकपूर ने कहा, 'सुन साहिब सुन, प्यार की धुन, मैंने तुझे चुन लिया, तू भी मुझे चुन'। तेरह बरस बाद 'राम तेरी गंगा मैली' में 'साहिबा' का प्रयोग हुआ है।

इस तरह रोजमर्रा की बातचीत में दूसरे फिल्मकार तो गीत नहीं बनाते हैं। दरअसल राजकपूर का जीवन ही संगीतमय था और चौबीसों घंटे वे रस में डूबे रहने वाले प्राणी थे। उनके व्यक्तित्व के पोर-पोर में प्रेम समाया था और उनका चलना-फिरना सब तालमय होता था। इस तरह का जीवन शायद किशोर कुमार का भी था। राजकपूर टेबल से तबले का काम लेते थे। उनकी टीम के सदस्य भी नितान्त सुरीले थे। शैलेन्द्र को कबीर की वाणी मुखाग्र थी। मुकेश रामायण गुनगुनाना पसन्द करते थे। जयकिशन हमेशा बीट गिनते रहते थे। नरगिस तो नदी थीं : राजकपूर के जीवन गीत का अंतरा थीं और कृष्णा कपूर को 'स्थायी' मानना होगा।

यथार्थ और फंतासी

राजकपूर की फिल्मों के कथानक सामाजिक यथार्थ की भूमि में जन्म लेते थे, परन्तु उनका ऊपरी स्वरूप फंतासी की तरह दिखता था। जीवन के दुःख से भागकर आए हुए दर्शक फंतासी के नयनाभिराम स्वरूप में मनोरंजन पाते और पढ़े-लिखे दर्शक सामाजिक सन्दर्भ और पात्रों की मानवीयता से अभिभूत हो जाते। राजकपूर की जिन फिल्मों में फंतासी और सामाजिकता का सन्तुलन बिगड़ा, उन्हें जनता ने अस्वीकृत कर दिया, जैसे आह, जागते रहो, जोकर और सत्यम् शिवम् सुन्दरम्।

राजकपूर स्वतन्त्र भारत के सपनों के सौदागर थे। भारत की जनता को कड़वे यथार्थ से भागने का शौक है और निरन्तर सपनों की दुनिया में खोए रहना बड़ा अच्छा लगता है। हमारा धर्म भी हमें यह सिखाता रहा है कि जब-जब भारत की धरती पर अत्याचार बढ़ते हैं, ईश्वर अवतार लेकर जनता को कष्टों से बचाते हैं। यह विश्वास भी एक तरह का सपना है। हम कष्ट से स्वयं नहीं लड़ेंगे। कोई अवतार हमारे लिए लड़ेगा, हमारे लिए जीतेगा और आवश्यकता हुई तो मरेगा। अवतारों में हमारा यकीन बीसवीं सदी की कड़वी सच्चाइयाँ भी नहीं तोड़ पाई हैं। दरअसल आम भारतीय के लिए जीवन का यथार्थ एक फंतासी है और धार्मिक पुस्तकों में वर्णित

स्वर्ग एक हकीकत। हम भारतीय अनन्त भगौड़े हैं। हम चौपाल पर बैठकर अनन्त कथा-सागर में गोते लगानेवाले लोग हैं। फंतासी के प्रति हमारा आग्रह ही हमारी असली अफीम है। राजकपूर ने आम भारतीय की इस आदत को बहुत सही ढंग से पकड़कर अपना फिल्म-दर्शन स्थापित किया। उनकी फिल्में उस उफक पर खड़ी रहती थीं, जहाँ हकीकत का प्रकाश आने को होता है और अफसाने का अँधेरा अभी पूरी तरह गुजरा नहीं होता है अर्थात् उनकी फिल्में अलसभोर की फिल्में होती थीं।

याद कीजिए आवारा का एक स्वप्न-दृश्य, जो राजकपूर के फिल्म-दर्शन का श्रेष्ठतम उदाहरण है। नायक अपराध के दलदल में फँसा है और नायिका के प्रेम से प्रेरित होकर उबरना चाहता है। अपराध उसका यथार्थ है और उच्च वर्ग की शिक्षित महिला से प्रेम उसका सपना है। पात्र के इस अंतर्द्वंद को राजकपूर ने स्वप्न-दृश्य में प्रस्तुत किया है। नायक नर्क जैसे जीवन से तंग आकर आर्त्तनाद करता है, 'ये नहीं है जिन्दगी, जिन्दगी की चिता में जल रहा हूँ मैं...मुझको यह नरक न चाहिए, मुझको चाहिए फूल, मुझको चाहिए बहार...।' यह स्वप्न-दृश्य एक भव्य सेट पर फिल्माया गया है, जिसका एक हिस्सा नर्क का प्रतीक है, तो दूसरा स्वर्ग का। नायिका की प्रेरणा से नायक नर्क से निकलकर स्वर्ग की ओर बढ़ता है, परन्तु विशालकाय जग्गा दादा का चाकू उसे रोक लेता है। नींद से जागकर नायक की माँ की गोद में सिर रखकर रोता है और प्रण करता है कि वह मेहनत-मजदूरी कर जीएगा। भव्य सेट्स, अमर संगीत और महान अभिनय ने मिलकर इस स्वप्न-दृश्य को हिन्दी व्यावसायिक सिनेमा का श्रेष्ठतम स्वप्न-दृश्य सिद्ध किया है। राजकपूर के सिनेमा में पूरे देश ने सपने ही देखे हैं—'उनकी फिल्में उन्हीं भावनाओं से बनती हैं, जिनसे सपने बनते हैं!'

'आवारा' का स्वप्न-दृश्य फिल्म पूरी करने के बाद सबसे अन्त में फिल्माया गया है। मूल पटकथा में स्वप्न-दृश्य का जिक्र भी नहीं है। सम्पादन के समय राजकपूर ने महसूस किया कि ईमानदारी की रोटी का मोहताज और उसके पहले दृश्य आम दर्शक के लिए थोड़े उबाऊ हो रहे हैं और नायक का अंतर्द्वंद्व भी ठीक से उभरकर नहीं आ रहा है। राजकपूर ने स्वप्न-दृश्य की कल्पना की और यह स्वप्न-दृश्य जहाँ एक ओर कहानी की गति को कायम रखता है, वहाँ दूसरी ओर भरपूर मनोरंजन भी देता है। बिना स्वप्न-दृश्य के फिल्म की लागत बारह लाख रुपए थी ओर इतने ही धन में फिल्म बिक चुकी थी। फाइनेंसर ने राजकपूर को समझा दिया था कि स्वप्न-दृश्य के अतिरिक्त खर्च की पूरी जवाबदारी राजकपूर की होगी। वे वितरकों से एक पैसा भी बढ़ाने के लिए नहीं कह सकते। राजकपूर ने सहर्ष सारी जवाबदारी ली। यह निर्णय उन्हें हमेशा के लिए फिल्मों से बाहर कर सकता था, क्योंकि स्वप्न-दृश्य पर आठ लाख रुपए खर्च आया और बीस लाख रुपए की फिल्म आवारा वितरकों को बारह लाख रुपए में बेची गई। यह अलग बात है कि फिल्म ने अपार

राजकपूर स्वतंत्र भारत के सपनों के सौदागर थे। भारतीय जनता को कड़वे यथार्थ से भागने का शौक है। बीसवीं सदी की क्रूरतम सच्चाइयाँ भी भारतीयों के अवतारवादी विश्वास को नहीं तोड़ सकी हैं। दरअसल चौपाल पर बैठकर अनंत कथा-सागर में गोते लगाने वाले लोगों की नब्ज पहचानकर राजकपूर ने अपना फिल्म-दर्शन कायम किया। उनकी फिल्में उस उफक पर खड़ी मिलती हैं, जहाँ हकीकत का प्रकाश आने को होता है और अफसाने का अंधेरा पूरी तरह गुजरा नहीं होता है। दरअसल उनकी फिल्में अलसभोर की होती थीं।

यथार्थ और फंतासी

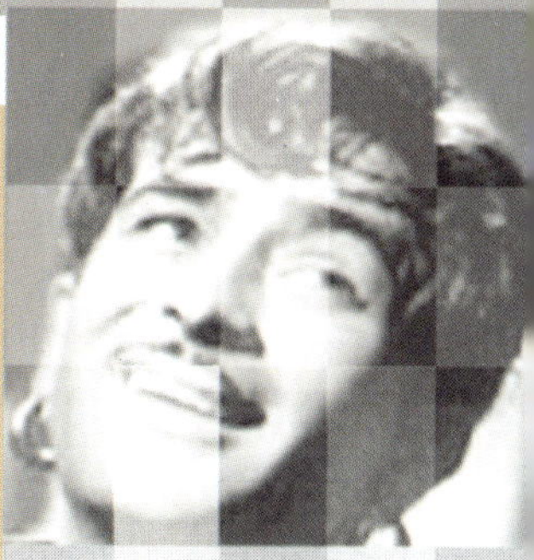

राजकपूर
सृजन प्रक्रिया

राजकपूर की फिल्मों के कथानक सामाजिक यथार्थ की भूमि में जन्म लेते थे, परन्तु उनका ऊपरी स्वरूप फंतासी की तरह दिखता था। जीवन के दुःख से भागकर आए हुए दर्शक फंतासी के नयनाभिराम स्वरूप में मनोरंजन पाते और पढ़े-लिखे दर्शक सामाजिक सन्दर्भ और पात्रों की मानवीयता से अभिभूत हो जाते। राजकपूर की जिन फिल्मों में फंतासी और सामाजिकता का सन्तुलन बिगड़ा, उन्हें जनता ने अस्वीकृत कर दिया, जैसे आह, जागते रहो, जोकर और सत्यम् शिवम् सुन्दरम्।

राजकपूर स्वतन्त्र भारत के सपनों के सौदागर थे। भारत की जनता को कड़वे यथार्थ से भागने का शौक है और निरन्तर सपनों की दुनिया में खोए रहना बड़ा अच्छा लगता है। हमारा धर्म भी हमें यह सिखाता रहा है कि जब-जब भारत की धरती पर अत्याचार बढ़ते हैं, ईश्वर अवतार लेकर जनता को कष्टों से बचाते हैं। यह विश्वास भी एक तरह का सपना है। हम कष्ट से स्वयं नहीं लड़ेंगे। कोई अवतार हमारे लिए लड़ेगा, हमारे लिए जीतेगा और आवश्यकता हुई तो मरेगा। अवतारों में हमारा यकीन बीसवीं सदी की कड़वी सच्चाइयाँ भी नहीं तोड़ पाई हैं। दरअसल आम भारतीय के लिए जीवन का यथार्थ एक फंतासी है और धार्मिक पुस्तकों में वर्णित

> **राजकपूर स्वतंत्र भारत के सपनों के सौदागर थे। भारतीय जनता को कड़वे यथार्थ से भागने का शौक है। बीसवीं सदी की क्रूरतम सच्चाइयाँ भी भारतीयों के अवतारवादी विश्वास को नहीं तोड़ सकी हैं। दरअसल चौपाल पर बैठकर अनंत कथा-सागर में गोते लगाने वाले लोगों की नब्ज पहचानकर राजकपूर ने अपना फिल्म-दर्शन कायम किया। उनकी फिल्में उस उफक पर खड़ी मिलती हैं, जहाँ हकीकत का प्रकाश आने को होता है और अफसाने का अंधेरा पूरी तरह गुजरा नहीं होता है। दरअसल उनकी फिल्में अलसभोर की होती थीं।**

स्वर्ग एक हकीकत। हम भारतीय अनन्त भगौड़े हैं। हम चौपाल पर बैठकर अनन्त कथा-सागर में गोते लगानेवाले लोग हैं। फंतासी के प्रति हमारा आग्रह ही हमारी असली अफीम है। राजकपूर ने आम भारतीय की इस आदत को बहुत सही ढंग से पकड़कर अपना फिल्म-दर्शन स्थापित किया। उनकी फिल्में उस उफक पर खड़ी रहती थीं, जहाँ हकीकत का प्रकाश आने को होता है और अफसाने का अँधेरा अभी पूरी तरह गुजरा नहीं होता है अर्थात् उनकी फिल्में अलसभोर की फिल्में होती थीं।

याद कीजिए आवारा का एक स्वप्न-दृश्य, जो राजकपूर के फिल्म-दर्शन का श्रेष्ठतम उदाहरण है। नायक अपराध के दलदल में फँसा है और नायिका के प्रेम से प्रेरित होकर उबरना चाहता है। अपराध उसका यथार्थ है और उच्च वर्ग की शिक्षित महिला से प्रेम उसका सपना है। पात्र के इस अंतर्द्वंद को राजकपूर ने स्वप्न-दृश्य में प्रस्तुत किया है। नायक नर्क जैसे जीवन से तंग आकर आर्त्तनाद करता है, 'ये नहीं है जिन्दगी, जिन्दगी की चिता में जल रहा हूँ मैं...मुझको यह नरक न चाहिए, मुझको चाहिए फूल, मुझको चाहिए बहार... ।' यह स्वप्न-दृश्य एक भव्य सेट पर फिल्माया गया है, जिसका एक हिस्सा नर्क का प्रतीक है, तो दूसरा स्वर्ग का। नायिका की प्रेरणा से नायक नर्क से निकलकर स्वर्ग की ओर बढ़ता है, परन्तु विशालकाय जग्गा दादा का चाकू उसे रोक लेता है। नींद से जागकर नायक की माँ की गोद में सिर रखकर रोता है और प्रण करता है कि वह मेहनत-मजदूरी कर जीएगा। भव्य सेट्स, अमर संगीत और महान अभिनय ने मिलकर इस स्वप्न-दृश्य को हिन्दी व्यावसायिक सिनेमा का श्रेष्ठतम स्वप्न-दृश्य सिद्ध किया है। राजकपूर के सिनेमा में पूरे देश ने सपने ही देखे हैं—'उनकी फिल्में उन्हीं भावनाओं से बनती हैं, जिनसे सपने बनते हैं!'

'आवारा' का स्वप्न-दृश्य फिल्म पूरी करने के बाद सबसे अन्त में फिल्माया गया है। मूल पटकथा में स्वप्न-दृश्य का जिक्र भी नहीं है। सम्पादन के समय राजकपूर ने महसूस किया कि ईमानदारी की रोटी का मोहताज और उसके पहले दृश्य आम दर्शक के लिए थोड़े उबाऊ हो रहे हैं और नायक का अंतर्द्वंद्व भी ठीक से उभरकर नहीं आ रहा है। राजकपूर ने स्वप्न-दृश्य की कल्पना की और यह स्वप्न-दृश्य जहाँ एक ओर कहानी की गति को कायम रखता है, वहाँ दूसरी ओर भरपूर मनोरंजन भी देता है। बिना स्वप्न-दृश्य के फिल्म की लागत बारह लाख रुपए थी ओर इतने ही धन में फिल्म बिक चुकी थी। फाइनेंसर ने राजकपूर को समझा दिया था कि स्वप्न-दृश्य के अतिरिक्त खर्च की पूरी जवाबदारी राजकपूर की होगी। वे वितरकों से एक पैसा भी बढ़ाने के लिए नहीं कह सकते। राजकपूर ने सहर्ष सारी जवाबदारी ली। यह निर्णय उन्हें हमेशा के लिए फिल्मों से बाहर कर सकता था, क्योंकि स्वप्न-दृश्य पर आठ लाख रुपए खर्च आया और बीस लाख रुपए की फिल्म आवारा वितरकों को बारह लाख रुपए में बेची गई। यह अलग बात है कि फिल्म ने अपार

सफलता पाई और आठ लाख रुपए का 'ओवरफ्लो' भी जल्दी ही आ गया। वितरक को फिल्म के मूल्य पर पच्चीस प्रतिशत कमीशन मिलता है और उसके बाद की आय का आधा भाग निर्माता को मिलता है, जिसे 'ओवरफ्लो' कहते हैं।

राजकपूर ने अपने जीवन में अनेक जोखिम भरे निर्णय लिए हैं। इसका यह मतलब नहीं कि राजकपूर को जुआ खेलना पसन्द था। दरअसल राजकपूर को सिनेमा से बेइन्तहा प्यार था। सिनेमा के लिए राजकपूर कुछ भी कर सकते थे। राजकपूर ने ठीक इसी तरह का निर्णय 'प्रेम रोग' में भी लिया था, जब एमस्टरडम जाकर 'भँवरे ने खिलाया' गीत फिल्माया। राजकपूर की प्राथमिकता थी दर्शकों का मनोरंजन। अगर कोई गीत, कहानी को गति देता है और फिल्म को मनोरंजक बनाता है, तो राजकपूर ने खर्च की हर सीमा तोड़ दी है। इस प्रकार की गीत स्थितियों में यथार्थ और फंतासी का सन्तुलन बना रहता है। राजकपूर का इस तरह का प्रयोग 'सत्यम् शिवम् सुन्दरम्' में असफल रहा, क्योंकि पूरी फिल्म ही सपने के मानिन्द थी, फिर सपने में सपना दिखाने का क्या औचित्य था। दरअसल शशिकपूर ने गुजारिश की थी कि आवारा जैसा भव्य स्वप्न-दृश्य 'सत्यम् शिवम् सुन्दरम्' में भी हो। राजकपूर ने तभी कहा था कि 'आवारा' जैसे स्वप्न-दृश्य के लिए नरगिस और शंकर-जयकिशन की आवश्यकता होगी। राजकपूर ने आधी हकीकत बयान की थी। आवारा का स्वप्न-दृश्य फिल्म की कथा का स्वाभाविक अंग लगता है, जबकि 'सत्यम्' में वह थोपा हुआ दृश्य है।

आग, बरसात और आवारा के कथानक भारतीय जनमानस से जुड़े हुए थे, परन्तु 'आह' राजकपूर की स्वाभाविक फिल्म नहीं लगती। राजकपूर हमेशा यही मानते रहे कि जब 'आह' शुरू की थी, तब टी.बी. असाध्य रोग था। प्रदर्शन के समय तक क्षय रोग का सस्ता और आसान उपचार उपलब्ध हो गया। दरअसल 'आह', 'देवदास' परम्परा की फिल्म थी, जो राजकपूर की स्थापित 'छवि' के विपरीत थी। कथानक में न यथार्थ था और न ही फंतासी के तत्त्व थे। हाँ, 'आह' में अत्यन्त कर्णप्रिय संगीत अवश्य था, परन्तु फिल्म असफल ही रही, क्योंकि राजकपूर के चाहनेवाले उसे देवदास के रूप में नहीं देखना चाहते थे।

'जागते रहो' सफल बंगाली नाटक पर बनी फिल्म थी। यह महानगर के सभ्य समाज पर करारा व्यंग्य थी। एक बहुमन्जिला इमारत में समाज के सभी वर्गों के लोग रहते हैं। ऊपरी मन्जिलों में अमीर, शिक्षित मध्यम वर्ग के बीच के तलों पर और निचली मन्जिल पर गरीब वर्ग के लोग रहते हैं। एक छोटे-से गाँव से नायक नौकरी की तलाश में महानगर आता है। सारा दिन भूखा-प्यासा नायक इस क्रूर और पत्थर दिल शहर में भटकता है। वह बहुत प्यासा है और एक बहुमन्जिला इमारत में पानी पीने के लिए आता है। चौकीदार उसे चोर समझता है और शोर मचा देता

है। मन्जिल-दर-मन्जिल, फ्लैट-दर-फ्लैट यह चोर सभ्य समाज का असली चेहरा देखता है—जाली नोट छापनेवाले, सट्टे और रेस के लिए बीवी के गहने चुरानेवाले, नकली डॉक्टर, बेइमान उद्योगपति इत्यादि। एक तरह से महानगर की असली तस्वीर। इस फिल्म को सेन्सर रोकना चाहती थी क्योंकि उन्हें लगा कि 'जागते रहो' भारत में वर्ग-संघर्ष की प्रेरणा दे सकती है। बाद में बंगाल सरकार के हस्तक्षेप से फिल्म प्रदर्शित हो सकी।

राजकपूर की यही मात्र फिल्म है, जिसमें फंतासी के कोई तत्त्व नहीं हैं। इसमें राजकपूर, अर्जुन की भाँति थे, जिसे केवल मछली की आँख अर्थात् सामाजिक सन्दर्भ ही दिखाई पड़ रहा है। राजकपूर ने इस गम्भीर कथा में भी जनता के मनोरंजन का प्रयास किया है। करारे व्यंग्य के बीच हास्य भी है। इस फिल्म को कार्लोवी वारी के अन्तर्राष्ट्रीय फिल्म समारोह में श्रेष्ठतम फिल्म का पुरस्कार प्राप्त हुआ था। इस पूरी फिल्मो में नायक कुछ नहीं बोलता। केवल अन्त में कहता है—'मैं थका-हारा-प्यासा, पानी पीने यहाँ चला आया और सब लोग मुझे चोर समझकर मेरे पीछे भागे, जैसे मैं आदमी नहीं, बावला कुत्ता हूँ। मैंने यहाँ हर किस्म के चेहरे देखे। मुझ गँवार को तुमने यही शिक्षा दी कि चोरी किए बगैर कोई बड़ा आदमी नहीं बन सकता...। क्या सचमुच चोरी किए बिना कोई बड़ा आदमी नहीं बन सकता? राजकपूर ने यह प्रश्न देश के अमीरों से पूछा है। यह वह जलता हुआ सवाल था, जिसने स्वतन्त्र भारत की आत्मा को झुलसा दिया। दरअसल 'जागते रहो' पिछली फिल्म 'श्री 420' का ही विस्तार है—फर्क सिर्फ इतना है कि 'श्री 420' में राजकपूर ने आधी हकीकत और आधा फसाना प्रस्तुत किया था, जो उनकी फिल्म और जिन्दगी का भी दर्शन था, जबकि 'जागते रहो' पूरी हकीकत का बयान था। भारत की जनता अनन्त चौपाल पर सारी उम्र आधी हकीकत आधा फसाना ही सुनना चाहती है और पूरी हकीकत या पूरे फसाने से मुँह मोड़ लेती है।

दरअसल 'जागते रहो' देश के बेइमान लोगों को एक कटघरे में खड़ा करती है। पूरी फिल्म उस हलफनामें की तरह है, जो गाँव के एक गरीब आदमी ने महानगर के लुटेरों के खिलाफ दिया है।

यह राजकपूर जैसे जागरूक फिल्मकार का ही काम था कि सन् 1954 और 56 में उसने भारतीय समाज का पूर्वानुमान लगा लिया था और भ्रष्टाचार के नंगे नाच के लिए लोगों को तैयार कर दिया था। 'जागते रहो' के समय उनके साथियों ने इस शुष्क विषय से बचने की सलाह दी थी और स्वयं राजकपूर भी परिणाम के प्रति शंकित थे। परन्तु सिनेमा के इस प्रेमी का दिल उस गम्भीर विषय पर आ गया था। उस समय राजकपूर की आयु भी मात्र तीस वर्ष की थी और देशप्रेम का भाव किसी भी तरह हार मानना नहीं चाहता था। जो लोग राजकपूर को काइयाँ व्यापारी मात्र मानते रहे हैं, उन्हें जान लेना चाहिए कि बिना नायिका और रोमांटिक एंगल की फिल्म 'जागते रहो' राजकपूर ने क्यों बनाई? 'जागते रहो' इतनी यथार्थवादी फिल्म थी कि कथा का समय और फिल्म का समय लगभग एक ही है, अर्थात् पहले दृश्य में ही समय 1.20 निर्धारित हुआ और तीन घंटे बाद अलसभोर में फिल्म का घटनाक्रम समाप्त होता है।

जागते रहो की हकीकत में राजकपूर ने अपना कोई अफसाना नहीं मिलाया—इसलिए प्रारम्भ होते ही उसकी व्यावसायिक असफलता निश्चित थी, परन्तु सिनेमा के उस दीवाने को कौन रोक सकता था?

जोकर असफल होने के कई कारण हैं। यथार्थ और फंतासी तत्त्वों के बीच समन्वय का अभाव था, परन्तु असफल होने का असली कारण यह है कि इसे राजकपूर की आत्म-कथा कहकर प्रचारित किया गया, जबकि बमुश्किल यह राजकपूर की छवि की कथा थी। फिर इसमें वर्णित जोकर की मानसिक दशा विदेशी परिकल्पना हो सकती है। हमारे दर्शकों के लिए जोकर अर्थात् वह आदमी, जो फटा हुआ बाँस ठोंकता रहता है। भारतीय जीवन, विचारधारा में जोकर दार्शनिक नहीं होता! फिल्म जोकर ग्रीक दर्शन के अधिक निकट थी। फिल्म में हर पात्र मानकर चलता है कि राजू जोकर महान है—उसने किस दुखी आदमी की आँख से आँसू पोछा है—कहीं दिखाया तो नहीं गया। पूरी फिल्म आत्मग्लानि से भरी हुई थी। यह अत्यन्त दुख की बात है कि जब राजकपूर दिग्दर्शक-अभिनेता के रूप में अपने सर्वश्रेष्ठ स्वरूप में प्रस्तुत हुए, तब पटकथा और उसका मूल विचार ही धोखा दे गया।

फिल्म का पहला भाग शुद्ध कविता की तरह था और उसे लोगों ने बहुत अधिक पसन्द किया। सत्यजीत राय भी जोकर के पहले भाग से बहुत प्रभावित थे और उस भाग को एक स्वतन्त्र फिल्म की तरह प्रदर्शित किए जाने की उनकी इच्छा भी थी। जोकर का पहला भाग था—आधी हकीकत, आधा फसाना। दूसरा भाग आधी

हकीकत तथा तीसरा आधा फसाना। इसलिए पहले भाग की लोकप्रियता में कोई सन्देह नहीं था। दूसरे भाग में माँ की मौत और तमाशे का जारी रखना सभी वर्ग के दर्शकों को अच्छा नहीं लगा। इसी भाग में हिन्दी और रूसी भाषा की परेशानियों वाले दृश्य आम जनता को अच्छे नहीं लगे। तीसरे भाग में यथार्थ और फंतासी के सन्तुलन का प्रश्न ही नहीं था—सिर्फ कपोल कल्पना थी। 1986 में पुनः सम्पादित संस्करण बहुत सफल रहा और सबसे अधिक फुटेज तीसरे भाग के ही काटे गए।

पुनः सम्पादित संस्करण सफल रहा। कहानी तो वही थी, सिर्फ दूसरे और तीसरे भाग की लम्बाई कम हो गई थी। इन सोलह सालों में जोकर की महानता और तकनीकी गुणवत्ता के बारे में बहुत कुछ लिखा जा चुका था और जनता को लगा कि हमने अपने प्रिय राजू के साथ इन्साफ नहीं किया है। दूसरा महत्त्वपूर्ण कारण यह था कि पन्द्रह से अठारह वर्ष आयु समूह के युवा वर्ग का राजकपूर से प्रथम परिचय 'राम तेरी गंगा' से हुआ था और वे इस निर्माता-निर्देशक के फैन अभी-अभी हुए थे। इस समूह को जोकर में अच्छा-खासा आनन्द आया, क्योंकि यह सबसे बड़ी मल्टी-स्टार फिल्म थी। तीसरा कारण यह रहा कि जोकर देखना फैशनेबल हो चुका था। अखबारवालों ने सोलह साल में इतना लिखा था कि जोकर नहीं देखना अक्षम्य अपराध बन चुका था। युवा पीढ़ी के दर्शकों ने तुलना कर देखा और उन्हें अपनी पीढ़ी के फिल्मकार 'इस प्यारे बूढ़े जोकर' के सामने बहुत फीके लगे। पूरे चालीस वर्ष तक राजकपूर ने सभी भारतीय युवा पीढ़ियों का प्यार पाया। हर वर्ग के दर्शक के साथ राजकपूर का रागात्मक तादात्म्य बना रहा। वह जवानी और मासूमियत का चिरन्तन चितेरा बना रहा।

आत्मकथा की झलक

राजकपूर ने पृथ्वी थियेटर में देखा था कि पृथ्वीराजकपूर अपने लेखकों से किस तरह अपनी मनपसन्द चीजें लिखवाते हैं। राजकपूर ने भी अपनी सारी फिल्में अपने मनपसंद अन्दाज में ही लिखवाईं। उनकी अधिकांश फिल्मों के अनेक दृश्य उनके अपने जीवन से प्रेरित थे। जब जोकर को राजकपूर की आत्मकथा के रूप में प्रचारित किया गया, तो लोगों की आकांक्षाएँ जागीं, परन्तु उन्हें देखने को मिला राजकपूर की होबो छवि की आत्मकथा। राजकपूर का जीवन अनेक नाटकीय घटनाओं से भरा रहा और राजकपूर की हकीकत उसके अफसानों के लिए सही कच्चा माल साबित हुई।

'आग' के प्रारम्भ में राजकपूर ने एक संवाद का प्रयोग किया है, 'तीन बातों ने मेरे जीवन में बहुत बड़ी भूमिका निभाई। काश, मैं इतना खूबसूरत न होता, लड़कियों की तरफ इतनी आसानी से आकर्षित नहीं होता और नाटकों तथा सिनेमा से मुझे इतना प्रेम न होता।'

पहली ही फिल्म के पहले ही दृश्य से आत्म कथात्मक बातें शुरू हो जाती हैं। राजकपूर के जीवन में घटी अविश्वसनीय बातों को राजकपूर ने फिल्मों में सम्मिलित किया और राजकपूर का प्रस्तुतीकरण इतना प्रभावोत्पादक रहा कि वे अविश्वसनीय बातें भी विश्वसनीय जैसी हो गईं, वरना आज कौन विश्वास कर सकता है कि संगम के नायक को हिन्दी नहीं आती? यह तथ्य उन्होंने पृथ्वीराज के जीवन से लिया है। संगम में ही एक पत्र को लेकर एक लम्बा घटनाक्रम है, जो नरगिस और राजकपूर

राजकपूर की फिल्मों में उनके जीवन के प्रसंग अथवा घटनाओं की झलक मिलती है। कहीं पर नरगिस है, तो कहीं पर लता मंगेशकर। अपने अनुभवों को उन्होंने चरित्र बनाकर पेश किया, जैसे प्रेमरोग का देवधर। अपने जीवन की हकीकतों को अफसानों में बदलने की महारत हासिल थी राजकपूर को।

के बीच घटित हुआ था। नरगिस के पास कोड भाषा में एक पत्र था जो राजकपूर के हाथ लग गया। नरगिस ने खत फाड़ दिया। संगम की दृश्य की तरह राजकपूर ने खत के टुकड़े जोड़े और कई दिन तक पीड़ा भोगी। जोकर के पहले भाग में सोलह वर्षीय युवा अपनी बाइस वर्षीय शिक्षिका से प्रेम करने लगता है, क्योंकि उम्र के उस नाजुक दौर में थोड़ा-सा भावनात्मक सहारा भी बहुत बड़ी बात होती है। जोकर की पहली नायिका उनके अपने अनुभव से उत्पन्न हुई थी, परन्तु दूसरी या तीसरी ने राजकपूर को कोई धोखा दिया, यह सच नहीं है।

'बॉबी' की पूरी पटकथा आर्ची कॉमिक्स से ली गई, परन्तु नायक-नायिका की प्रथम भेंट और बहुत से प्रेम दृश्य राजकपूर-नरगिस के जीवन से प्रेरित हैं। दरअसल राजकपूर और कृष्णाकपूर की पहली मुलाकात भी काफी नाटकीय थी, परन्तु इस अनुभव का प्रयोग उन्होंने कहीं नहीं किया।

'सत्यम् शिवम् सुन्दरम्' का मूल विचार राजकपूर और लता के सम्बन्ध से प्रेरित जरूर है, परन्तु यह भी आधी हकीकत और आधा फसाना है, क्योंकि राजकपूर के मन में लता के लिए सदैव आदर ही रहा। उन्हें लता, सरस्वती का साक्षात् अवतार ही लगती रहीं, इसलिए उन्होंने लता को कभी किसी और दृष्टि से नहीं देखा। सत्यम्

जीनत अमान : सत्यम् शिवम् सुन्दरम्

शिवम् सुन्दरम् की पटकथा के पहले संस्करण में एक मधुर आवाज और एक खूबसूरत अभिनेता की प्रेमकथा है। आवाज का चेहरा विकृत है और अभिनेता का जीवन आइनों में कैद है। बाद के संस्करण में बहुत से परिवर्तन किए गए।

प्रेमरोग का देवधर का चरित्र राजकपूर के अनुभव का परिणाम है। श्रीमती कामना चन्द्रा की कहानी पर फिल्म बनती, तो वह शुद्ध कला फिल्म बनती और शायद कभी प्रदर्शित भी नहीं होती। राजकपूर ने पद्मिनी के चरित्र में वह रंग डाला, जो उन्होंने स्वयं जवानी की दहलीज पर दस्तक देते ही एक सजातीय षोडसी में देखा था। 'ये गलियाँ ये चौबारा' भी प्रेरणा से बनाया गया गीत है। ठेंगा दिखाकर नाचना भी उसी की अल्हड़ अदा थी।

सन् 1964 में राजकपूर ने लोनी ग्राम में लगभग सौ एकड़ जमीन का एक फार्म खरीद लिया था और अपना अधिकांश समय वे वहीं बिताते थे। आस-पास के किसानों से उनकी दोस्ती हो गई थी। फार्म के नजदीक ही उन्होंने पृथ्वीराज मेमोरियल स्कूल बनाने में सहायता की। इस फार्म में राजकपूर ने कभी खेती नहीं की। उन्होंने शूटिंग के लिए आवश्यक फूल उगाए। कुछ समय तक अंगूर की खेती अवश्य की, क्योंकि वाइन बनाने का शौक पैदा हो गया था। इसी फार्म में उन्होंने प्रोजेक्टर भी लगाया है, क्योंकि फिल्म देखने का जोश उम्र के किसी दौर में कम नहीं हुआ था। लोनी के किसानों से दोस्ती, राजकपूर के लिए जीवन से सीधे आँख मिलाने की तरह था। लोनी, पूना से सिर्फ इक्कीस मील दूर है, परन्तु छलकपट से सैकड़ों मील दूर है। राजकपूर को जो सरलता, सहजता और मासूमियत आम भारतीय का आत्मज बनाती है, उसका बहुत-सा अनुभव उन्हें लोनी में मिला, परन्तु पहला अनुभव तो पृथ्वी थियेटर का ही था।

राजकपूर की मृत्यु के बाद लोनी के फार्म में उनकी समाधि बनाई गई है। उनके माता-पिता की समाधि भी वहाँ है। प्रतिदिन सुबह बहुत-से लोग राजकपूर की समाधि पर फूल चढ़ाने आते हैं। इन लोगों से बातचीत करने पर मालूम हुआ कि राजकपूर, लोनी के जीवन के अभिन्न अंग थे। यहाँ उन्होंने कोई लम्बा-चौड़ा दान-धर्म नहीं किया है, परन्तु रोजमर्रा के जीवन में सम्मिलित होकर वे उनके सगे-सम्बन्धी बन गए थे।

राजबाग के पुराने पट्टे देखने पर मालूम पड़ा कि लोनी का रेलवे स्टेशन भी राजबाग की जमीन पर ही बनाया गया और मेनरोड पर पेट्रोल पम्प भी राजकपूर के फार्म का ही एक हिस्सा है। संगम के बाद की सारी फिल्मों की बहुत-सी शूटिंग लोनी के राजबाग में हुई है। जोकर का पार्श्व संगीत भी जयकिशन और राजकपूर ने लोनी में ही बनाया था। लोनी के रेलवे स्टेशन का प्रयोग सत्यम् शिवम् सुन्दरम्, प्रेमरोग और राम तेरी गंगा मैली में हुआ है।

राजकपूर जब अपने फार्म में बैठे होते और दूर रेलगाड़ी की आवाज आती, तो उन्हें रेल से सम्बन्धित अपने और पापाजी के जीवन की अनेक घटनाएँ याद आ जातीं। कई बार वे रेलवे के नाम पर काल्पनिक घटनाएँ गढ़ने लगते थे। जोकर का रेल-दृश्य शायद भारतीय फिल्मों का सर्वश्रेष्ठ रेल-दृश्य है।

राजकपूर की पटकथा 'रिश्वत' का लगभग पूरा घटनाक्रम ही रेलगाड़ी में है—एक तरह से रिश्वत, जागते रहो का रेल संस्करण है। घूँघट की भी सबसे नाटकीय घटना रेलवे क्रासिंग पर ही घटित होती है। राजकपूर का भारतीय रेल के प्रति विशेष मोह था। आम आदमी का भी रेल के प्रति खास प्यार होता है, क्योंकि पश्चिम से आई वैज्ञानिक वस्तुओं में सबसे पहले उसने रेल को स्वीकार किया। रेल, आम आदमी के लिए वर्षों रोमांच की वस्तु रही है।

राजकपूर ने अपने जीवन की घटनाओं को आधार बनाकर अपनी फिल्मों के अनेक दृश्य बनाए हैं। लगभग हर सर्जक इस तरह का कार्य करता है, परन्तु इस प्रक्रिया में अन्तर्निहित खतरों से बचना कठिन है। सत्यम् शिवम् सुन्दरम् में राजकपूर के विचित्र और असम्भव से तजुर्बे पर दर्शक को विश्वास नहीं हुआ कि आप जिसके साथ प्यार करें और रातें गुजारें, उसकी शक्ल कभी न देखें। एकाध बार ऐसा सम्भव भी हो, परन्तु अनेक बार तो यह सम्भव नहीं है। सत्य और भ्रम के दार्शनिक अन्तर को स्पष्ट करने के लिए अज्ञात प्रेमिका और पत्नी के रूपक का प्रयोग आम आदमी के गले नहीं उतरा।

जोकर के निर्माण तक राजकपूर अपने जीवनकाल में ही किंवदन्ती बन चुके थे और पटकथा के प्रारम्भ में ही जोकर को महान कहकर पुकारा गया, जबकि पूरी फिल्म में उसने किसी के आँसू नहीं पोंछे। राजकपूर की अधिकांश फिल्में, दर्शक के नाम लिखा प्रेम-पत्र होती थीं, परन्तु जोकर राजकपूर द्वारा, राजकपूर के लिए राजकपूर को लिखा प्रेम-पत्र सिद्ध हुई।

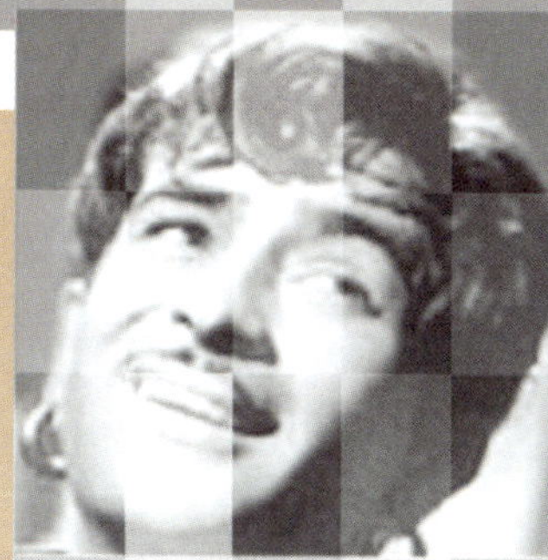

राजकपूर की फिल्मों के प्रतीक

निर्देशक राजकपूर को प्रतीक का बहुत मोह था। कई फिल्मों में पात्रों के नाम उनके स्वभाव के परिचायक के रूप में रखे गए। मसलन उनकी श्रेष्ठ फिल्म 'श्री 420' में नायिका का नाम विद्या है, तो खलनायिका का नाम माया। इस प्रतीकात्मकता को लोग भूल न जाएँ या नजर अन्दाज न कर दें, इसलिए खलनायक सोनाचन्द-धर्मानन्द भोलेनायक को अपने गिरोह में शामिल करने के बाद कहते हैं—'राज, अब तुम्हें विद्या की नहीं, माया की जरूरत है।' इस फिल्म का नायक महानगर में अपनी किस्मत आजमाने आया है और आते ही जेब कट जाती है। उसे अपना ईमान गिरवी रखना पड़ता है—यह ईमानदारी का मैडल है। नायिका भी विद्या (पुस्तकें) गिरवी रखने कबाड़ी की दुकान पर आती है। जहाँ नायक बेईमानी से कमाए हुए धन के दम पर अपना ईमानदारी का मैडल वापस लेने आता है। कबाड़ी की दुकान में गरीबों के सपने गिरवी हैं। टीचर का ज्ञान गिरवी है और महानगर को फतह करने का दम भरनेवालों का गर्व भी यहाँ गिरवी है। लेखक-निर्देशक की बहुत बड़ी कामयाबी थी—कबाड़ी की दुकान को पटकथा में रखना। एक्टर रशीद खान राजकपूर से 'बरसात' के बाद मिलने आया था और उसे पैसे की सख्त जरूरत थी। राजकपूर ने बगैर किसी शर्त

के रशीद खान की सहायता की थी। पाँच वर्ष बाद 'श्री 420' में कबाड़ी की भूमिका में रशीद खान ने अविस्मरणीय अभिनय किया। 'श्री 420' एक ऐसी फिल्म है, जिसमें छोटी-सी भूमिकाओं में अदाकारों ने प्राण फूँक दिए थे, क्योंकि हर भूमिका गहरी समझदारी से रेखांकित की गई थी। पुराने जमाने के कुमार ने सड़क पर खड़े रहकर भीख माँगनेवाले की भूमिका में महानगर के जीवन के जहर को सशक्त ढंग से अभिव्यक्त किया था। भिखारी नायक से पूछता है, 'पढ़े-लिखे हो, मेहनती हो, जवान हो, ईमानदार हो तब काम नहीं मिलेगा। ये बम्बई है मेरे भाई, जहाँ बिल्डिंगें सीमेंट की बनती हैं और दिल पत्थर से। सच बोलकर भूखा मरना पड़ता है और बेईमानी से पैसे कमाने के रास्ते हैं 420।' इसी फिल्म में ललिता पंवार ने केले बेचनेवाली महाराष्ट्रीयन औरत की भूमिका में दर्शकों के मन पर अमिट छाप छोड़ी है।

राजकपूर को प्रतीकों से बहुत प्यार था। दृश्य को अर्थवान बनाने के लिए उन्होंने आम जीवन से साधारण प्रतीक चुने और बड़े जतन के साथ फिल्म में टाँक दिए। ऐसे प्रतीकों का उन्होंने उपयोग नहीं किया, जिनका आम आदमी से कोई रिश्ता न रहा हो।

प्रतीक के मामले में जागते रहो, तो जायसी के काव्य की तरह है। बहुमन्जिली इमारत भारत है, जिसकी अलग-अलग मन्जिलें अलग-अलग वर्ग के लोगों के लिए है। जागते रहो के नायक की प्यास प्रतीक है सत्य की, तलाश की। यह प्यास आध्यात्मिक आनन्द के लिए भी है।

'जागते रहो' का नायक पाइप पकड़कर जान बचाने की चेष्टा कर रहा है। तमाशबीन जनता उसे पत्थर मार रही है। एक पत्थर खिड़की का शीशा तोड़ता है और क्राइस्ट की तस्वीर पर लगता है। इसी दृश्य में कमाल तो उस समय हुआ है, जब तथाकथित चोर की जेब से नोट नीचे गिरते हैं और 'चोर-चोर' चिल्लानेवाली तमाशबीन जनता उन नोटों के पीछे भागने लगती है। ऐसे ही दृश्य सिनेमा को सार्थक कला के रूप में स्थापित करते हैं। कला फिल्मों का शोर मचाकर कुछ लोगों ने सरकारी तवे पर अपने स्वार्थ की रोटियाँ सेंक लीं, जबकि दो बीघा जमीन, जागते रहो, बूट पॉलिश जैसी उच्च कोटि की कला फिल्में तथाकथित कला फिल्म लहर के बहुत पहले की फिल्में हैं।

'जागते रहो' का नायक जिस फ्लैट में जाता है, वहीं लोग उसे देखकर डर जाते हैं और शोर मचाने लगते हैं, क्योंकि स्वयं उनके दिल में चोर है। आखिरी रील में नायक एक मासूम बच्ची के कमरे में जाता है, वह नहीं डरती बल्कि उससे कहती है, 'खिड़कियाँ और दरवाजे खोल दो—रोशनी आने दो। अगर तुमने चोरी नहीं की तो तुम क्यों डरते हो? पृष्ठभूमि में गीत शुरू हो चुका है' : 'ज्योत का प्यासा प्यास बुझाए...।' अन्तिम दृश्य में नरगिस, राजकपूर को पानी पिलाती है। दस वर्षों और सत्रह फिल्मों का सफर इस दृश्य पर समाप्त होता है। जागते रहो में इस दृश्य का बहुत महत्त्व है, क्योंकि फिल्म के प्रारम्भ में नायक बहुमंजिला इमारत में पानी पीने के लिए आता है और फिल्म में तीन-चार अवसर पर उसकी प्यास लगभग बुझने को है कि कोई घटना उसे पानी से दूर ले जाती है। नरगिस-राजकपूर का यह

अन्तिम दृश्य होने के कारण इसका महत्त्व और बढ़ जाता है।

राजकपूर ने अपनी बहुत-सी फिल्मों में कुत्ते का प्रयोग प्रतीक के तौर पर किया है। आवारा में नायक सड़क पर हताश होकर बैठा है, क्योंकि ईमानदारी की नौकरी उसे नहीं करने दी जा रही है। एक कुत्ता उसके पास आ जाता है। नायक कुत्ते से कहता है कि हम दोनों का एक-सा हाल है, दोनों ही दुत्कारे जाते हैं, दोनों ही आवारा हैं। एक राहगीर कुत्ते को ठोकर मारता है और नायक उस पर लगभग प्राणघातक हमला कर बैठता है।

जागते रहो का नायक पोटली खोलकर चना खाता है। सड़क का एक कुत्ता दौड़कर उसके पास आता है। नायक उसे भी कुछ खाने को देता है। नायक को प्यास लगती है। कुत्ता एक बहुमन्जिला इमारत के अहाते में घुस जाता है, जहाँ एक नल से पानी टपक रहा है। नायक भी कुत्ते की प्रेरणा से वहाँ चला जाता है। चौकीदार चोर-चोर का शोर शुरू कर देता है।

जोकर के तीसरे भाग में कुत्ते के प्रतीक का प्रयोग निर्देशक राजकपूर की अन्यतम सफलता है। नायक, नायिका और उसका कुत्ता फुटपाथ सर्कस के तीन भागीदार हैं। फुटपाथ सर्कस की सफलता के बाद नायिका को स्टेज से निमन्त्रण मिलता है। नगर पालिकावाले कुत्ता पकड़कर ले जाते हैं और स्वार्थी नायिका नायक से कहती है, 'अब हमें कुत्ते की क्या जरूरत है?' नायक कहता है, 'तुम जरूरत से प्यार करती हो—आज तुम्हें स्टेज पर मौका मिला है तो मोती (कुत्ता) की जरूरत नहीं, कल इसी तरह शायद मेरी भी जरूरत न रहे।'

जोकर के पहले भाग के अन्तिम दृश्य में नायक माँ को ताँगे पर बैठाता है और खुद पैदल चलता है। नायक का पैदल चलना इस बात का प्रतीक है कि उम्र का जादुई दौर खत्म हुआ, अब जिन्दगी का मुकाबला करना है। बचपन की सुरक्षित सपनीली दुनिया खत्म हुई, अब रोजी-रोटी कमाना है। किशोरावस्था की पगडंडी से जवानी की निर्मम सड़क पर कदम जमाना है।

जोकर के दूसरे भाग के अन्त में माँ का पात्र जीवन की निर्मम सच्चाई का प्रतीक है, तो ट्रेपीज कलाकार स्वप्न का। जोकर ट्रेपीज कलाकार के पीछे जाता है, उसे फूल देना चाहता है। वह भी झूले पर झूलता है और नायिका को फूल देता है। जनता तमाशे से खुश है और नायक शो के नियम के मुताबिक नेट पर गिरता है। माँ का दिल बैठ जाता है। ऐसे ही शो में उसके पति की जान गई थी। यथार्थ (माँ) जमीन पर धराशायी है, स्वप्न हवा में कलाबाजी कर रहा है। नेट पर अस्थिर कदमों से नायक जनता को अभिवादन करता है। धराशायी माँ पर निगाह जाती है और वह कहता है, 'माँ अब तो सचाई तुम्हारे सामने आ ही गई। माँ मैं करता भी तो क्या करता? मेरी रगों में बाबा का खून बार-बार यही कहता है—जीना यहाँ, मरना यहाँ,

इसके सिवा जाना कहाँ। मुझसे नाराज न होना माँ, मैं जोकर बनने के अलावा करता भी क्या?'

मृत माँ के पास जोकर बैठा है—उसके आइटम की घंटी बजती है। शो मस्ट गो

ऋषिकपूर और सचदेव

ऑन। वह मजबूर है, तमाशे की परम्परा का सवाल है। वह जनता के सामने है। माँ के लिए चीखता है और नकली आँसू के फव्वारे छूटते हैं। नकली के पीछे असली भी छुपे हैं। जोकर एक कबूतर उड़ाता है। जबर्दस्त प्रतीक है कबूतर-प्राण पखेरू उड़ गए। पटकथा-लेखन के समय यदि जोकर का भाग दो, भाग तीन की जगह आता तो मर्मस्पर्शी क्लाइमैक्स के साथ फिल्म समाप्त होती।

जोकर के तीसरे भाग के एक दृश्य में कमाल के प्रतीक हैं। नायिका ने निर्माता राजेन्द्र कुमार के अभिनय के प्रस्ताव को स्वीकार किया है। राज दुखी है, क्योंकि स्टेज के सारे वादे नायिका ने तोड़ दिए हैं। निर्माता राजेन्द्र कुमार, नामक राजकपूर और पद्मिनी हवाई जहाज में बैठे हैं। स्वार्थी नायिका टाइम नामक पत्रिका पढ़ रही है—वह वक्त के साथ बदल जाती है। अमीर निर्माता फारचून (भाग्य) नामक पत्रिका पढ़ रहा है—वह सफलता का पुजारी है। तमाशे की जान—राजू जोकर लाइफ पढ़ रहा है। एक छोटे से संवादहीन दृश्य में निर्देशक राजकपूर ने जिन्दगी की हकीकत पेश कर दी।

प्रतीक के निर्वाह के लिए राजकपूर ने कई बार बहुत धन खर्च किया है और बहुत धैर्य का प्रदर्शन किया है। जिस देश में गंगा बहती है, के अन्तिम दृश्य में डाकू आत्मसमर्पण के लिए जा रहे हैं। हजारों बी.एस.एफ. के जवान चारों ओर से विशाल

घेरा डालते हैं। जब डाकुओं की निगाह इस विशाल घेरे में पड़ती है, तो आकाश में एक बादल का टुकड़ा आता है, जिसके कारण उस स्थान पर अँधेरा छाता है, जहाँ डाकू खड़े हैं और पुलिस के घेरे पर उजाला है। इस एक दृश्य में प्रतीक के लिए बहुत मेहनत की गई है।

प्रेमरोग में नायिका के पैर का बड़ा नाटकीय प्रयोग किया गया है। पहले ही दृश्य में यह बताया है कि अमीर परिवार की लाड़ली बगैर चप्पल के जमीन पर पैर रखने को भी तैयार नहीं है। दूसरी रील में ही जब वह एक गलत आदमी को अपनी गाड़ी में बैठा लेती है, तब गलती मालूम पड़ने पर चप्पल से उसकी पिटाई करना चाहती है। नायक हाथ पकड़ लेता है, तो वह कहती है कि मेरा हाथ छोड़ो, मेरा पैर लटका है। बगैर चप्पल के वह पैर जमीन पर नहीं रखती। नखरों और नाजों पली है बिटिया रानी। इस लड़की के भाग में लिखा था वैधव्य—वह भी शादी के तीन दिन के भीतर। अपने लम्पट जेठ से बचने के लिए वह भागती है, तो उसके नंगे पैर में काँच चुभ जाता है। उसके बलात्कार के दृश्य में केवल काँच से लहुलुहान पैर सफेद चादर को लाल कर रहा है—बस इतना ही दिखाया है। आगे की रीलों में यह युवा विधवा नंगे पैर ही घूमती है और काँटा चुभ जाता है, जिसे नायक निकालता है। फिल्म के एक महत्त्वपूर्ण दृश्य में वह मन्दिर से बाहर आती है, तो नायक चप्पल पहनने का इसरार करता है—प्रतीकात्मक ढंग से सरे बाजार शादी का प्रस्ताव रखता है। पूरी फिल्म में पैर को लेकर चार दृश्य रचे गए हैं, जो अत्यन्त मर्मस्पर्शी बन पड़े हैं।

प्रेमरोग में राजकपूर ने एक महान दृश्य प्रस्तुत किया था, जिसमें बिजली का कुछ समय के लिए फेल हो जाना अत्यन्त महत्त्वपूर्ण था। हर छोटे-बड़े शहर में प्रायः बिजली गुल हो जाती है। रोजमर्रा की इस घटना को अत्यन्त नाटकीयता से प्रस्तुत किया गया था। शाम का समय है। जमींदार का नौकर देवधर (ऋषिकपूर) को

बुलाने आया है। सुबह ही जमींदार के आदमी देवधर की जबर्दस्त पिटाई करके गए थे। मामी देवधर को रोकती है। इतने में बिजली गुल हो जाती है। मामी कहती है, जिस बड़े राजा साहब के नाम लेने से बिजली चली जाए, उसके घर क्या जाना? दरअसल उसे सुबह की पिटाई का स्मरण है। देवधर नहीं मानता। बड़े राजा साहब (शम्मी कपूर) के महल में घुप्प अँधेरा छाया है अर्थात् अँधेरा अमीर-गरीब के भेद को नहीं मानता। राजा साहब के विशाल कक्ष में कुछ मोमबत्तियाँ जल रही हैं। इन्सान से बड़ी इन्सान की परछाइयाँ भूतों की तरह डोल रही हैं। राजा साहब प्रस्ताव रखते हैं कि देवधर, मनोरमा को लेकर भाग जाए ताकि समाज को वे कह सकें कि विधवा भाग गई। वे स्वीकार करते हैं कि देवधर और मनोरमा का प्यार सच्चा है, परन्तु वे समाज के दोहरे मानदंड के शिकार हैं और सड़ी-गली हुई मान्यताओं को तोड़ने का उनमें साहस नहीं है।

देवधर सिद्धान्त की बात करता है कि सवाल एक मनोरमा और एक देवधर का नहीं है—सवाल है सड़ी-गली कुरीतियों से समाज को आजाद कराने का। वह सबके सामने बारात लेकर आएगा—अब तो यह धर्मयुद्ध है...। ठीक इसी समय रोशनी आती है और राजा साहब कहते हैं कि भगवान इस धर्मयुद्ध में तुम्हें विजय दे। शम्मीकपूर का क्लोज-अप और मर्मस्पर्शी पार्श्व संगीत। रोजमर्रा की साधारण घटना के आधार पर अमर दृश्य रचना राजकपूर की विशेषता थी और ऐसी चीजें ही उन्हें आम आदमी का लाड़ला फिल्मकार बनाती हैं।

संगम का एक दृश्य है—राजेन्द्र कुमार और वैजयन्तीमाला स्विट्जरलैंड के एक पहाड़ी पर्यटन स्थल पर मिलते हैं। राजकपूर और वैजयन्तीमाला हनीमून की छुट्टियों पर हैं। वैजयन्तीमाला कहती है, 'एक ब्याहता औरत की जिन्दगी रंगों की लकीर होती है, खेले तो तूफानों में और मिटे तो जैसे थी ही नहीं।' राजेन्द्र कुमार के स्विट्जरलैंड आने पर वैजयन्तीमाला उसके मन में अपराधबोध जगाती है और दूर जाने को कहती है। जब रंगों की लकीर का संवाद बोला जाता है, तब जलप्रपात पर इन्द्रधनुष के रंगों का दृश्य उभरता है। लोकेशन पर पहुँचकर राजकपूर ने कुदरत का यह करिश्मा देखा, तो उस नयनाभिराम दृश्य का प्रयोग करने के लिए यह संवाद वहीं लिखा और पुराने दृश्य में फेरबदल किया। इस माने में राजकपूर त्वरित फिल्म मेकर थे।

राजकपूर की प्रिय फिल्म जोकर में प्रतीकों का अम्बार है। जोकर का पुतला नायक के दिल का प्रतीक है, जो तीनों नायिकाओं के पास से वापस लौट आता है। पहले भाग में राजू ने सिम्मी को दिया था और सिम्मी से विवाह करके मनोज उसे लौटाता है। साथ ही उपदेश भी देता है कि तुम बड़े होने पर भी बचपन की मासूमियत को कायम रखना। इस दृश्य में सिम्मी, मनोज और ऋषिकपूर ने निगाहों

से बातें की हैं। इस पर अंग्रेजी गीत की पंक्तियों का प्रयोग सटीक हुआ है—

गिव मी ए स्माइल,
आई केन कीप ऑल दि वाइल
गिव मी ए स्माइल
विथ ए चीयर
नॉट ए टीयर इन युअर आई।

राजकपूर की सृजन प्रक्रिया में सबसे महत्त्वपूर्ण बात यह थी कि संगीत उन्हें दृश्य बनाने के लिए प्रेरित करता था। कई बार लेखक के लिखे हुए संवाद उन्हें प्रेरित करते थे—नृत्य, गीत बनाने के लिए। जोकर के तीसरे भाग में अब्बास साहब ने लिखा है कि समय के सामने मनुष्य बहुत असहाय और लाचार होता है। हम सब कठपुतली हैं। दुनिया के स्टेज पर अपना-अपना रोल निभाकर चले जाते हैं। मूल विचार विलियम शेक्सपीयर का है, जिसे गुलजार ने आनन्द में बहुत अच्छे ढंग से प्रयुक्त किया था। जोकर, आनन्द के पहले की फिल्म है।

राजकपूर ने मनुष्य की लाचारी और उसके मात्र कठपुतली होनेवाले विचार की अभिव्यक्ति के लिए 'जाने कहाँ गए वो दिन' की अमर रचना की। पद्‌मिनी, राजकपूर को छोड़कर सफल निर्माता राजेन्द्र कुमार के साथ है। खुद राजकपूर राह से हट गए हैं, क्योंकि वह जानते हैं कि पद्‌मिनी सफलता के लिए कुछ भी कर सकती है। पद्‌मिनी के पुराने घर में नायक जाता है, जहाँ उसे जोकर का पुतला दिखाई देता है। उस पर जाले पड़ गए हैं। वह जाले झाड़ता है। गीत शुरू होता है—'जाने कहाँ गए वो दिन' चाभी भरा हुआ पुतला थिरकता है—आगे नायक उसकी जगह लेता है और नृत्य करता है, परन्तु उसके कार्यकलाप चाभी भरे खिलौने के मानिन्द हैं—मशीनी मूवमेंट है। पृष्ठभूमि में हैं विशाल काले पत्थर, जिन पर मकड़ी के जाले बिछे हुए हैं। काल की क्रूर पृष्ठभूमि पर मनुष्य की असहायता का चित्रण हुआ है। इस गीतांकन में ऐसे अनेक प्रतीक हैं।

राजकपूर ने फिल्मों में कुत्ते को प्रतीक के रूप में प्रयोग किया है और जीवन में भी वे अपने तीन कुत्तों को बहुत प्यार करते थे। 1985 में वे अपने इलाज के लिए अमेरिका जा रहे थे। पहले भी दो बार

कार्यक्रम स्थगित हो चुका था। श्रीमती कृष्णा कपूर बहुत चिन्तित थीं और ऐसा उनका स्वभाव भी है कि वे एयरपोर्ट या रेलवे स्टेशन समय के काफी पहले पहुँचना पसन्द करती हैं। उस दिन अपनी आदत के अनुसार राजकपूर इत्मीनान से तैयार हो रहे थे और कृष्णाजी की बेचैनी बढ़ रही थी। जैसे-तैसे राजकपूर तैयार हुए। बाहर निकलने के पहले कुत्ते को आवाज दी। जब वे कुत्ते को प्यार कर रहे थे, तब उन्होंने देखा कि कुत्ते की आँख में कुछ तकलीफ है। कृष्णाजी ने कहा कि कल नौकर इसे अस्पताल ले जाएगा। आप जल्दी करें—वक्त हो रहा है। राजकपूर ने फौरन अपने डाक्टर को फोन लगाया और कुत्ते की बीमारी की चर्चा की और आग्रह किया कि अगली सुबह वे सबसे पहले चेम्बूर आकर कुत्ते को देख लें। कृष्णाजी की बेचैनी बढ़ती रही परन्तु राजकपूर, कुत्ते को प्यार करते रहे।

तकनीक और सरलीकरण

फिल्म ‘श्री 420’ में एक गीत है—

दिल का हाल सुने दिल वाला
सीधी-सी बात, न मिर्ची मसाला
कहकर रहेगा कहने वाला...।

राजकपूर की फिल्म की तकनीक इन पंक्तियों की तरह है। बात सीधे दिल से निकले और दिल में पहुँचे। राजकपूर ने तकनीकी जगलरी से हमेशा परहेज बरता—किसी तरह के तकनीकी मिर्च-मसाले का प्रयोग नहीं किया। अपनी अन्तिम चार फिल्मों में केवल एक हाई-स्पीड शॉट—वह भी सत्यम् में बच्ची पर उबलते हुए तेल के गिरने के समय लिया है।

कथा के ताने-बाने बुनते समय राजकपूर ने कभी कैमरा स्थिति या अन्य तकनीकी बातों के बारे में विचार नहीं किया। यह काम वे लोकेशन या सैट पर जाकर ही करते थे। अपने प्रारम्भिक वर्षों में राजकपूर ने सिनेमा के हर विभाग में छोटे से छोटा काम किया था। सम्पादन कक्ष में घंटों मेहनत की और कई वर्ष तक यह सिलसिला चलता रहा। बहुत कम उम्र में ही राजकपूर ने यह जान लिया था कि फिल्म लेखन और सम्पादन की टेबल पर बनती है।

राजकपूर विषय के चयन के मामले में एक रोमांटिक फिल्म मेकर थे, परन्तु तकनीक और प्रस्तुतीकरण के मामले में राजकपूर शुद्ध ‘क्लासिस्ट’ निर्देशक थे। चौथे दशक के अमेरिकन फिल्म निर्देशकों का उन पर असर था। चार्ली चैपलिन को वे सिनेमा का महानतम जीनियस मानते थे और उनसे बहुत प्रभावित थे। आवारा और श्री 420 में राजकपूर ने चैपलिन का विशुद्ध भारतीयकरण किया। श्री 420 में उन्होंने सड़क के अद्‌भुत सेट लगाए थे और पृष्ठभूमि में ट्रेन और

ट्राम आदि के चलने का प्रभाव खिलौनों से पैदा किया है। इन दृश्यों की गुणवत्ता की प्रशंसा स्वयं चार्ली चैपलिन ने भी की है।

राजकपूर तकनीक के नाम पर कलाबाजी नहीं करते थे। उनके लिए तकनीक मात्र साधन थी, कथा कहने का माध्यम मात्र। उदाहरण के लिए आवारा में पृथ्वीराज के चरित्र के अनुरूप के हर दृश्य में कैमरा इस ढंग से रखा है कि पृथ्वीराज अपने कद से भी बड़े लगते हैं। पृथ्वीजी का विश्वास है कि अच्छे लोगों के लड़के अच्छे और चोर-डाकुओं के बच्चे चोर-डाकू ही होते हैं। फिल्म के जिस दृश्य में उन्हें मालूम पड़ता है कि उनका अपना बेटा आवारा है, उस दृश्य में कैमरा ऐसी जगह रखा गया है कि वे अपने कद से छोटे लगते हैं। राजकपूर के लिए तकनीक का अर्थ था वह साधन जो भाव को तीव्रता और गहराई प्रदान करने में मदद करे। राजकपूर ने कभी कोई शॉट इस उद्‌देश्य से नहीं लिया कि वह दर्शक को अचम्भित कर दे। उसे चौंधिया दे।

राजकपूर ने तकनीक को अपने फिल्मकार पर कभी हावी नहीं होने दिया। बात को सीधे और सरल ढंग से बगैर मिर्च-मसाले के उन्होंने कुछ इस तरह फिल्मों में कहा है कि वे दर्शक के सीधे दिल में उतर गई हैं। उन्होंने अपने दर्शक की आवश्यकता तथा सीमा को पहचाना और सदैव सरलीकरण पर जोर दिया। शायद यही वजह है कि उनकी फिल्मों के दृश्य तथा घटनाओं को दर्शक बरसों तक किस्सों की तरह दोहराते हैं।

आवारा : स्वप्न दृश्य में स्वर्ग की कल्पना

राजकपूर ने तकनीक का भरपूर ज्ञान प्राप्त किया था। जवानी में ही विदेशों के दौरे किए और अन्तर्राष्ट्रीय सिनेमा का गहरा अध्ययन किया। तकनीक के भरपूर ज्ञान के कारण ही उन्होंने यह भी महसूस किया कि तकनीक को कथा पर कभी हावी नहीं होने देना चाहिए। साधन और साध्य के फर्क को उन्होंने हमेशा अपने दिमाग में स्पष्ट रखा। उन्होंने कभी 'झूम लैंस' का प्रयोग वहाँ नहीं किया, जहाँ ट्राली का प्रयोग करना चाहिए। भारत के अनेक निर्देशकों ने 'झूम लैंस' का प्रयोग इतना अधिक किया है कि लगता है जैसे किसी नादान बच्चे के हाथ महँगा खिलौना लग गया है और वह उसे तोड़कर ही दम लेगा।

राजकपूर का तकनीक सम्बन्धी दृष्टिकोण समझने में आसानी होगी अगर हम राजकपूर के सरलीकरण को ध्यान में रखें। उन्हें हर चीज को खूब सरल कर प्रस्तुत करने का जुनून था। उन्होंने अपने दर्शक की आवश्यकता और सीमा को ठीक से पहचाना और सरलीकरण पर जोर दिया। एक बार रिकॉर्डिंग रूप में उन्होंने अपने संगीतकार को इलेक्ट्रॉनिक वाद्य यन्त्र के प्रयोग से रोका, क्योंकि जो ध्वनि से पैदा की जा रही थी, उसे शादी का बैंड मास्टर नहीं बजा पाता। जब तक शादियों के बैंड मास्टर किसी फिल्म के गीत को बार-बार नहीं बजाते, तब तक वह गीत अधिक प्रसिद्ध नहीं होता। यह आग्रह केवल बॉक्स-ऑफिस के लिए नहीं था। राजकपूर का विश्वास था सरलता में। कथा के चुनाव को लेकर प्रथम कॉपी तक राजकपूर सरलता, सहजता और रस पर जोर देते थे। इस मामले में राजकपूर उस शुद्ध क्लॉसिक गायक की तरह थे, जो एक भी झूठा आलाप नहीं लेता। उल्टी-सीधी मुरकियों के करतब नहीं दिखाता। श्रोता की 'वाह' की खातिर कोई समझौता नहीं करता। मनोज कुमार भी अत्यन्त सफल निर्देशक रहे हैं, परन्तु एक सीमा तक जाकर वे कलाबाजी में खो गए। तकनीकी जगलरी में वह निर्देशक खोता है, जिसके पास कथा नहीं है या कुछ कहने को नहीं है।

राजकपूर की बॉबी में प्राण, प्रेमनाथ का अपमान करते हैं और उन पर उल्टे-सीधे आरोप लगाते हैं। दूसरे दिन प्राण को लगता है कि उन्होंने होशियारी से काम नहीं लिया और प्रेमनाथ से सम्पर्क तोड़ना ठीक नहीं था। प्राण दूसरे दिन प्रेमनाथ के घर जाते हैं और बड़ी अदा से कहते हैं कि कल उनका बात करने का अन्दाज गलत था। प्रेमनाथ टोककर बोलते हैं—'नहीं, बात गलत थी'। यही हाल निर्देशक राजकपूर का था—उन्हें बात करने के अन्दाज से मतलब नहीं था—उन्हें चिन्ता थी कि बात गलत नहीं होनी चाहिए।

राजकपूर को कॉमिक्स पढ़ने का बहुत शौक था। 'आर्ची' उनकी मनपसन्द कॉमिक्स स्ट्रिप थी। सरलीकरण के प्रति आग्रह यहीं से आया है। इसके अतिरिक्त राजकपूर को लोक-कथाएँ पढ़ने और सुनने का बहुत शौक था। कहावतों और लोक-कथाओं का प्रयोग करने का उनका अपना ढंग था। राम तेरी गंगा मैली के बनते समय राज साहब ने एक लोक-कथा सुनी, जिसमें नकली लंगड़ा बनकर एक ठग राजकुमार से घोड़ा ठग लेता है। तब राजकुमार ठग से कहते हैं कि तुम किसी को यह मत बताना कि तुमने अपाहिज बनकर मुझे ठगा है, वरना लोग अपाहिज पर दया करना बन्द कर देंगे। देखिए इस लोक-कथा को राजकपूर ने राम तेरी गंगा मैली में कैसे प्रयोग किया है। किशन धवन लड़कियों को बहकाकर बनारस के कोठे पर ले जाता है। वह नकली अन्धा बनकर मंदाकिनी को वागेश्वरी के कोठे पर ले जाता है। दृश्य के अन्त में मंदाकिनी किशन धवन से कहती है कि अन्धा बनकर लड़कियों को गुमराह मत करो, वरना समाज में अन्धों को दया नहीं मिलेगी। इस

तरह की सरल और शाश्वत सत्य बातों के कारण ही राजकपूर भारतीय जन-मानस के मनभावन कलाकार बने। आजकल के चर्चित निर्देशक तो रोज रात अमेरिकन फिल्मों के कैसेट देखते हैं और इसी चिन्ता में दुबले हुए जाते हैं दर्शक को कैसे चौंधिया दें। भारत के अधिकांश नेता, सम्पादक (अखबारों के), लेखक और निर्देशक यह मानकर चलते हैं कि आम भारतीय कुछ नहीं समझता, वह जाहिल है। सच तो यह है कि आम भारतीय के पास उच्च शिक्षा भले न हो, परन्तु उसके पास जन्मजात समझ है। अच्छे और बुरे की पहचान है। हर आम चुनाव में वह दूध का दूध और पानी का पानी कर देता है। हमारे पढ़े-लिखे लोग ही नहीं जानते कि आम भारतीय हजारों वर्षों से जिंदगी की रणभूमि में बगैर शिक्षा और बाहरी सहायता के हथियारों के भी निरन्तर डटा रहने वाला सैनिक है। राजकपूर इस अपराजेय सैनिक को भली-भाँति जानते थे, क्योंकि वे इस सैनिक के अदृश्य साथी हैं—हर जंग उनकी अपनी लड़ाई है। राजकपूर की यह ठेठ भारतीयता ही उसे अपने समकालीन कलाकारों से ऊपर उठाती है और उसे उसकी सार्वभौमिकता और सार्वकालिकता देती है।

जिस देश में गंगा बहती है—में एक डाकू का लड़का एक कबूतर को जख्मी करता है। वह कहता है कि वह शिकार करता है, क्योंकि उसे भूख लगती है। राजकपूर ने इस दृश्य में भी एक लोक-कथा का प्रयोग किया है—जान बचानेवाला, जान लेने वाले से बड़ा होता है। कहावतों और पहेलियों का भी भरपूर प्रयोग किया है। ईचक दाना बीचक दाना, (श्री 420) तीतर के आगे दो तीतर (जोकर) दिल का कँवल सबसे सुन्दर (जिस देश...) इत्यादि में चिरन्तन भारतीय पहेलियों और मुहावरों का प्रयोग हुआ है।

राजकपूर सीधी सरल अदायगी के कायल थे, परन्तु उन्होंने तकनीक के महत्व को कभी कम नहीं आँका। आर.के. स्टूडियो की स्थापना के बाद हर फिल्म के बनते समय नए यन्त्र नियमित रूप से खरीदे जाते रहे हैं और यह परम्परा आज भी जारी है। 1954 में ही उन्होंने अपने कैमरामैन राधू करमारकर को लंदन भेजा था—कलर फोटोग्राफी की विधा को समझने के लिए। उस समय राजकपूर 'अजन्ता' कलर में बनाना चाहते थे। अजन्ता नायिका प्रधान ऐतिहासिक विषय था, जिसे बाद में लेख टंडन ने अपने अन्दाज से 'आम्रपाली' के नाम से बनाया। राजकपूर 'अजन्ता' की पटकथा से खुश नहीं थे और निरन्तर सुधार का प्रयास करते रहे।

सत्यम् शिवम् सुन्दरम् में सूर्योदय के दृश्यों के लिए लोनी के राजबाग में सैकड़ों दरख्तों को रंग दिया गया था। तकनीक के मामले में राजकपूर 'सीधी-सी बात न मिर्च-मसाला, कहकर रहेगा कहने वाला' के कायल थे अर्थात् बिना तकनीकी जगलरी के सीधे बात के साथ ही 'कहकर रहेगा कहने वाला' अर्थात् जो शॉट लेने का निर्णय कर लिया, तो हर सूरत में उसे लेना है। सत्यम् के बाढ़-दृश्य इतने प्रामाणिक इसलिए

लगते हैं कि वे असली बाढ़ के दृश्य हैं और कमर तक पानी में खड़े रहकर लिए गए हैं। दरअसल वे दृश्य बहुत खतरा उठाकर लिए गए हैं, क्योंकि बाढ़ का तेज बहाव यूनिट के सदस्यों को मुसीबत में डाल सकता था। स्वयं राजकपूर कमर तक पानी में खड़े रहकर काम कर रहे थे। जब बाढ़ का पानी उतर गया, तब देखा कि 'सत्यम्' के लिए लगाया पूरा गाँव बह गया—मन्दिर का विशाल सेट लगभग नष्ट हो गया है। राजकपूर ने उस समय भी शूटिंग की जब बाढ़ का पानी उतार पर था, क्योंकि फिल्म में उन दृश्यों की भी आवश्यकता थी।

राजकपूर बड़े खुले दिमाग से फिल्म बनाते थे और निर्माण के साथ ही पटकथा में परिवर्तन भी करते जाते थे। वे 'हार्ड बाउंड और वाटरटाइट पटकथा' जैसी शब्दावली से सर्वथा अपरिचित थे। फिल्म उनके लिए पनडुब्बी नहीं वरन् एक जीवित पारिवारिक सदस्य की तरह थी, जिसका निरन्तर विकास करना उनका कर्तव्य था। शायद इसी कारण वे फिल्म बड़े प्यार से बनाते थे।

संगम का ऊटकमंड का आउटडोर कर वे लौटे थे। उसके पहले भी काफी लम्बे दौर स्टूडियो में हो चुके थे। ऊटकमंड का रश प्रिंट भी आ चुका था और सब लोग बहुत प्रसन्न थे। राजेन्द्र कुमार को लगा कि ऊटकमंड इसके पहले इतना खूबसूरत कभी नहीं लगा—ऐसा लगता है मानो विदेश में शूटिंग की हो। राजकपूर के दिमाग में घंटी बज गई। दूसरे दिन उन्होंने राजेन्द्र कुमार से कहा कि कुछ दिन के लिए यूरोप चलते हैं—छुट्टियाँ भी मनाएँगे और काम भी करेंगे। पटकथा में परिवर्तन करते हैं और सुन्दर की पोस्टिंग लंदन में करते हैं, जहाँ से वह मधुरात्रि के लिए यूरोप जा सकता है। राजकपूर ने कुछ ही दिनों में आवश्यक आज्ञा-पत्र प्राप्त कर लिए और पूरी शूटिंग की व्यवस्था भी हो गई। संगम के पहले के. आसिफ के मित्र ओझा की एक फिल्म की शूटिंग अफगानिस्तान में हुई थी, परन्तु यूरोप जानेवाला संगम का यूनिट पहला भारतीय यूनिट था। तीन माह तक पूरे यूरोप में शूटिंग की। यूरोप से

कुछ फिल्मी लोग सहायता के लिए, लिए गए। जब उन्होंने भारतीय कैमरा देखा, तो उन्हें आश्चर्य लगा कि इतने पुराने मॉडल से क्या शूटिंग होगी? राजकपूर ने उन्हें विश्वास दिलाया कि पुराने यन्त्रों से भी वे अच्छा परिणाम देंगे। भारत के तकनीशियन बहुत परिश्रमी और इनोवेटिव हैं। वे अपनी कल्पना शक्ति से यन्त्रों के पुरानेपन की कमी पूरी कर लेते हैं। एफिल टॉवर की शूटिंग के रश प्रिंट देखकर यूरोपियन लोग दंग रह गए। राजकपूर और उनकी यूनिट का दावा सही था।

उन दिनों को स्मरण करते हुए साउंड रिकॉर्डिस्ट अलाउद्‌दीन खान ने बताया कि स्विट्‌जरलैंड में उन्हें इश्क हो गया, तो राजकपूर ने उनका काम भी सम्भाल लिया और उन्हें इश्क के लिए यथेष्ठ छुट्टियाँ भी दीं। आर.के. के यूनिट में सभी लोग बड़े प्रेमी जीव थे और जो साथी प्यार में पड़ा हो, उसकी मदद करना अपना धर्म समझते थे। राजेन्द्र कुमार फिल्म में हीरो थे, परन्तु यूरोप में उन्होंने प्रॉडक्शन कंट्रोलर का काम भी किया था।

हिना की शूटिंग भी यूरोप में की गई। विदेशी मुद्रा की बचत के लिए छोटा यूनिट गया था और सभी लोग समानता के भाव से बोझा बाँटते थे। 'बोझा ही बाँटा जा सकता है, हल्कापन नहीं'। (सत्यम् का संवाद) एक दिन यूरोप के एक तकनीशियन ने रणधीर से अगले दिन का प्रोग्राम पूछा। रणधीर कपूर ने उसे बताया कि हीरो के साथ एक सीन करना है। उस विदेशी ने पूछा कि आपका हीरो तो आया नहीं! रणधीर ने बताया कि ऋषि कपूर ही नायक है, जो पिछले दिनों यूनिट का मैनेजर बना हुआ था। विदेशी को बहुत आश्चर्य हुआ और उसने कहा कि कल तुम (रणधीर) कहोगे कि तुम भी हीरो रह चुके हो। रणधीर ने उसे बताया कि पचास फिल्मों में वह हीरो रह चुका है। विदेशी ने यूनिट के लिए चाय बनानेवाली नीतू सिंह की तरफ इशारा करके कहा कि यह मत कहना कि यह लड़की भी नायिका रह चुकी है। जब रणधीर ने उसे बताया कि नीतू चिन्टू की पत्नी है और कई फिल्मों में नायिका रह चुकी है, तब उस विदेशी के आश्चर्य की सीमा नहीं रही। यह सादगी और भाईचारा उसने कहीं और नहीं देखा था।

राजकपूर ने अपनी कहानियों को दुरूहता से बचाया और तकनीक के मामले में अदायगी पर किसी चीज को हावी नहीं होने दिया। फिल्म निर्माण के सभी विभागों के काम को उन्होंने सीखा था। वे अपने सभी सेट्‌स को हर कोण से फोटोग्राफ करते थे और उन्हें फिजूलखर्ची सख्त नापसन्द थी। फिल्म निर्माण पर वाजिब खर्च में उन्होंने कभी कमी नहीं की। उनका विश्वास था कि हर रुपया, जो फिल्म में लगाया जाता है, वह परिणामस्वरूप पर्दे पर नजर आना चाहिए। वे उन निर्देशकों में नहीं थे, जो अपने अहं की तुष्टि के लिए सेट लगाएँ और बगैर शूटिंग किए तोड़ दें। उन्होंने गुणवत्ता के साथ कभी समझौता नहीं किया। व्हिस्की में सोडा नहीं और काम में सौदा नहीं...।

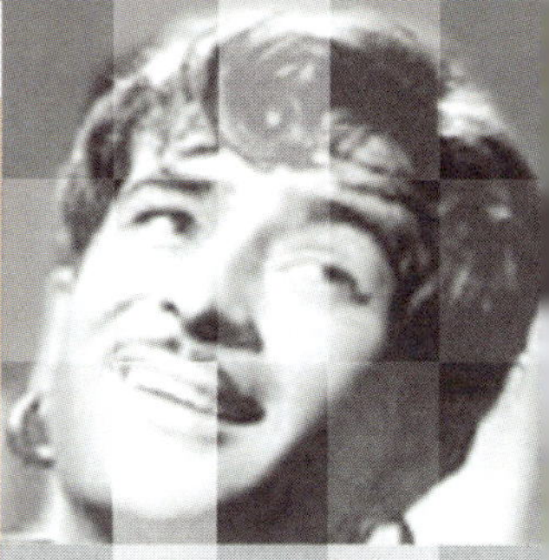

धर्म, आस्था और विश्वास

उन्नीस सौ चौहत्तर में इलस्ट्रेटेड वीकली ने हर क्षेत्र के प्रसिद्ध व्यक्तियों से अपने धर्म के बारे में कुछ सवाल पूछे थे। राजकपूर ने कहा था कि 'मैं उस महान विचारधारा तथा सार्वभौमिक चेतना का उत्तराधिकारी हूँ, जिसे हिन्दुत्व कहते हैं, मगर मेरा अपना भी स्वयं पर सम्पूर्ण स्वामित्व है। मेरा व्यक्तित्व रत्ती-रत्ती मेरा अपना है और उस व्यक्तित्व में एक सम्पूर्ण संसार बसा हुआ है। मैं अनन्त जोकर हूँ और मानवता को हँसाना ही मेरा धर्म है।'

राजकपूर को अपने हिन्दू होने पर गर्व था, परन्तु वे साम्प्रदायिक भावना से ग्रसित नहीं थे। उनकी टीम में सभी धर्म के लोग थे। राजकपूर सभी धर्मों की किताबें अपने यहाँ रखते थे और उन्हें सभी धर्मों के प्रति सच्चा आदर था। सच तो यह है कि राजकपूर अपने काम को ही अपना धर्म मानते थे। वे चौबीस घंटे जागते-सोते केवल फिल्म के बारे में सोचते थे। अपने काम के प्रति उनका सम्पूर्ण समर्पण उन्हें एक उच्च आध्यात्मिक स्थान देता है। फिल्म बनाते समय उनकी लगन और एकाग्रता किसी ऋषि-मुनि से कम नहीं होती थी। उनके स्टूडियो पर फहराता हुआ झंडा एक सृजनशील कलाकार की आस्था का प्रतीक है। वह झंडा यकीनन धार्मिक नहीं है। सच तो यह है कि राजकपूर का सिनेमा के प्रति जो ऑबसेशन है, वह कभी-कभी थोड़ा-सा अस्वाभाविक लगता है। इस मायने में कि वर्षों आप कैसे एक-सी तन्मयता और एकाग्रता कायम रख सकते हैं। दरअसल राजकपूर सारे कार्य इसी लगन से करते थे। जब वे टेलीविजन पर क्रिकेट मैच देख रहे होते, तब

भी किसी एक टीम को सपोर्ट करना शुरू करते थे और उसके खिलाड़ी के साथ वे इतनी गहराई से जुड़ जाते थे कि राजकपूर के साथ बैठकर क्रिकेट देखने में डर लगने लगता था। राजकपूर की अनुभूति की तीव्रता हर क्षेत्र में समान थी।

राम तेरी गंगा मैली की मूल पटकथा में नायिका मंदाकिनी अन्तिम दृश्य में मर जाती है। शूटिंग के पहले ही पूरा यूनिट दो खेमों में बँट गया। हर एक ने अपने दावे के साथ मजबूत दलीलें दीं। राजकपूर सभी की बातें सुनते रहे और परिणाम का पलड़ा कभी इस ओर झुकता था, तो कभी दूसरी ओर। गंगा को मारने के पक्ष में एक दलील यह थी कि गंगोत्री जिस यात्रा का शिखर है, कलकत्ता उसका समापन अर्थात् गंगा कलकत्ता में समुद्र में लीन होती है।

काम के प्रति सम्पूर्ण समर्पण राजकपूर को एक उच्च आध्यात्मिक स्थान देता है। फिल्म बनाते समय उनकी लगन और एकाग्रता किसी ऋषि-मुनि से कम नहीं होती थी।

राजकपूर ने निर्णय लिया कि 'गंगा' नहीं मरेगी। हमारे शाश्वत धर्म में कोई कभी नहीं मरता, बात सिर्फ चोला बदलने की है। गंगा पवित्रता का प्रतीक है, उसे मारा नहीं जा सकता। राजकपूर की प्राथमिकता सिनेमा थी, बाकी हर बात कम महत्त्व की थी। गंगा के क्लाइमेक्स में गंगा को नहीं मारने के निर्णय के पीछे राजकपूर की सबसे बड़ी दलील यह थी कि पूरी फिल्म में गंगा ने अत्याचार सहे हैं और अगर ऐसे पात्र को अन्त में मार देते हैं, तो दर्शक क्षुब्ध हो जाता है, नाराज हो जाता है। दर्शक का दुःख बढ़ जाता है। उनकी टीम के लोगों ने कहा कि दुनिया की सारी महान प्रेम-कथाओं के अन्त में नायिका की मृत्यु हो जाती है। राजकपूर का कहना था कि राम तेरी गंगा महज प्रेम कहानी नहीं है, गंगा भारत की प्रतीक है। उसे भ्रष्टाचार के प्रदूषण से मुक्त कराना है। गंगा, बॉबी नहीं है। गंगा भारत है, जो सैकड़ों सालों के अन्याय और अत्याचार के बाद भी जीवित है और रहेगी।

यहाँ महत्त्वपूर्ण यह है कि राजकपूर की वैचारिक प्रक्रिया जैसी भी हो, परन्तु अपने आत्मविश्वास से वे सही निर्णय पर पहुँचते थे और उन्हें सही निर्णय पर पहुँचने में सबसे ज्यादा मदद आम आदमी अर्थात् उनका दर्शक ही पहुँचाता था। जब टीम के सारे सदस्य पटकथा के नियम आदि बातों के बारे में विचार कर रहे थे, राजकपूर पूरी फिल्म को दर्शक की दृष्टि से देखकर सही नतीजे पर पहुँच गए। राजकपूर की यह ठेठ भारतीयता और आम आदमी से गहरा आत्मीय सम्बन्ध ही उसे अन्य फिल्मकारों से ऊपर उठाता है।

राजकपूर ने जब यास्मिन को राम तेरी गंगा की नायिका चुना, तो उन्हें लगा कि यह चुनाव गलत भी साबित हो सकता है। सन्देह पैदा होते ही राजकपूर ने निश्चय किया कि स्क्रीन टेस्ट तो हो चुका, अब एक और परीक्षा लेनी चाहिए। पटकथा में एक संवाद है–'गंगा को पहचान लूँगा, वह हजारों में एक है।' उन दिनों बम्बई में दुर्गा पूजा का उत्सव मनाया जा रहा था। राजकपूर ने यास्मिन को साधारण लिबास में दुर्गा पूजा के स्थान पर भेज दिया, जहाँ हजारों की भीड़ रहती है। उस समय तक

यास्मिन को कोई जानता भी नहीं था। वह रिक्शे में बैठकर शिवाजी मैदान गई। आम आदमी की तरह पूजा की थाली लेकर दुर्गा की मूर्ति की ओर चल पड़ी। आर.के. टीम के कुछ सदस्य दूर खड़े रहकर लोगों की प्रतिक्रिया देखने लगे। यास्मिन की सुन्दरता ने हजारों को अपनी ओर आकृष्ट किया। सारी घटना की पूरी जानकारी राजकपूर को दी गई। राजकपूर को इत्मीनान हुआ कि उनकी गंगा हजारों में एक है।

यास्मिन को मंदाकिनी बनाना : परम्परा का निर्वाह

राजकपूर ने यास्मिन का नाम बदलकर रखा—मंदाकिनी, जो गंगा का पर्याय है। मंदाकिनी नाम रखने का दूसरा कारण यह था कि दादा फाल्के की पुत्री का नाम मंदाकिनी था, जिसने 1918 में फिल्म में काम किया था और राजकपूर को फिल्म इतिहास का बोध था। फिल्म परम्परा के प्रति उन्हें बहुत आदर था। जब राजकपूर

ने संगम बनाना शुरू किया तो उनसे पूछा गया कि जब कथा का नाम घरौंदा है, जो कि बहुत अच्छा नाम है तो फिर उसे बदलकर संगम क्यों रखा जा रहा है। राजकपूर का जवाब था घरौंदा एक अच्छा टाइटिल है, जबकि संगम एक ट्रेडिशन है—एक परम्परा है। एक अंग्रेजी कविता से प्रेरित होकर राजकपूर ने 1945 में इन्दर राज आनन्द को घरौंदा लिखने को दी थी, परन्तु उस समय घरौंदा के लिए आवश्यक धन एकत्रित करना राजकपूर के लिए सम्भव नहीं था। बीस-बाईस वर्ष का लड़का अपनी पहली फिल्म में इतना महत्वाकांक्षी नहीं हो सकता था।

राजकपूर वर्षों कहानी को मन में सँजोए रखते थे। उनका विश्वास था कि मनुष्य की तरह कहानी की भी कुंडली होती है, चेहरा होता है, हाथ-पैर होते हैं, आत्मा

होती है। सही समय पर कहानी दुल्हन की तरह सजती है और बिदा (प्रदर्शित) होती है। इस तरह का विश्वास उसे होता है, जो अपने काम को धर्म समझता है। राजकपूर फिल्म प्रारम्भ करते ही पूरी शक्ति से उसे बनाने में जुट जाते थे और अपने कार्य में इतना आनन्द लेते थे कि काम का पुरस्कार काम करते समय ही मिल जाता था। उनकी शराबनोशी के सारे किस्से झूठे हैं, क्योंकि उन्होंने काम के समय कभी शराब नहीं पी। सेट या लोकेशन पर काम समाप्त होने के बाद ही शराब को हाथ लगाया है। कई बार शूटिंग सुबह चार या पाँच बजे समाप्त हुई है, तो उन्होंने पहला पैग पाँच बजे ही लिया है।

'संगम' की मूल पटकथा में इस तरह की बात थी कि सुन्दर (राजकपूर) की मृत्यु के बाद गोपाल (राजेन्द्र कुमार) और राधा (वैजयन्तीमाला) अपने प्रेम को प्रकट करते हैं और सम्पूर्ण समर्पण भी होता है। जब सुन्दर के जीवित होने का समाचार

मिलता है, तब राधा गर्भवती है, परन्तु इसकी जानकारी गोपाल को नहीं है। सुन्दर और राधा की शादी हो जाती है और उनके घर गोपाल की बेटी पैदा होती है। कथा का यह मोड़ राजकपूर के विश्वास और आस्था के विपरीत था। अतः राजकपूर किसी तरह की खोट अपनी प्रेमकथा में नहीं रखना चाहते थे। संगम में दोस्ती को प्रेम के ऊपर स्थान दिया है, क्योंकि प्रेम का अर्थ त्याग है। इस तरह की नितान्त भारतीय भावना की कहानी में गर्भ किसी का और नाम किसी का, यह सम्भव नहीं था और इस तरह की विकृतियाँ (मारबिडिटि) के लिए राजकपूर के सृजन धर्म और विश्वास में कोई स्थान नहीं था। मजे की बात यह है कि संगम के प्रदर्शन के पन्द्रह वर्ष बाद सलीम-जावेद ने सैलाब नाम की कहानी राजकपूर को सुनाई, जिसमें संगम का विकृतिवाला मोड़ था अर्थात् संगम को जिस दुरूहता से बचाया था, वही फिर सैलाब के नाम से राजकपूर को सुनाई गई।

आवारा की कथा में भी इस तरह की अभारतीय भावना से राजकपूर बच गए थे। जज रघुनाथ (पृथ्वीराजकपूर) मन-ही-मन रीता (नरगिस) से प्रेम करने लगते हैं। रीता, राजकपूर को चाहती है। कथा और जीवन दोनों ही में यह पिता-पुत्र की कहानी है, जो एक ही स्त्री को कैसे प्यार कर सकते हैं? राजकपूर का परम्परा बोध उन्हें कई बार अनजाने खतरों से बचा ले गया। उन्होंने जज और रीता के बीच गुरु और शिष्य का आदरमय रिश्ता प्रदर्शित किया है।

'राम तेरी गंगा मैली' की शूटिंग के समय राजकपूर अस्थमा से पीड़ित थे। उन्होंने गंगोत्री की कठिन यात्रा का निर्णय लिया। छोटा यूनिट ही बनाया गया, क्योंकि छह-सात दिन का ही काम था। कुछ लोगों ने सलाह दी कि गंगोत्री की कठिन यात्रा से बेहतर है गंगोत्री का सेट स्टूडियो में लगाया जाए। राजकपूर नहीं माने और

'राम तेरी गंगा मैली' की पहलगाम में शूटिंग

सलाहकारों पर नाराज भी हुए। बात यहाँ सिर्फ धर्म की नहीं है—बात सिनेमा की है—गंगोत्री का सेट लाख अच्छा और प्रामाणिक जैसा बनता, परन्तु असल तो असल ही है। खास बात यह कि जिस फिल्म में गंगा के उद्गम से कलकत्ता की यात्रा, कहानी का खास हिस्सा है, वहाँ गंगोत्री को दिखाना जरूरी था। कुछ ही दिन गंगोत्री में शूटिंग करने से पूरी फिल्म के गंगा के किनारे बनने की प्रामाणिकता को भी बल मिलता है। अतः गंगोत्री की दुर्गम यात्रा राजकपूर ने की। गंगोत्री पहुँचकर वे इतने थक गए थे कि उनके लिए काम करना मुश्किल हो रहा था। अस्थमा का मरीज साँस के लिए तड़पने लगा। उन्हें फौरन ही वापस भेजा गया, परन्तु इसके पूर्व उन्होंने रणधीरकपूर को समझा दिया था कि शूटिंग जारी रहे। तमाशा (शो) लगातार जारी रहना राजकपूर के लिए सचमुच धर्म की तरह पवित्र था। वे अपने विश्वास और मान्यताओं के प्रति इतने समर्पित थे कि उसमें किसी तरह के समझौते का प्रश्न नहीं था। किसी हितैषी ने कहा भी कि यदि बनारस के घाट का सेट लग सकता है तो गंगोत्री का क्यों नहीं? राजकपूर का कहना था कि फिल्म मेक-बिलीव्ह है, लेकिन जब लोकेशन पर जाना सम्भव है, तो फिर सेट क्यों लगाएँ। दरअसल दलील कुछ भी दी जाए, सच्चाई यह है कि राजकपूर की धार्मिक आस्था उन्हें गंगोत्री ले गई। यों भी हर फिल्म उनके लिए तीर्थयात्रा ही थी।

पूजा-अर्चना : राजकपूर, कृष्णाजी और रमा देवी

राजकपूर संगम की पटकथा लेकर अमरनाथ गए थे। उन्हें सभी धर्मों के प्रति

सम्मान था। वे कई बार शिर्डी गए हैं। अनेक यात्राएँ अजमेर शरीफ की भी कीं। वे पांडिचेरी के अरविन्द आश्रम भी कई बार गए हैं। राजकपूर के मन में ईश्वर के लिए अगाध भक्ति थी। साथ ही एक अनाम-सी बेचैनी भी थी। अगर राजकपूर ने अपनी सारी शक्ति सिनेमा या संगीत में नहीं लगाई होती, तो आन्तरिक बेचैनी उन्हें शान्ति की तलाश में पहाड़ों पर ले जाती। सबसे अच्छी बात यह थी कि राजकपूर को उनका हिन्दुत्व संकीर्ण नहीं बनाता था। धर्म राजकपूर के दिल को विशालता देता था, उनके दिमाग को मानवीय दृष्टिकोण देता था। उनके अनेक मित्र मुसलमान थे और उन्होंने धर्म के आधार पर कभी किसी के साथ गलत व्यवहार नहीं किया। इस सबके बावजूद उन्हें अपने हिन्दू होने पर गर्व था। वे कई बार कहते थे कि जीवन से जो आनन्द ले सके और दूसरों के साथ उसे बाँट सके, वह हिन्दू है।

राजकपूर पूरे जुनून के साथ फिल्म बनाते थे। उनका समर्पण और जोश पागलपन की हद तक बढ़ जाता था। जोकर के निर्माण काल में उन्होंने कहा कि वे स्वयं अनन्त जोकर हैं—लोगों को हँसाना ही उनका धर्म है। उन जोकरमय दिनों में राजकपूर की एकाग्रता चरम सीमा पर थी। फिल्म के एक दृश्य में ऋषिकपूर, मनोज कुमार से पूछता है कि सबसे बड़ा और महान जोकर कौन हुआ है? मनोज, अँगूठा आसमान की ओर उठाता है अर्थात् ईश्वर महानतम जोकर है। इन्सान को हँसाता है, उसके दुःख दूर करता है।

जोकर का एक दृश्य है—रात का समय है। चर्च में ऋषिकपूर अपनी टीचर सिम्मी से पूछता है कि क्राइस्ट उदास क्यों रहते है? मैंने जहाँ भी उनकी छवि देखी, उन्हें उदास ही पाया। सिम्मी उसे समझाती है कि दुनिया के लोगों का दुःख देखकर ईसा मसीह दुखी हो जाते हैं। किशोर नायक कहता है आई विल मेक क्राइस्ट लॉफ। अर्थात् मैं ईसा मसीह को हँसा दूँगा—उसके बंदों को खुशकर, उसे प्रसन्न कर दूँगा। जोकर, हिन्दू मसखरे की क्रिश्चियन फिल्म थी।

यह दृश्य अब्बास साहब ने राजकपूर के बचपन की घटना से लिया है। एक नाटक में राजकपूर की छोटी-सी भूमिका थी। स्टेज पर चलते समय उसकी भारी भरकम पोशाक पैर में फँस गई और वह गिर पड़ा, जो लड़का क्राइस्ट बना था, उसे हँसी आ गई। राजकपूर ने कहा, 'आई मेड क्राइस्ट लॉफ।'

राजकपूर का आत्मविश्वास अद्‌भुत था। वे हर बात इतने जोश-खरोश तथा भावना की तीव्रता से करते थे कि कई बार यह महसूस करके भी कि राजकपूर का दृष्टिकोण गलत है, सुननेवाला उनका विरोध नहीं करता था। भावना के उस आवेग के सामने किसी दलील का ठहरना सम्भव नहीं था। संगम में एक गीत है—'दोस्त, दोस्त न रहा, प्यार, प्यार न रहा, जिन्दगी हमें तेरा एतबार न रहा।' सबसे पहली बात तो यह कि संगम जिस प्रकार की दोस्ती और प्यार की फिल्म है, उसमें किसी

ने किसी को धोखा नहीं दिया है। फिर अगर ये गीत रखना ही है, तो राजेन्द्र कुमार का पात्र इसे गाएगा। पटकथा में भी यही व्यवस्था थी। शंकर और शैलेन्द्र की जिद थी कि यह गीत राजकपूर पर ही फिल्माया जाना चाहिए। गीत स्थिति को बड़ी खूबसूरती से बदला गया। गीत गाया तो राजकपूर ने, परन्तु एक पूरे अन्तरे में राजेन्द्र कुमार का क्लोज-अप है और उस पर राज के युद्ध पर जाने का दृश्य पुनर्मुद्रित (सुपर इम्पोज) हुआ है। दूसरे अन्तरे में वैजयन्तीमाला के चेहरे पर भी राजकपूर का युद्ध में जाने का दृश्य पुनर्मुद्रित हुआ है और शब्द सफर के वक्त पलक पर आँसुओं को तौलती वह तुम न थीं तो कौन था।'

यह राजकपूर का आत्मविश्वास ही है कि संगम में केवल तीन पात्र हैं और चार घंटे की फिल्म है। अन्तिम पच्चीस मिनट में केवल तीन पात्र बोलते हैं। आज ऐसे क्लाइमैक्स की कल्पना नहीं की जा सकती। संगम को छोड़कर राजकपूर की सब फिल्मों में मूल कथा के ढाँचे को खड़े रखने में छोटे पात्र सहायता करते हैं।

राजकपूर के धर्म और आस्था से सम्बन्धित धारणाओं पर विचार करते समय, यह बात सबसे अधिक ध्यान देने की है कि राजकपूर का राजाओं जैसा अहं उनके धर्म और आत्मविश्वास का ही हिस्सा है। जोकर की असफलता ने राजकपूर को लगभग समाप्त ही कर दिया, परन्तु संकट के उन दिनों में राजकपूर को उनके धार्मिक विश्वास के साथ ही जिस चीज ने जीवित रखा, वह उनका अहं था। बॉबी बनाते समय राजकपूर अहं के भाव में कहा करते थे—हर सृजनशील कलाकार अपने अहं के कारण ही सारी सीमाओं को तोड़कर कलाकृति बनाता है।

नारी और राजकपूर

जोकर के तीसरे भाग के एक दृश्य में कुमार (राजेन्द्र कुमार) साहब राजू (राजकपूर) से सवाल पूछते हैं, 'क्या आप मीना (पद्मिनी) से प्यार करते हैं?'

राजू—'सवाल यह नहीं है कुमार साहब...। सवाल है क्या मैं प्यार करता हूँ। जी हाँ, मैं प्यार करता हूँ इस दुनिया से, बच्चों से, बूढ़ों से, फूलों से, पत्थरों से, नदियों से...।'

'कुमार—क्या इन फूल, पत्थरों में मीना नाम की लड़की भी है?'

राजकपूर को दुनिया की हर चीज से बहुत प्यार था। औरत को वे सृष्टि की सुन्दरतम रचना मानते थे—इसलिए प्यार भी करते थे। अपनी पहली फिल्म आग में उन्होंने एक संवाद कहा है, 'काश! मैं इतना सुन्दर न होता और इतनी आसानी से औरतों की ओर आकर्षित न होता और काश! मुझे नाटक (सिनेमा) का इतना शौक न होता।'

राजकपूर का पहला प्यार औरत से था या सिनेमा से—यह प्रश्न उतना ही उलझा हुआ है, जितना कि पहले मुर्गी हुई या अंडा। राजकपूर ने जब से होश सँभाला, तब से प्रेम करना आरम्भ किया, परन्तु वे लम्पट नहीं थे। होश सँभालने की उम्र से भी थोड़ा पहले उन्होंने फिल्म और नाटक के विज्ञापन काटकर एक कॉपी में चिपकाना प्रारम्भ किया था और यह स्क्रेप-बुक आज भी श्रीमती कृष्णा कपूर के पास सुरक्षित है। सिनेमा और औरत से इश्क कमोबेश उन्होंने साथ-साथ ही शुरू किया।

सन् 1986 में एक दिन राजकपूर ने उन हल्के अमेरिकन शब्दों (स्लेंग) की ओर ध्यान आकृष्ट किया, जो आज की युवा पीढ़ी अपने प्यार के वर्णन में प्रयुक्त करती

है—'बैंग', 'स्क्रू' इत्यादि। उनका कहना था कि इन शब्दों के अर्थ और ध्वनि पर अगर यकीन करें, तो आजकल प्यार करना सिर्फ लुहारों या लकड़हारों का कार्य रह जाता है। राजकपूर के लिए प्रेम करना कविता लिखने की तरह था। प्रेम, औरत और प्रकृति के प्रति राजकपूर का दृष्टिकोण छायावादी कवियों की तरह था। औरत के जिस्म के रहस्य से ज्यादा रुचि राजकपूर को उसके मन की थी। वह यह भी जानते थे कि कन्दराओं की तरह गहन औरत के मन की थाह पाना मुश्किल है, परन्तु प्रयत्न परिणाम से ज्यादा आनन्दायी था। उन्हें आज की पीढ़ी का 'बैंग बैंग, थैंक यू मेम' वाला दृष्टिकोण समझ में नहीं आता था। राजकपूर ने जिस युग में जवानी की दहलीज पर कदम रखा था, तब कोर्टशिप को कला का दर्जा हासिल था। यह अजीब इत्तफाक है कि जब राजकपूर जवान हुए, तो वह 'समर ऑफ फोर्टी टू' था—आँकड़ों की दृष्टि से भी। 'समर ऑफ 42' अंग्रेजी की एक ऐसी फिल्म है, जिसमें किशोरावस्था और प्रेम का काव्यमय वर्णन है। दरअसल हर युवा के जीवन में 'समर ऑफ 42' होता है, चाहे वह 2010 में ही क्यों न हो।

राजकपूर नारी को सृष्टि की सुन्दरतम रचना मानते थे, इसलिए प्यार भी करते थे। उनका पहला प्यार नारी से था या सिनेमा से यह मुर्गी और अंडे में से पहले कौन आया—सवाल की तरह अन्तहीन बहस है। इतना तय है कि राजकपूर नारी के मामले में लम्पट नहीं थे जैसे कि आजकल के युवा-प्रेमी 'बैंग-बैंग, थैंक यू मेम' को ही अपना जीवन-दर्शन समझते हैं। राजकपूर ने नारी को जयशंकर प्रसाद की तरह आदर तथा श्रद्धा का आसन दिया है।

सौंदर्य से राजकपूर का पहला परिचय उनकी माता रमा सरनी के माध्यम से हुआ। उनकी माता अत्यन्त सुन्दर थीं। उनका बेदाग सौंदर्य शीतलता प्रदान करनेवाला शास्त्रीय सौंदर्य था। उसमें आग नहीं, आशीर्वाद था। कुछ महिलाओं का सौंदर्य ऐसा होता है कि बलात्कार करने का मन चाहे और कुछ का सौंदर्य ऐसा होता है कि मन में अपार आदर पैदा हो। रमा देवी का सौंदर्य आदरवाला था। आग में कमलकपूर को यह पसन्द नहीं था कि उनकी पत्नी उनके बच्चे पर ज्यादा ध्यान दे और उसे ज्यादा समय भी दे। राजकपूर के मन में भी ऐसी ही धारणा बन गई थी, परन्तु यह राजकपूर का बचपना था।

सौंदर्य एवं संगीत की राजकपूर की पहली गुरु माँ रमा सरनी देवी

राजकपूर ने देहरादून के कर्नल ब्राउन स्कूल में अध्ययन किया था। 'जोकर' के पहले भाग की प्रेरणा वहीं से मिली है। राजकपूर ने कई बार उस सुन्दर महिला का भी जिक्र किया है, जो कलकत्ता में पृथ्वीराज की दी हुई दावत

में पधारी थीं और किशोर राज के मन पर सफेद साड़ी में लिपटे हुए दैवी सौंदर्य की अमिट छाप छोड़ गई थीं। राजकपूर के मन से उस सजातीय बाला की छवि भी नहीं मिटी, जिसके साथ उनका विवाह सिर्फ इसलिए नहीं हो पाया कि कन्या के पिता को ऐसा दामाद नहीं चाहिए था, जो दिन-रात फिल्म के सपने देखे और पितृभक्त कन्या ने भी उन्हें ठेंगा दिखाकर कहा था, 'ये गलियाँ, ये चौबारा, यहाँ आना न दोबारा'। उस कन्या के अक्खड़पन और भोलेपन को राजकपूर ने मनोरमा (प्रेमरोग) के पात्र में प्रस्तुत किया था। उसी कन्या से दुबारा मिलने के लिए पृथ्वीराज ने उन्हें कश्मीर का खर्च नहीं दिया था और राज ने 'दुखियारा जीव' गाकर भीड़ लगा ली थी। इसके बाद वे कश्मीर भी गए और कन्या के हाउस बोट के पास डेरा भी डाला।

इसके बाद हेमवती से प्यार का प्रसंग चला, परन्तु हेमवती ने अभिनेता सप्रू से विवाह किया। बाद में डिड्डो के साथ प्रेम हुआ और कई फिल्में उनके साथ देखीं—हर शो में देर से प्रवेश करना और खत्म होने के पहले ही बाहर आ जाना, ताकि कोई जान-पहचानवाला देख नहीं सके। इन बातों का अर्थ यह निकलता है कि राजकपूर के प्रेम-प्रसंग होते रहते थे। राजकपूर इस कदर प्रेमल व्यक्ति थे कि बिना प्यार के जीवन की यात्रा दो कदम भी नहीं चल पाते थे। परन्तु यह प्यार उस अर्थ में नहीं लिया जा सकता, जिसमें आज की पीढ़ी 'बैंग बैंग, थैंक यू मेम' करती है। उन दिनों राजकपूर के लिए प्यार का अर्थ था, लड़की के कान में कविताएँ फूँकना। जूड़े में फूल लगाना। चाँदनी रात में नौका विहार करना अर्थात् उस जमाने के छायावादी किताबी इश्क को जीना। प्रेमाकुल लड़की के होंठों की थरथराहट से आत्मा में संगीत बज उठता था। प्रेम का यह पार्श्व संगीत ही प्रेम का पावना था—आज के सन्दर्भ में 'फुल एंड फाइनल पेमेंट ऑफ लव'। शरत, टैगोर, शैली, प्रसाद, पन्त और कीट्स के द्वारा रचे गए काल्पनिक संसार में भ्रमण कर प्रेमी निहाल हो जाता था।

प्रेम की पगडंडी पर चलते-चलते राजकपूर एकाएक विवाह की सड़क पर आ गए। पृथ्वीराज ने महसूस किया कि राज को कुछ समय के लिए बम्बई से बाहर भेज दिया जाए। उन्हें रीवां भेजा गया, जहाँ पृथ्वीराज के रिश्तेदार पुलिस के उच्चतम अधिकारी थे। उस समय तक पृथ्वी थियेटर में प्रेमनाथ से राजकपूर की मित्रता हो गई थी। रीवां पहुँचते ही राजकपूर ने अपने रिश्तेदार के घर के बाहर सितार की ध्वनि सुनी। घर में कदम रखते ही उन्होंने देखा कि सफेद साड़ी पहने एक अत्यन्त सुन्दर कन्या सितार बजा रही है। पैदाइशी रोमांटिक और कवि स्वभाववाले राजकपूर को लगा कि रवि वर्मा की पेंटिंग जीवित हो उठी है। कुमारी कृष्णा ने निगाह उठाई और एक अत्यन्त गोरे-चिट्टे और सुनहरे बालोंवाले युवक को अपनी ओर ताकते पाया। युवक की आँखों का रंग जाने कैसा तो है। उन्हें लगा, वह जो राग बजा रही थीं, उसका साकार पुरुष रूपान्तर सामने खड़ा है। पहली नजरवाले प्यार के एक क्षण

राजकपूर और श्रीमती कृष्णा : तूफान के बाद शांति

में बयालीस वर्षों के लिए एक अटूट रिश्ता बन गया। 12 मई, 1946 को राजकपूर और कृष्णाजी का विवाह हुआ।

राजकपूर का यह पहला प्यार नहीं था, परन्तु पहली और आखिरी शादी थी। इस अडिग विवाह के कारण ही कोई और रिश्ता कभी परवान नहीं चढ़ पाया। राजकपूर के मन में प्लेटॉनिक (वायवी) प्रेम और शरीर के स्तर पर किए गए प्रेम का द्वन्द्व हमेशा रहा है और 'बरसात' में उन्होंने इसे मूल कथा के रूप में प्रस्तुत किया है। राजकपूर आत्मा से प्यार करते हैं और प्रेमनाथ नारी शरीर के परे कुछ देख नहीं सकते। इसी फिल्म में एक बहुत ही मार्मिक दृश्य है। प्रेमनाथ अपने प्रेम से पीड़ित मित्र को तवायफ के यहाँ ले जाते हैं। भावुक कवि हृदय नायक तवायफ से पूछता है कि वह जिस्म क्यों बेचती है। भीतर से बच्चे के रोने की आवाज आती है। तवायफ के चेहरे पर ममता उभर आती है और नायक उसके चरणों में रुपए रखकर बाहर आ जाता है। जीवन में बहुत लम्बे समय तक राजकपूर का औरत के प्रति यही दृष्टिकोण रहा है—एक कवि का दृष्टिकोण।

राजकपूर के जीवन में औरत के प्रति जो दृष्टिकोण रहा है, वही दृष्टिकोण उनकी फिल्मों में भी नजर आता है और परिवर्तन का ग्राफ भी हकीकत और अफसाने में एक-सा रहा है। 'आवारा' की रीता नायक को अपराध के दलदल से बाहर निकलने के लिए प्रेरित करती है। रीता अपने प्रेमी के लिए अपने पिता-तुल्य गुरु से टकरा जाती है और जब रघुनाथ को गवाह के कटघरे में खड़ा होना पड़ता है। इतना ही नहीं जज रघुनाथ को मन की अदालत में बतौर मुजरिम हाजिर होना पड़ता है। एक तरफ औरत नायक को प्रेरित करती है, तो दूसरी ओर नायक के प्यार के सहारे मौजूदा व्यवस्था को चुनौती भी देती है। राजकपूर के लिए औरत वह धुरी रही है,

जिस पर और जिसके लिए सारा संसार घूमता है। आज की फिल्म समीक्षा के मुहावरे में आवारा को 'हीरोइन ओरिएंटेड' विषय नहीं कहा जा सकता, परन्तु नायिका के बिना आवारा का उद्धार नहीं हो सकता। आवारा के एक दृश्य में नायिका नायक का बचाव करते हुए अपने गुरु और पिता-तुल्य जज रघुनाथ को साफ कहती है कि अगर कानून राज को निरपराध नहीं मानता, तो उसका दिल भी किसी कानून को नहीं मानता। इसी दृश्य में नायक जज पर चाकू का वार करना चाहता है, परन्तु उसका हाथ दीवार पर लगी नायिका की तस्वीर से टकराता है और मौके का फायदा उठाकर जज रघुनाथ उससे चाकू छीन्‌कर उसे मारना चाहते हैं कि नायिका उनका हाथ पकड़ लेती है। एक को नायिका की तस्वीर ने बचाया और दूसरे को स्वयं नायिका ने। राजकपूर की हकीकत और अफसाने दोनों ही में नायिका जीवन देनेवाली शक्ति है।

आवारा के प्रेम-दृश्य चर्चा के विषय थे, क्योंकि भारतीय रजतपट पर पहली बार नायक, नायिका को झंझोड़ता है, बाँह मरोड़ता है, पैर पकड़कर खींचता है और जंगली-आवारा कहे जाने पर लगभग मार ही डालता है। हिन्दी फिल्म की छुई-मुई नायिका के साथ ऐसा आदिम व्यवहार पहले कभी नहीं हुआ था। बसन्त पोद्‌दार ने तो लिखा है कि हमारी पीढ़ी ने प्यार की अनुभूति राजकपूर से सीखी। यौवन की शिक्षा ही आवारा के समुद्र तट सीन से शुरू हुई। नरगिस के कपड़े बदलने के बाद राज ने तौलिया हटाया, और न हटाता, तो भी अनर्थ हो जाता।

नायक को इस बात का अहसास पूरी शिद्‌दत से है कि उसका बचपन अभाव और अपराध के वातावरण में गुजरा और उसे समान अवसर नहीं मिला। जब भी कोई उसे जंगली-आवारा कहता है, तब वर्षों से संचित अवहेलना की भट्‌टी में तपी हुई नफरत विध्वंसक शक्ति बनकर उभरती है। यह अन्धा गुस्सा लिंग भेद नहीं जानता—अतः नायिका भी पिटती है। यह प्यार का आदिम स्वरूप डरावना नहीं वरन् सेन्सुअल है। यह 'इरोटिक' भी नहीं है। छायावादी कवि, प्रगतिशील गीत लिख बैठा है।

श्री 420 की टीचर विद्या आजादी के बाद आजादी के पहले की आदर्शवादी-गांधीवादी महिला है। निहायत ही जानलेवा गरीबी भी उसको तोड़ नहीं सकती। नायक कस्बेनुमा शहर से आया है और महानगर की चकाचौंध में उसके जीवन-मूल्य खो गए हैं और बेईमानी के पैसे से वह अपना ईमानदारी का मैडल रद्‌दीवाले के यहाँ से छुड़ा सकता है। शराब से ज्यादा कामयाबी के नशे में धुत नायक पूँजीवादी मुखौटों को तोड़ देता है, 'गरीब से कहते हैं रूखी-सुखी खाकर जिन्दा रहो ...। ईमानदारी का उपदेश हमेशा गरीब के लिए क्यों? दया, धर्म, पवित्रता के घोंसले से बाहर आकर देखो—दुनिया सोने की चिड़िया का नाम है।' वह नोटों का ढेर लगाता है और नायिका जीवन और दौलत की क्षणभंगुरता की बात करती है, 'किस्मत की आँधी इन टुकड़ों

को बहा ले जाएगी और तुम बेईमानी के कीचड़ में धँसते चले जाओगे—मैं इस अपराध में तुम्हारा साथ नहीं दूँगी।' आवारा की रीता की तरह श्री 420 की विद्या भी नायक को अपराध के दलदल से निकलने की प्रेरणा देती है। आवारा में नायिका, नायक के युद्ध में शामिल है और लड़ती भी है, परन्तु श्री चार सौ बीस में वह प्रेरणा देते हुए भी स्वयं नहीं लड़ती, क्योंकि मास्टर सैनिक तैयार कर सकते हैं, खुद तलवार लेकर लड़ने नहीं जाते। विद्या नाराज होने से ज्यादा दुखी है। दरअसल 'श्री 420' की नायिका अनन्य प्रेमिका है—उसका पोर-पोर प्रेम रस से पगा है। इस फिल्म का गीत 'प्यार हुआ इकरार हुआ' को दुनिया-भर के समीक्षकों ने बहुत पसन्द किया है, परन्तु इस गीत का वर्णन प्रोफेसर आर.एस. यादव 'अजातशत्रु' ने उतना ही उच्चकोटि का किया है, जितना कि राजकपूर ने इसे रचा है। यह पहला और शायद आखिरी अवसर है, जब सर्जक और समीक्षक समान ऊँचाई पर खड़े हैं। अजातशत्रु कहते हैं, 'प्यार हुआ इकरार हुआ, विश्व सिनेमा में अपना स्थान रखनेवाली घटना है। उसे देखकर साफ लगता है कि राजकपूर एक संवेदनशील इन्सान था और संगीत-बोध के साथ उसका दृश्य-बोध एक जीनियस के रचनात्मक अवचेतन से उत्पन्न होता था। याद कीजिए बरसात, पानी के झपाटे, गीला वातावरण, बारिश में भीगते लैम्पपोस्ट, चाय की केतली से निकलती भाप, आग में पानी का संकेत, प्रेमानन्द के कष्ट से नरगिस के थरथराते होंठ और आँख से बहते प्रेमाश्रु। लगता है राजकपूर का प्रेमी कलाकार और निर्देशक दुनियावी लॉजिक की फ्रेम को तोड़कर समस्त कष्टप्रद आनन्दानुभूति को किसी वैदेहिक माहौल में पहुँचा देना चाहता है। इस गीत और दृश्य की पीड़ा—पानी में आग का संगम शायद शब्दों से परे की चीज है। कई बार मुझे लगता है कि राजकपूर और जॉन कीट्स की सेन्सुअसनेस को अनुभूतने के लिए अभी वक्त लगेगा और फिल्मी समीक्षा का मुहावरा विकसित होना अभी बाकी है।' अजातशत्रु के फिल्म पर लिखने से समीक्षा के मुहावरे का विकास प्रारम्भ हो चुका है।

कुछ महीनों बाद नायक एक सफल और अमीर आदमी हो चुका है और नायिका से उसी फुटपाथ पर, उसी चाय की दुकान पर मिलता है। आज नायिका के पास दो आने भी नहीं हैं, परन्तु उसने अपने जीवन-मूल्य को अपनी साड़ी के आँचल की तरह ही सँभालकर रखा है और वह कहती है, 'तुम्हें क्या हक था, मेरी गृहस्थी उजाड़ने का, मेरे बच्चे मुझसे छीनने का? मैंने तुम्हारा क्या बिगाड़ा था? झूठी शान के लिए तुमने मुझे क्यों बर्बाद किया? नायिका उस गृहस्थी की बात कर रही है, जो नायक के भ्रष्ट होने के कारण बस ही न सकी, उन बच्चों की बात कर रही है, जो पैदा नहीं हो पाए। नायिका ने नायक के मन में परिवर्तन की प्रक्रिया आरम्भ कर दी। नायक घर आता है। सूट-बूट पहनकर आदमकद आईने के सामने खड़ा होता है। आईने में उसकी गरीबीवाली छवि दिखाई पड़ती है। उसके ठाठ-बाट के लिए

मुबारकबाद देती है, परन्तु नायक दुखी है। बेईमानी से कमाए हुए धन ने उसे उसका प्यार छीन लिया है। परिवर्तन का चक्र तेजी से घूमता है। इस आईनेवाले दृश्य को हेर-फेर के साथ बहुत-सी फिल्मों में दिखाया गया है। दिलीप कुमार ने 'कोहिनूर' में और अमिताभ ने अमर अकबर एंथोनी में।

राजकपूर का औरतों के प्रति कविवाला दृष्टिकोण बहुत वर्ष कायम रहा। 'जिस देश में गंगा बहती है' से फिल्म के अमर साहित्यकार राजकपूर ने गद्य लिखना प्रारम्भ किया। कविता का दौर खत्म हुआ। प्रेमल राजकपूर मांसल हो गए। अब आत्मा की गइराई में पहुँचने की चाह नहीं रही। 'जिस देश' तक आते-आते राजकपूर के लिए औरत की कविता, इतिहास की बात हो गई और औरत का भूगोल महत्त्वपूर्ण हो गया। इस वक्त तक नेहरू युग का भी लगभग अन्त हो चुका था। अतः आजाद भारत के प्रतिनिधि फिल्मकार राजकपूर का नजरिया भी बदलना ही था। मांसलता के इस दौर में भी कहीं-कहीं कवि जाग गया है और उसने नायिका की वेणी सजाने की कोशिश की है। नायिका उसे बन्दूक चलाना सिखा रही है और वह दुनाली में आँख लगाकर कहता है—'कम्मोजी, मुझे तो जगह-जगह फूल ही नजर आते हैं।' कवि अभी भी जीवित है, पर इस फिल्म में आर.के. की नायिका की छवि बदली है। वह नायक को प्रेरित नहीं करती। नायक उसे प्रेरित करता है और दोनों कसम खाते हैं 'डाकुओं की जून सुधारने की।' अभी तक राजकपूर की नायिका नाचती कम थी, नचाती ज्यादा थी, परन्तु 'जिस देश' की नायिका की आत्मा तो उसके थिरकते पैरों में है। वह दौड़ रही है और पैर पर डफ लग गया। उसने बदले की कार्रवाई की और डफ को पीटने लगी। संगीत उत्पन्न हुआ, तो नाचने लगी। नायक रूठकर जा रहा है—'बसन्ती पवन पागल' गाकर रोकने का प्रयास किया। वह नहीं रुका, तो देवी के सामने तांडव शुरू किया। नायक वापस आता दिखा, तो देवी से नृत्य के द्वारा ही क्षमा माँगी और आनन्द तांडव किया। जब नायिका की आत्मा उसके पैरों ही में है, तो नायक को झुकना लाजिमी हुआ। बसन्ती पवन पागल की धुन बरसात, आवारा, आह के पार्श्व संगीत में जगह-जगह बज चुकी थी।

राजकपूर के जीवन और सृजन में औरत के प्रति दृष्टिकोण का बदलना हिन्दी साहित्य के क्रम से संचालित नहीं हुआ। इसमें 'फ्लैश फारवर्ड' और 'फ्लैश बैक' बहुत है। फिल्म का एडिटिंग टेबल ही एकमात्र जगह है, जिसमें रील को उल्टा घुमाकर बाहर निकला हुए टूथपेस्ट ट्यूब में वापस डाला जा सकता है, सिगरेट का बाहर छोड़ा हुआ धुआँ, मुँह में वापस आ जाता है।

राजकपूर के भीतर रीतिकालीन कवि उनके छायावादी स्वरूप के बाद जाहिर हुआ। कम उम्र से ही आदतन इश्क में पड़ने की प्रवृत्ति के पीछे राधा,—अनन्य प्रेमिका की तलाश तो थी और वह सारी उम्र रही। उम्र की ढलान पर उन्हें राधा मिल भी

गई कृष्णा कपूर के व्यक्तित्व में—और इसका रहस्योद्घाटन भी, अन्य सभी चीजों की तरह राजकपूर को अपनी ही फिल्म में मिला—सत्यम् शिवम् सुन्दरम् में। सत्यम् का नायक काल्पनिक प्रेमिका के पीछे जंगलों में भटकता रहा और अन्तिम रील में उसे मालूम पड़ा कि उसकी पत्नी ही उसकी प्रेमिका है, उसकी राधा है। कस्तूरी मृगवाला मामला है। मृग को कस्तूरी मिलने में तीस साल लग गए।

राजकपूर के अवचेतन पर तीसरे और चौथे दशक की तीन फिल्मों का प्रभाव बहुत गहरा था—विद्यापति, राजरानी मीरा और जोगन। उनके गुरु केदार शर्मा इन तीनों फिल्मों से जुड़े थे और अक्सर इनकी चर्चा भी करते थे। पृथ्वीराजकपूर का भी विद्यापति से सम्बन्ध था। राजकपूर के गुरु तो केदार शर्मा ही माने गए हैं, क्योंकि सबसे पहले उन्होंने ही मौका दिया था, परन्तु निर्देशन का गुण राजकपूर ने अमिय चक्रवर्ती के सहायक के रूप में सीखा था। उनके सिनेमाई काव्य में बंगाली प्रभाव स्पष्ट नजर आता है। 'जिस देश...' के निर्माणकाल के दरमियान ही भारत की फिल्मों में कलर आ चुका था। 'जिस देश' को रंगीन नहीं बनाने का मलाल तो राजकपूर को था ही, परन्तु रंगीन फिल्म बनाने का इरादा करते ही राजकपूर के जहन में राधा का नाम उभरा। रंग की बात करते ही भारतीय सर्जक के मन में राधा का ध्यान आना ही चाहिए। राजकपूर सीधे-सीधे राधा-कृष्ण तो बना नहीं सकते थे। यद्यपि प्रारम्भ ही में नारद की भूमिका (भालजी पेंढारकर की फिल्म वाल्मीकि) कर धार्मिक फिल्म का खेला तो वे समझ चुके थे।

रंग और राधा के विचार से उन्हें अपनी पहली पटकथा घरौंदा याद आई। लेखक इन्दरराज आनन्द उनके रिश्तेदार भी हैं। परम्परा बोध के कायल राजकपूर ने घरौंदा

को नया नाम दिया संगम और पटकथा का नया संस्करण तैयार हुआ। कुछ लोगों को यह गलतफहमी है कि महबूब खान की अन्दाज का नया संस्करण संगम है। अन्दाज का उद्देश्य यह था कि पाश्चात्य शिक्षा के प्रभाव से नारी के व्यवहार में खुलापन आता है, जिससे लोगों को गलतफहमी होती है। दिलीप और राज अन्दाज में बचपन के मित्र नहीं हैं। संगम एक अंग्रेजी कविता से प्रेरित पटकथा है।

संगम, राधा की तलाश का बहुत महत्त्वपूर्ण पड़ाव था, परन्तु कथा में दोस्ती के महत्त्व को बहुत प्रधानता दी गई थी। पटकथा के ताने-बाने इस ढंग से बुने थे कि राधा और रंग के साथ पूरा न्याय हो सके। प्रचार सामग्री में भी लिखा था 'पूर्व की तरह शाश्वत और पश्चिम की तरह नशीली।' फिल्म का कैनवास विशाल था, परन्तु राजकपूर भव्य दृश्यावली में गुम नहीं हुए। उन्होंने तीनों चरित्रों को पूरी तरह से विकसित किया और राधा को अत्यन्त स्नेह से सँवारा। शूटिंग के पहले नायिका को उबटन लगता था और दूध से नहलाया जाता था। राजकपूर ने जीवन, राजा की तरह नहीं, कवि की तरह जिया।

जोकर के तीन भागों में तीन असफल प्रेम प्रसंग हैं। पहली प्रेमकथा में नायक नायिका के बीच उम्र का अन्तर अवरोध बनता है—नायक सोलह का और नायिका बाइस-चौबीस की। उम्र के सबसे नाजुक दौर का वर्णन राजकपूर ने कवि की तरह किया है और यह निर्देशक राजकपूर की अन्यतम रचना है। दूसरे भाग में नायक-नायिका के बीच भाषा और भौगोलिक सरहदें हैं। तीसरे भाग में नायिका इतनी महत्त्वाकांक्षी है कि सफलता के लिए प्रेम को ठुकरा देती है। पहले भाग में राजकपूर नायिका को कपड़े बदलते हुए दिखाते हैं, परन्तु पूरा प्रसंग इतने काव्यमय और सुन्दर ढंग से किया गया है कि कहीं किसी को बुरा नहीं लगता और सच तो यह है कि पूरा दृश्य ही पटकथा का आवश्यक भाग है—सन्दर्भ सही होने से नारी का शरीर पटकथा की नदी का सहज बहाव लगता है। जोकर के तीसरे भाग में 'अंग लग जा बालमा' अश्लील लगता है, क्योंकि सन्दर्भ सही नहीं है। एक ही पटकथा के दो भागों में एक ही निर्देशक के दो रूप देखने को मिलते हैं—एक पटकथा की नदी में नारी के शरीर और आत्मा के दर्शन करता है, तो दूसरा नारी देह की नदी में कथा को डुबा देता है। एक तरह से जोकर में निर्देशक राजकपूर का औरतों के बारे में बदलते दृष्टिकोण का सारांश प्रस्तुत है। सन् 1947 से 1970 तक के तेइस वर्षों के सारे परिवर्तन का सार जोकर में प्रस्तुत है।

'जोकर' के बाद नायक राजकपूर ने फिल्मों को 'दसवीदानिया' कह दिया और अब केवल चरित्र भूमिका का स्वरूप उभरा और निर्देशक के रूप में चार सफल फिल्में अगले पन्द्रह वर्षों में बनाई। बॉबी, भारत की पहली किशोर प्रेमकथा है। आर.के. की नायिका का स्वरूप फिर बदला। बॉबी कहती है—'मैं इक्कीसवीं सदी की लड़की

हूँ। मुझसे छेड़छाड़ की तो आँखें नोंच लूँगी। मेरे नाखून देखे हैं।' बॉबी समानता चाहती है और दिल चाहती है, बदले में दिल के। बॉबी के द्वारा राजकपूर दर्शकों की नई पीढ़ी से तादात्म्य स्थापित करते हैं और नई पीढ़ी को उनकी पसन्द की 'बरसात' देते हैं।

'आवारा' और 'श्री 420' का कवि जिस देश में गद्य लेखक हो जाता है—संगम में रीतिकालीन प्रयास करता है और जोकर में पटकथा की नदी में नारी का भीतरी सौंदर्य खोजता है और साथ ही नारी देह की नदी में कथा डुबो देता है, तो बॉबी में नई पीढ़ी का चहेता बन जाता है, परन्तु सत्यम् शिवम् सुन्दरम् में वह गद्य, पद्य से दूर व्याकरण अर्थात् ग्रामर में उलझ जाता है। नारी के प्रति उसके दृष्टिकोण की चरम अवनति का प्रतीक है, सत्यम्। यह भाग्य की विडम्बना है कि जिस फिल्म में उसे नारी के संगीत को प्रस्तुत करना था, वह देह के व्याकरण और बॉक्स ऑफिस के आँकड़ों से भयभीत हो गया। उन दिनों फिल्म का पर्दा हिंसा से लहूलुहान था और उस भयावह वातावरण में नारी देह की नौका से उसने सिनेमा की वैतरणी पार करने का प्रयास किया। राजकपूर ने जीवन में पहली बार अपने बचाव में शब्दों की ढाल खड़ी की कि जो दर्शक सत्यम् की आत्मा नहीं महसूस कर सकते, उन्हें मेरी नायिका की देह का आकर्षण बाँध लेगा और शायद ऐसा हो भी सकता था, अगर नायिका नई होती। जीनत के अंग-प्रत्यंग से दर्शक परिचित था, इसलिए उसे रूपा के रूप में प्रस्तुत करना रोज मिलनेवाले से नया परिचय पाने की तरह अर्थहीन हो गया।

'सत्यम्' की त्रासदी के पीछे क्या रहस्य है? राजकपूर, डिम्पल और राजेश खन्ना को लेकर फिल्म बनाना चाहते थे, परन्तु राजेश, डिम्पल के पुनः प्रवेश के लिए तैयार नहीं थे और स्वयं नायक की भूमिका करना चाहते थे, जिसके विरुद्ध पारिवारिक दबाव थे। जीनत के रूपा का रोल पाने के लिए ऐसा स्वाँग रचा कि निष्णात निर्देशक भी भ्रमित हो गया। दूसरी महत्त्वपूर्ण बात यह है कि फिल्म का आधार आधी हकीकत, आधा फसाना नहीं होकर, पूरी तरह अफसाना था। लता के चेहरे और आवाज ने फिल्म को अंकुरित किया था, परन्तु लता और राजकपूर के बीच प्रेम नहीं हो सकता था, क्योंकि लता में राजकपूर को साक्षात् माँ सरस्वती की छवि दिखती थी। तीसरा कारण था कि बॉबी के बाद और अधिक ऊँचाई पर पहुँचना जरूरी था। कई बार कामयाबी कितनी खतरनाक हो जाती है कि अनुभवी व्यक्ति भी साध्य और साधन के अंतर को नजरअन्दाज कर देता है।

कथा की कमजोरी के कारण मधुर संगीत और नयनाभिराम दृश्यावली का कोई असर नहीं हुआ। हिन्दुस्तान का प्रेस हमेशा राजकपूर का दोस्त रहा, परन्तु सत्यम् पर प्रेस ने भीषण प्रहार किए। विवादों के बावजूद वितरकों को सत्यम् में लाभ ही

हुआ। राजकपूर ने महसूस किया कि उन्हें अपनी सामाजिक प्रतिबद्धता की ओर लौट जाना चाहिए। बॉबी और सत्यम् के बीच उन्होंने उस समय के लोकप्रिय तत्त्वों के साथ आवारा को उलटकर धरम-करम का निर्माण किया था, जिसमें आंशिक लाभ हुआ था। अतः अपनी लीक पर लौटने का निश्चय किया।

कामना चन्द्रा की कहानी में समाज के दोहरे मानदंडों पर प्रहार की गुंजाइश थी, इसलिए उन्होंने प्रेमरोग को दोबारा लिखवाया और आर.के. पुराने मूल्यों की पुनर्स्थापना की फिल्म बनाई। प्रेमरोग में नारी पात्रों का चरित्र-चित्रण बहुत पूर्ण और गहरा हुआ। इस फिल्म में राजकपूर ने दूसरों की फिल्मों की मौजूदा स्तरहीनता की चिन्ता भी नहीं की। प्रेमरोग, सामाजिक कुरीतियों के खिलाफ राजकपूर का धर्मयुद्ध सिद्ध हुई। राजकपूर ने अत्यन्त सावधानी के साथ मनोरमा, नन्दा और तनुजा के पात्र गढ़कर औरतों की दोयम दर्जे की स्थिति पर करारी चोट की। पटकथा की कसावट की दृष्टि से प्रेमरोग लगभग आवारा के स्तर की फिल्म है। प्रेमरोग में सेल्युलाइड का कवि राजकपूर साहित्य के महाकवि प्रसाद की ऊँचाइयों पर पहुँचने का प्रयास करता है ओर नारी को श्रद्धा के रूप में प्रस्तुत करता है :

एमस्टरडम में पद्मिनी कोल्हापुरे के साथ

नारी तुम केवल श्रद्धा हो
विश्वास रजत पग तल में।
पीयूष स्रोत-सी बहा करो
जीवन के सुन्दर समतल में॥

दुःख की बात है कि फिल्म समीक्षा जगत ने प्रेमरोग को लगभग अनदेखा कर दिया—वे लोग सत्यम् के 'हेंग ओवर' से मुक्त नहीं हुए थे, जबकि प्रेमल हृदय राजकपूर के सिर से अर्धनग्न देह का भूत उतर चुका था। साठ की उम्र में राजकपूर सठिया नहीं गया था वरन् एक और क्लासिक का निर्माण अत्यन्त विपरीत परिस्थितियों में कर चुका था। प्रेमरोग में नारी मन के चितेरे राजकपूर ने जिस साहस का परिचय दिया था, वह साहस हेमिंग्वे के उपन्यास 'द ओल्डमैन एंड द सी' की याद दिलाता है। हिन्दी सिनेमा के सागर में अनिश्चय की ऊँची उठनेवाली घातक लहरें चल रही थीं। हिन्दी फिल्म के दिग्गज किनारे पर खड़े रहकर हवा का रुख

देख रहे थे। राजकपूर ने बूढ़े प्रतिबद्ध मछेरे की तरह, बिना परिणाम की परवाह किए अपनी कश्ती समुद्र में डाली और चल पड़ा। बूढ़े मछेरे ने अपने कर्म और धर्म का निर्वाह किया—उसका काँटा किसी बड़ी मछली को लगा। घायल मछली ने कश्ती को खींचा और अनुभवी मछेरे ने डोर ढीली छोड़ी। वह जानता था कि लम्बी लड़ाई के बाद जब वह मछली को लेकर किनारे की ओर लौटने लगेगा, तो छोटी मछलियाँ उसे शिकार का अधिकांश भाग खा लेंगी, परन्तु उसे अपने कर्म का निर्वाह करना था। इस लम्बी लड़ाई के बीच बूढ़े को सपने में खूँखार शेर दिखते हैं—पराजय की विभीषिका के बीच वह साहस से दिन-रात मेहनत करता है और ऐतिहासिक विजय दर्ज कर लौटता है। बूढ़ा मछेरा अपने साहस और कर्तव्य बोध से यह सिद्ध करता है कि दुनिया में लालच और डर के परे एक संसार है।

ठीक ऐसे ही राजकपूर ने किया। प्रेमरोग साहसिक यात्रा थी—हिंसा की अर्थहीन फिल्मों के बीच सफेद साड़ी में लिपटी एक युवा विधवा की कहानी। प्रेमरोग में भारतीय समाज का आर्थिक रूपक भी है। पंडित का अनाथ भाँजा, ठाकुरों की दया से महानगर में शिक्षा ग्रहण करता है और गाँव लौटकर उन ठाकुरों की कुरीतियों और अन्याय के खिलाफ युद्ध करता है। ठाकुरों की दया के पीछे उनका अहंकार है। समाज के सारे नियम बड़े लोग अपनी सुविधानुसार बनाते हैं और गरीबों को बाध्य किया जाता है, उन नियमों को मानने के लिए। शिक्षा गरीबों का एकमात्र शस्त्र है। साहब बीवी और गुलाम में भी यही आर्थिक रूपक है। गुलाम साहब की कोठी में उनकी दया के सहारे पढ़ा और अन्त में उसी कोठी को तोड़कर जनपथ बनाने का काम उस गुलाम को मिलता है।

राजकपूर का नारी के प्रति दृष्टिकोण इस फिल्म में परिपक्व होकर उभरा है। नारी के शोषण के खिलाफ उसने आवाज उठाई है। वह अब मात्र प्रेमिका नहीं है, राधा नहीं है, उसके जुड़े में फूल नहीं लगाना है वरन् अब उसके जख्मी पाँवों पर मरहम लगाना है, उसे समानता और न्याय दिलाना है। राजकपूर ने तनुजा से कहलाया है—'जन्म से यही सिखाया जाता है कि पति परमेश्वर है, चाहे वह पैर की जूती समझे, उसके खिलाफ एक भी शब्द कहा तो जीभ गिर जाएगी। अमीरों के इन महलों की ऊँची छतों और संगमरमरी दीवारों के बीच सड़ाँध है।'

नन्दा अपनी विधवा बेटी को समझाती है—'बेटी, तुझे बचपन से यही सिखाया गया है कि धर्म, आचार, नीति, समाज की मर्यादा और पवित्रता का पालन करो। तू इन बड़े-बड़े शब्दों के जाल में उलझी रही और तूने यह स्वीकार किया कि तुझे हँसने का हक नहीं है।'

प्रेमरोग में राजकपूर के नारी पात्र इतने प्रखर और मार्मिक होकर उभरे हैं कि समाज का ढाँचा ही चरमरा जाता है। प्रेमरोग, राजकपूर का श्रद्धा गीत है। नारी के प्रति

राजकपूर का यह नया स्वरूप उन्हें भारत का प्रतिनिधि फिल्मकार सिद्ध करता है।

राम तेरी गंगा मैली एक माने में प्रेमरोग की ही अगली कड़ी है, जिसमें राजकपूर नदी और नारी पर अत्याचार की कहानी कहते हैं। समाज की कुरीतियों ने नदी और नारी दोनों ही को प्रदूषित कर दिया है। यह प्रदूषण केवल भौतिक नहीं है, पूरे समाज की आत्मा कलुषित हो चुकी है। नेता और उद्योगपति की मिली-जुली हरकतों ने एक कुचक्र रचा है—'पैसे से सत्ता, सत्ता से पैसा' और हर अनाचार का पहला वार औरत की छाती पर होता है, फिर धरती पर। गंगा नदी और नारी को राजकपूर का नमन है।

गंगा की प्रेरणा राजकपूर को रवीन्द्र जैन के गीत से मिली थी—'एक थी राधा, एक थी मीरा, दोनों ने कृष्ण को चाहा, एक दरस दीवानी, एक प्रेम दीवानी।' फिल्म

पर विचार का प्रारम्भ इसी गीत से हुआ, परन्तु राजकपूर ने न राधा का पात्र विकसित किया और न ही मीरा का। दरअसल उनकी गंगा समाज के शोषण का शिकार है। एक लम्पट पुजारी प्रयास करता है। फिर एक कुटनी के हाथों वह नारी मांस की दुकान पर बेची जाती है और अन्त में एक नकली अन्धे दलाल के द्वारा कोठे पर पहुँचा दी जाती है, जहाँ से एक नेता उसे खरीदकर अपनी बगानवाड़ी ले आते हैं। इस यात्रा में दो जगह से सहानुभूति मिलती है—एक मरघट का डोम और एक पुलिसवाला। मरघट के डोम से वह कहती है कि 'बाबा, मुर्दों से क्या डरना—डर तो जिन्दा लोगों से लगता है।' गंगा, प्रेम दीवानी राधा नहीं है, वह दरस दीवानी मीरा भी नहीं है। गंगा एक माँ है, जो अपने बच्चे को न्याय दिलाना चाहती है। वह अपनी पवित्रता से एक दलाल का मन बदल देती है।

राजकपूर की आखिरी फिल्म 'हिना' में उन्होंने नायिका के द्वारा यह प्रतिपादित किया है कि त्याग, प्रेम का उच्चतम शिखर है। दूसरी नायिका जरूर राधा है— प्रेम दीवानी है। आज समाज टुकड़ों में बँट गया है। हिंसा ने जीवन दूभर कर दिया है। समाज में इतनी असुरक्षा है कि हर किसी की पीठ पर हवा में ठहरा हुआ एक चाकू है। धर्म, रंग और जाति के नाम पर स्वार्थी नेताओं ने अलगाव का अलख जगाया है। हिना, सरहदों के भीतर और सरहदों के बावजूद पनपते इंसानी रिश्तों की कहानी है। हिना (मेहंदी) और औरत की किस्मत में पत्थरों पर घिसना ही लिखा है। प्रेम और त्याग की भावनाओं का प्रतीक है हिना।

आग से हिना तक राजकपूर ने नारी के कई स्वरूप प्रस्तुत किए हैं और फिल्म-दर-फिल्म उनकी दृष्टि पैनी हुई है। उन्होंने नारी पर कविता भी की है, गद्य भी लिखा है और व्याकरण में भी उलझे हैं, परंतु अंतिम फिल्म तक प्रेम के ढाई आखर पढ़ने का प्रयास किया है।

विलक्षण अंतरंगता का क्लोजअप

राजकपूर और नरगिस के प्रेम सम्बन्ध को लेकर अनेक काल्पनिक बातें कही गई हैं क्योंकि अलगाव के बाद दोनों ने गरिमापूर्ण खामोशी बनाए रखी। सच तो यह है कि इस तरह के अंतरंग रिश्तों का सच उन दोनों के अतिरिक्त कोई तीसरा नहीं जानता और दोनों के अपने नजरिए में भी तटस्थता का अभाव बना रहता है पर नजदीकी लोग अपने व्यक्तिगत दृष्टिकोण से धुँध बढ़ा देते हैं। उनकी 'संगम' में एक टूटते रिश्ते की स्थिति में शैलेन्द्र रचित गीत था 'यहाँ गैर तो क्या अपनों तक के साए भी नहीं आ पाते हैं, यह धरती है इंसानों की, कुछ और नहीं इंसान हैं हम, ओ मेरे सनम ओ मेरे सनम, एक दिल के दो अरमान हैं हम!'

इस तरह के रिश्तों पर सारे बयान हमें तर्क की तराजू पर तोलकर किसी नतीजे पर पहुँचने का प्रयास करना चाहिए।

एक लोकप्रिय पुस्तक में कुछ इस तरह का आरोप है कि नरगिस ने अपने गहने बेचकर राजकपूर की फिल्म में धन लगाया था। उनकी पहली फिल्म 'आग' के निर्माण के समय उनके बीच प्यार नहीं था और केवल यह फिल्म राजकपूर ने आर्थिक तंगी के समय बनाई थी। उनकी दूसरी फिल्म 'बरसात' की शूटिंग के समय उनमें प्रेम हुआ, शायद उसी ऐतिहासिक शॉट को लेते समय जिसमें राजकपूर की एक बाँह में नरगिस झूल रही है और दूसरे हाथ में वायलिन है। यही शॉट उनकी फिल्मों का प्रतीक चिह्न बना और कालान्तर में चेहरों को सपाट बनाया गया परन्तु यह तथ्य नहीं बदल सकता कि नरगिस राजकपूर की सृजन प्रक्रिया का स्थायी उनके अलगाव के बाद भी रहीं। 'संगम' का खत वाला हिस्सा उनके अपने जीवन का

यथार्थ था। यह अनुमान लगाना अनुचित नहीं होगा कि दूसरे हाथ का वायलिन कहीं कृष्णाकपूर का प्रतीक तो नहीं है?

'बरसात' के निर्माण के समय नरगिस की माँ जद्दनबाई ने अपनी बेटी की आँखों में प्रेम को पढ़ लिया था और वे इस रिश्ते के विरुद्ध थीं, इसलिए उन्होंने राजकपूर को इजाजत नहीं दी कि वे बरसात की एक माह लम्बी चलनेवाली शूटिंग कश्मीर में करें। उन्होंने राजकपूर को बाध्य किया कि शूटिंग खंडाला या महाबलेश्वर में की जाए ताकि नरगिस रोज रात घर आ सके।

'बरसात' के निर्माण के समय नरगिस की माँ जद्दनबाई ने अपनी बेटी की आँखों में प्रेम को पढ़ लिया था और वे इस रिश्ते के विरुद्ध थीं, इसलिए उन्होंने राजकपूर को इजाजत नहीं दी कि वे 'बरसात' की एक माह लम्बी चलनेवाली शूटिंग कश्मीर में करें। उन्होंने राजकपूर को बाध्य किया कि शूटिंग खंडाला या महाबलेश्वर में की जाए ताकि नरगिस रोज रात घर आ सके।

जद्दनबाई बहुत दबंग औरत थीं। उनकी माँ का विवाह जमींदार घराने में हुआ था और शादी के दिन ही डाका पड़ा था और वह विधवा हो गईं। कई वर्ष उन्होंने अपने श्वशुर का जुल्म सहा और एक दिन वह एक तमाशा दल के साथ भागकर कलकत्ता आ गईं जहाँ उन्हें कोठे पर बैठना पड़ा। जद्दनबाई की माँ और दूसरे पति जो नरगिस के पिता थे, वे भी हिन्दू थे। उनका नाम मोहन बाबू था जो कलकत्ता से जहाज पकड़कर डॉक्टर बनने के लिए लन्दन जानेवाले थे परन्तु जद्दनबाई के प्रेम ने उनकी दुनिया ही बदल दी। उन दिनों जद्दनबाई के रुतबे और तेवर की वजह से यह संभव ही नहीं था कि नरगिस अपने गहने बेचकर राजकपूर की फिल्म में धन लगातीं। 'बरसात' की सफलता के बाद राजकपूर को धन की आवश्यकता नहीं थी। 'आवारा' के समय पुरी साहब उनके पूँजी निवेशक और भागीदार बन चुके थे। इन पुरी साहब ने ही 'इंडिया टुडे' की स्थापना की थी।

एक किताब में कुछ इस आशय की बात है कि नरगिस राजकपूर की घोस्ट डायरेक्टर थीं। राजकपूर ने अलगाव के बाद भी सफल फिल्में रची हैं। अगर नरगिस को दिग्दर्शन का इतना ज्ञान था तो उन्होंने अपने पति के लिए सफल फिल्में क्यों नहीं रचीं?

यह सच है कि उनके रिश्ते और फिल्म निर्माण के शिखर दिनों में राजकपूर, नरगिस, शंकर, जयकिशन, शैलेन्द्र, हसरत, मुकेश और लता मिल-बैठकर फिल्म पर बहस करते थे। वह प्रेरणा और प्रतिभा के शिखर के टीम वर्क का कमाल था परन्तु

इसका एकमात्र केन्द्र स्वयं राजकपूर थे।

ज्ञातव्य है कि 'बरसात' के प्रदर्शन के समय तक जद्दनबाई की मृत्यु हो चुकी थी। नरगिस के पास जद्दनबाई के प्रथम पति की सन्तानें थीं और उनके विरोध को नरगिस ने कभी महत्त्व नहीं दिया।

यह बात भी ध्यान देने की है कि महबूब खान ने ही नरगिस को पहली बार प्रस्तुत किया था और उनकी 'अन्दाज' में दिलीप कुमार, राजकपूर और नरगिस ने प्रेम तिकोण निभाया था। उन दिनों यह भी खबर थी कि स्वयं महबूब खान ही उस तिकोण का एक हिस्सा थे। ख्वाजा अहमद अब्बास ने 'आवारा' महबूब खान को सुनाई थी और उनका इरादा पृथ्वीराज कपूर और दिलीप कुमार को पिता-पुत्र की भूमिका में लेने का था। जबकि अब्बास अड़े थे कि पृथ्वीराज के साथ राजकपूर को लिया जाए ताकि यथार्थ जीवन में पिता-पुत्र का रिश्ता फिल्म को अतिरिक्त धार प्रदान करे। नरगिस ने ही राजकपूर को इस मुलाकात और मतभेद का विवरण दिया। राजकपूर ने उसी क्षण अब्बास साहब से मुलाकात करने और 'आवारा' के अधिकार खरीदने का निश्चय किया। 'आवारा' राजकपूर के जीवन और चिन्तन में निर्णायक परिवर्तन लाई जिसका कुछ श्रेय नरगिस को भी दिया जाना चाहिए।

राजकपूर और नरगिस का साथ 8 वर्ष रहा और लगभग 17 फिल्मों में काम किया। उनके अलगाव के अनेक कारण रहे होंगे परन्तु रिश्ते में पहली दरार उनकी दूसरी सोवियत रूस की यात्रा रही।

'आवारा' रूस की राष्ट्रीय फिल्म बन चुकी थी और अनेक रूसी लोगों ने अपने बच्चों के नाम 'आवारा' के प्रेमी-युगल पर रखे थे। हर सफलता के बाद राजकपूर कहते थे, "यस वी हैव डन इट!"

दूसरी यात्रा के समय राजकपूर के मुँह से बरबस निकला, "यस आई हैव डन इट।" इसी छोटे से वाक्य के एक शब्द में अन्तर के कारण रिश्ते में दरार आई। नरगिस का समर्पण सम्पूर्ण था। प्रायः पुरुष इस तरह का समर्पण नहीं कर पाते। राजकपूर के सृजन अहंकार ने ही उनकी टीम में दरार डाली! यह भी संभव है कि उन्होंने अनायास यह कहा। बिमल मित्र के 'साहब बीबी गुलाम' में नीम बेहोशी के क्षण में ज़बा के मुँह से सुपवित्र का नाम सुनकर ही भूतनाथ ने विचित्र फैसला लिया और गाँव से लौटकर ज़बा को बताया कि बचपन में उनका विवाह जिस भूतनाथ से हुआ, वह मर चुका है।

राजकपूर नारी केन्द्रित 'अजंता' नरगिस के लिए बनाना चाहते थे परन्तु पटकथा से सन्तुष्ट नहीं थे और नरगिस को लगा कि वे ताउम्र पुरुष प्रधान फिल्में ही रचेंगे। ज्ञातव्य है कि राजकपूर के तत्कालीन सहायक लेख टंडन ने इसी पटकथा पर आधारित असफल 'आम्रपाली' रची थी।

नरगिस के हृदय में प्रबलतम इच्छा माँ बनने की थी और वे राजकपूर की उनके लिए

सुविधाजनक इस बात को जानती थीं कि राजकपूर की फिल्मों की माँ नरगिस हैं और बच्चों की श्रीमती कृष्णाकपूर। यद्यपि यह बात उन्होंने दो दशक बाद कही है।

यह भी संभव है कि नरगिस उस समय तक यह बात जान गई थीं कि राजकपूर का प्रथम और असल प्रेम सिनेमा से है। नरगिस को दूसरा या तीसरा स्थान कैसे पसन्द आ सकता था। राजकपूर और नरगिस द्वारा दिया गया अन्तिम शॉट 'जागते रहो' का था जिसमें नरगिस नायक को पानी पिलाती है। फिल्म में यह सांस्कृतिक प्यास का प्रतीक था। यह बात अलग है कि राजकपूर ताउम्र प्यासे ही रहे और नरगिस प्रेम तृष्णा की सन्तुष्टि से वंचित ही रही!

उनके अलगाव के बाद एक अन्तर्राष्ट्रीय समारोह में भाग लेने दोनों पहुँचे थे परन्तु सीधे कोई भेंट नहीं हुई। एक दिन होटल कक्ष में अपने प्रिय नाश्ते को टेबल पर लगा देखकर राजकपूर को अनुभूति हुई मानो इसका आयोजन उसी होटल में ठहरी नरगिस ने किया हो।

उन दोनों की भेंट ऋषि कपूर के विवाह के अवसर पर हुई जब ऋषि कपूर के आमंत्रण पर नरगिस, सुनीलदत्त वहाँ आए। कुछ क्षणों के लिए उनकी आँखें टकराईं।

सुनीलदत्त तो अत्यन्त संयत रहे परन्तु राजकपूर भावना के आवेग से भीतर ही भीतर हजारों भूकम्प को सह रहे थे। श्रीमती कृष्णा कपूर ने पूरी गरिमा और स्वागत की ऊष्मा के साथ व्यवहार किया। नरगिस को वे अपने साथ ले गईं। नरगिस ने उनसे कहा कि आज माँ होकर वे कृष्णा जी के उस समय के त्रास का अनुमान लगा सकती हैं और उन्होंने क्षमा भी माँगी परन्तु श्रीमती कृष्णा ने उन्हें उनके मिथ्या अपराधबोध से मुक्ति दिलाते हुए कहा कि इसमें उसका कोई दोष नहीं है, वह तो उनके भाग्य में बदा था।

वर्षों बाद नरगिस की मृत्यु हुई। राजकपूर वहाँ गए और श्रद्धांजलि प्रदान की। सुना है कि नरगिस के भाई जिद पर थे कि उनकी आपा की अन्तिम इच्छा अनुरूप उन्हें जद्दनबाई के निकट सुपर्दे-ख़ाक़ किया जाए।

विशाल हृदय सुनीलदत्त ने शवयात्रा हिन्दू रीति-रिवाज से निकाली और उसका अन्तिम चरण वैसा ही किया जैसा कि आग्रह था। उस शवयात्रा में राजकपूर शामिल थे परन्तु अंतिम चरण के परिवर्तन से नाखुश थे।

राजकपूर 2 मई, 1988 को दादा फाल्के पुरस्कार लेते समय बेहोश हुए और लगभग एक माह उन्हें तकनीकी तौर पर जीवित रखा गया। उन्हें 2 जून, 1988 को मृत घोषित किया गया परन्तु मृत्यु से सारा संघर्ष शायद एक जून को समाप्त हो गया होगा जो नरगिस का जन्मदिन था।

यह एक अद्भुत प्रेमकथा थी जिसमें शामिल सभी लोग विलक्षण थे!

विवाद के घेरे में प्रेम-दृश्य

अपनी पहली फिल्म से ही राजकपूर के प्रेम दृश्य विवाद के घेरे में हैं। 'आग' के प्रेम दृश्य-प्रदर्शन के छह महीने बाद काटने के आदेश दिए गए थे। मोरारजी देसाई ने इन दृश्यों पर आपत्ति उठाई थी। आज हम 'आग' देखते हैं, तो पाते हैं कि कई जगह सागर की लहरों के शॉट हैं, दिये का शॉट। ये सब प्रेम दृश्य के बदले में डाले गये दृश्य हैं। दूसरी फिल्म 'बरसात' के राज-नरगिस दृश्यों पर भी आपत्ति उठाई गई थी। के. एन. सिंह और नरगिस के दृश्यों पर भी एतराज किया गया। इन दृश्यों पर अश्लीलता का आरोप नहीं था। इनमें नायिका, सिर से पैर तक वस्त्रों में ढकी है। इन प्रेम दृश्यों में अनुभूति की तीव्रता है और इस तरह के दृश्य उन दिनों की दूसरी फिल्मों में नहीं होते थे। नायक-नायिका के बीच बड़े फासले होते थे। नायक, नायिका को हाथ भी लगाता था, तो इस अंदाज से कि काँच की गुड़िया टूट नहीं जाए। 'आग' और 'बरसात' के प्रेम दृश्यों में स्वाभाविकता है। के. एन. सिंह (बरसात) पहाड़ों में लकड़ी काटनेवाला पहलवाननुमा जंगली-सा आदमी है। वह नरगिस को नदी की तेज धारा से बचाकर लाता है और कहता है कि दूसरों को ईश्वर छप्पर फाड़कर देता है, मुझे मेरी दुल्हन मझधार से मिली है। वह प्यार से किसी को गले लगाता है, तो हड्डियाँ चरमरा जाती हैं। खुश होता है, तो सिर पर उठाकर पटक देता है। इस तरह के पात्र के दृश्यों पर आपत्ति उठाई गई थी।

'आवारा' के समुद्र किनारेवाले राज-नरगिस दृश्यों पर विवाद तो नहीं था, परन्तु इनकी चर्चा बहुत हुई, इन्हें आदिम प्रेम दृश्य के नाम से वर्णित किया गया। नायक

'राम तेरी गंगा मैली' फिल्म की अठारह रीलों को यदि सड़क पर फैला दिया जाए, तो वे तीन मील लम्बी सड़क घेरेंगी। इसमें नायिका का स्नान तथा दुग्ध-पान का दृश्य केवल दो सौ गज जमीन घेरता है। फिल्म के दो सौ प्रिंट प्रतिदिन, चार शो के हिसाब से सारे देश में छह महीने तक प्रदर्शित होते रहे। किसी भी सिनेमाघर के, किसी भी शो में सीटियाँ नहीं बजीं, गंदी फब्तियाँ नहीं कसी गईं और अधिकांश दर्शक महिला वर्ग के थे, लेकिन भारत में पढ़े-लिखे लोगों का एक ऐसा उच्च वर्ग है, जो विक्टोरियन मूल्यों का आज भी गुलाम है। नए वर्ग के लोग, बच्चों को कपड़े बदलते हुए देख 'शेम-शेम' कहते हैं और इसी में अपनी शान समझते है।

का बचपन घोर अभाव और अपराध के बीच बीता है और बड़े होकर उसे पूरी शिद्दत से यह बात महसूस होती है कि जिंदगी ने उसे समान अवसर नहीं दिया। जंगली या आवारा कहे जाने पर उसका भड़क जाना स्वाभाविक है। आवारा के प्रेम दृश्यों ने तत्कालीन युवा पीढ़ी पर जादू जैसा असर किया था। राजकपूर के पात्र अपने प्रेम की तन्मयता के कारण सीधे दर्शकों के दिल में उतर जाते हैं। श्री 420 के प्रेम दृश्य सेल्युलाइड पर कविता की तरह उभरे और उन पर विवाद नहीं हुआ।

'जिस देश में गंगा बहती है' के प्रेम दृश्य बहुत सरल और सादगी लिए थे और उनमें अनुभूति की 'आवारा' वाली तीव्रता भी नहीं थी, परन्तु पद्मिनी के स्नान दृश्य पर बहुत विवाद हुआ। आरोप, अश्लीलता का था, परन्तु दृश्य ईरोटिक है। इसी फिल्म के एक दृश्य में पद्मिनी घुमा-फिराकर अपना प्यार प्रकट करती है, तब राजकपूर कहते हैं, 'कम्मोजी, यह जो आपके और मेरे बीच बात हो रही है—ये कहीं इसक (इश्क) प्रेम की बात तो नहीं, क्योंकि अपने देश की पब्लिक, सब कुछ बर्दाश्त करती है इश्क छोड़कर।' दरअसल यह संवाद उन लोगों पर व्यंग्य है, जो हर कहीं अश्लीलता खोजते रहते हैं। राजकपूर के दर्शकों को पद्मिनी के स्नान के ढाई मिनट पर कोई आपत्ति नहीं थी। शृंगार, भारतीय जीवन का अभिन्न अंग है—यह बात राजकपूर तो जानते थे, परन्तु कुछ तथाकथित पवित्रतावादी लोग जानकर अनजान बन रहे थे। अधिकांश विवाद पाखंडता के कारण है। जो लोग पद्मिनी के स्नान दृश्य पर शोर मचा रहे थे, वे अपने घर में मुलगाँवकर के कैलेन्डर के 'उत्तेजक' देवी-देवताओं' को नमन करते हैं। धर्म की आड़ हो, तो सब चलता है। राधा-कृष्ण की भक्ति के बहाने परकीया साधना कई दशकों तक चलती रही! सैकड़ों वर्ष पूर्व जन-जीवन की धुरी धर्म था अतः मन्दिरों पर यौन के आसनों की शिल्पकारी होती रही! शायद राजकपूर ने यहीं से शिक्षा लेकर सत्यम् बनाई थी। 'यशोमती मैया से बोले नन्दलाला' गीत के साथ झरने के नीचे नायिका का, स्नान का दृश्य दिखाकर राजकपूर ने धर्म के पारम्परिक आवरण में शृंगार को छुपा लिया।

संगम के 'बोल राधा' में वैजयन्ती ने बिकनी पहनी तो कोहराम मच गया, जबकि संगम से पन्द्रह साल पहले 'संग्राम' में नलिनी जयवन्त और पाँच वर्ष पूर्व 'दिल्ली का ठग' में नूतन बिकनी पहन चुकी थीं। बीसवीं सदी के छठे और सातवें दशक में बिकनी पहनना भी कोई घटना हो सकती है—यह अत्यन्त हास्यास्पद बात है। संगम के गीत 'मैं क्या करूँ राम मुझे बुड्ढा मिल गया' पर भी आरोप लगाए गए। कुछ मूढ़मति लोगों का यह धन्धा बन गया है, क्योंकि उनके अनुसार भारतीय दर्शक को हँसने का हक नहीं है। गुदगुदी का हक नहीं है। खूबसूरत औरतों को देखने का हक नहीं है। हैरानी तो इस बात पर है कि लताजी ने राजकपूर के आग्रह पर गीत तो गाया, परन्तु इतनी नाराज हो गईं कि आज तक 'संगम' फिल्म नहीं

देखी। लताजी ने बूट पॉलिस का 'मैं बाजारों की नटखट रानी' गाने से इन्कार किया था इसलिए 'बहारों की नटखट रानी किया गया था। लताजी ने 'यशोमती मैया' बहुत लगन, तन्मयता और प्रेम से गाया, परन्तु इस गीत का छायांकन उन्हें जायज तौर पर बुरा लगा होगा। 'क्या करूँ राम' तो बहुत अच्छा आनन्द गीत है—शब्दों पर गौर करें—'सब तो गए बाग मेरा बुड्ढा भी चला गया।' इन पंक्तियों को सुनकर तो बच्चा भी हँस देगा। 'मैं गुड़िया हसीन, मेरी मोरनी की चाल है, सर में सफेद उसके दादाजी का बाल है।' क्या यह अश्लील है? जिस देश में 'सिपाहिया' वाले गानों का रिवाज हो, वहाँ 'क्या करूँ राम' तो सचमुच नटखट भी नहीं, वरन् बच्चों का गीत है। राजकपूर हमेशा कहते थे कि हमारे यहाँ गीतों के केवल मुखड़े प्रसिद्ध होते हैं, अन्तरों पर कोई ध्यान नहीं देता। इसीलिए राजकपूर हमेशा बड़े लुभावने और नटखट मुखड़े बनाते थे—हम तुम कमरे में बन्द हों, 'झूठ बोले कव्वा काटे' राजकपूर को इस हास्यास्पद विवाद में कोई रुचि नहीं थी और इन तथाकथित पवित्रतावादी आलोचकों की उन्हें परवाह भी नहीं थी। राजकपूर को मालूम था कि भारत के लोग मेले, तमाशे और आनन्द के शौकीन हैं—खुद राजकपूर को मेले और खेले का बड़ा शौक रहा है। उनके यहाँ हर वर्ष होली पर शाम छह बजे जब अधिकांश मेहमान घर लौट चुके होते थे, तब हिजड़ों का दल स्टूडियो आता था। राजकपूर उनके गीत सुनते थे, उन्हें अपने गीत सुनाते थे। चेम्बूर के अनेकों हिजड़ों के नाम भी राजकपूर को ज्ञात थे। दरअसल हर खुशी के मौके पर उनका आना होता था और राजकपूर के आलोचकों को शायद हिजड़ों से मिलना भी अश्लील लगता होगा और एक राजकपूर थे, जिन्हें हिजड़ों की मानवीयता में कोई शक नहीं था। हिजड़ों ने 'राम तेरी गंगा' के पहाड़ी पर आधारित चार गीत सुनकर उसकी त्वरित लोकप्रियता पर शक किया और राजकपूर ने भैरवी आधारित 'सुन साहिबा

सुन' रिकार्ड किया।

दरअसल राजकपूर नितान्त रसिक व्यक्ति थे। उन्हें नारी शरीर की हर अदा में संगीत सुनाई पड़ता था। वे सौंदर्य के पुजारी थे। उन्हें जो अच्छा लगता था, वही वे अपने दर्शकों को दिखाना चाहते थे। अपने जीवन के एक दौर में प्रेमी राजकपूर मांसल हो गए थे। आम दर्शक भी रसिक होता है और नारी शरीर के आकर्षण से बँधा होता है। हमारे जीवन का एक अंग है। हम अपने साहित्य के इतिहास से रीतिकाल हटा तो नहीं सकते। अपनी संस्कृति से खजुराहो और अजन्ता तो हटाना नहीं चाहते। यह सब बातें तथाकथित अश्लीलता के पक्ष में दलीलें नहीं हैं, परन्तु जीवन से सेंसुअसनेस और ईरोटिका को भी नकारा नहीं जा सकता। किसी भी चीज को अश्लील कहने से पहले उस वस्तु को दिखाने के सन्दर्भ की परीक्षा आवश्यक है और आवश्यक है सृजक के इरादे की जानकारी। सन्दर्भ और निर्देशक के इरादे के मानदंड पर ही श्लील और अश्लील का निर्धारण होना चाहिए।

'सत्यम्' राजकपूर की एकमात्र फिल्म है, जिसका बचाव नहीं किया जा सकता, क्योंकि बिना किसी सन्दर्भ के नारी शरीर का प्रदर्शन किया गया है और निर्देशक का इरादा भी नेक नहीं है। 'सत्यम्' का संगीत अमर है। दृश्य संयोजन में अद्भुत परिश्रम और प्रतिभा लगी है, परन्तु कहानी में सत्य नहीं, समाज का शुभ नहीं है और नायिका सुन्दर नहीं है—यही 'सत्यम् शिवम् सुन्दरम्' की त्रासदी है।

'प्रेमरोग' पर आरोप यह था कि राजकपूर ने विधवा विवाह की समस्या और सामन्तवादी अन्याय की बात उठाई है, जो पचास साल पहले समाप्त हो गई हैं। बड़े शहरों पर यह बात लागू हो सकती है, परन्तु भारत के छोटे शहरों, कस्बों और गाँवों में आज भी कुछ नहीं बदला है—ये इलाके चिरन्तन परिवर्तनहीनता के इलाके हैं। सच तो यह है कि सामन्तवादी प्रवृत्तियाँ आज भी सभी जगह जीवित हैं। दरअसल प्रेमरोग, दोहरे मानदंडों और मूल्यों पर प्रहार करती है।

'राम तेरी गंगा मैली' पर आरोपों की झड़ी लगी, क्योंकि अधिकांश अखबारों ने मंदाकिनी का झरने का स्नान दृश्य का चित्र प्रकाशित किया था और अंग्रेजी अखबारों ने 'वेट ड्रीम' का शोर मचाया। कुछ महत्त्वपूर्ण लोगों ने कमर कसके फिल्म की कड़वी आलोचना की और कमोबेश वही अखबारी वातावरण बनाया गया, जो 'सत्यम' के समय था। अन्तर केवल इतना था कि आम दर्शक ने अखबारों को रद्दी की टोकरी में डाल दिया। झरने के नीचे स्नान दृश्य राजा रवि वर्मा की पेन्टिंग से प्रेरित है।

'गंगा' की अठारह रीलों को अगर सड़क पर बिछा दें तो वह लगभग तीन मील लम्बी सड़क घेरेगी और इसमें नायिका का स्नान तथा दुग्धपान दृश्य केवल 200 गज जमीन घेरेंगे। फिल्म के 200 प्रिंट प्रतिदिन चार शो के हिसाब से सारे भारत में छह महीने तक प्रदर्शित होते रहे, परन्तु किसी भी शो में इन 200 गजी दृश्यों पर

सीटियाँ नहीं बजीं। गन्दी फब्तियाँ नहीं कसी गईं और अधिकांश दर्शक महिला वर्ग के रहे। भारत के एक खास वर्ग ने ही आपत्ति की और प्रचार-प्रसार के सारे साधनों पर इस वर्ग की पकड़ अच्छी है। यह वर्ग विक्टोरियन मूल्यों का आज भी दास है और इसी वर्ग के लोग कपड़े बदलते हुए नग्न, अर्धनग्न बच्चों को 'शेम शेम' कहते हैं और इसमें अपनी शान समझते हैं।

सन् 1933 में लार्ड वूल्जे ने जेम्स जॉयस के 'यूलिसिस' पर दिए गए महत्त्वपूर्ण फैसले में स्पष्ट किया था कि किसी भी कृति के एक अंग को उसके वृहद रूप से अलग कर देखने की चेष्टा गलत होती है। सन्दर्भ काटकर देखने पर कोई भी चीज अश्लील लग सकती है। किसी स्त्री के फोटो में केवल वक्ष या नितम्ब का हिस्सा देखने पर वह अश्लील लग सकता है। 'गंगा' के दुग्धपान दृश्य के साथ भी यही हुआ। दृश्य में एक बूढ़ी महिला देखती है कि नायिका को दूध नहीं आ रहा है। वह कहती है, 'जनावर (जानवर) को भी चारा नहीं दो तो वह दूध नहीं देता। अगले स्टेशन पर बच्चे को पानी पिला देना। यही बूढ़ी औरत, नायिका को अपने गंगाजल के लोटे से पानी देने से इनकार करती है। यह वृद्ध महिला अन्धविश्वास और कुरीतियों की ऐसी शिकार है, कि एक प्यासे नन्हें बच्चे को पानी देने से इन्कार करती है, क्योंकि वह अन्तिम समय के लिए गंगाजल सुरक्षित ले जाना चाहती है। इस दृश्य में यह जरूरी था कि वृद्धा यह स्पष्ट रूप से देखे कि गंगा को दूध नहीं आ रहा है। इस सन्दर्भ को काटकर देखने के कारण कुछ लोगों को अश्लीलता नजर आई। फिल्म के प्रदर्शन के दिनों में दुग्धपान के दृश्यों से भरी हुई डाक्यूमेंटरी दूरदर्शन पर दिखाई गई। नैतिकता का विक्टोरियन चश्मा अंग्रेज लोग हमारी नाक पर इस मजबूती से चस्पा कर गए हैं कि सीधे-सरल रोजमर्रा के कार्यों में भी हम प्रच्छन्न सेक्स देखने लगते हैं।

पहाड़न गंगा का स्नान दृश्य पैंतालिस सेकंड से ज्यादा का नहीं है और वह भी

इतने कलात्मक ढंग से दर्शाया है कि सहज और स्वाभाविक लगता है। यह दृश्य वासना नहीं जगाता। पिछले दो दशकों की अनेक हिंसावाली फिल्मों में डिस्को के नाम पर अजीबोगरीब दृश्य दिखाए गए हैं, परन्तु किसी ने आपत्ति नहीं उठाई। जब एक पेशेवर कातिल को रोबिनहुड बनाकर पेश किया गया तब भी किसी ने कोई आपत्ति नहीं उठाई।

राम तेरी गंगा मैली तीन मील लम्बी सड़क है, जिसमें दोनों ओर प्रकृति का अद्भुत सौंदर्य है। आम दर्शक के लिए यह सड़क मनोरंजन की तीर्थयात्रा की तरह है। पूर्वाग्रह से ग्रसित कुछ चुने हुए लोग 200 गज के टुकड़े पर बार-बार चल रहे हैं। जिम्नेशियम में मोटापा कम करने के लिए रबर की पट्टी होती है, जिसके पहिए घूमते हैं, परन्तु वह पट्टी आपको कहीं नहीं ले जाती यद्यपि उस पर आप लगातार चलते हैं। नैतिकता के स्वयंभू ठेकेदारों के लिए गंगा का दो सौ गजी टुकड़ा इस रबर की पट्टी की तरह है, जो उनको कहीं नहीं ले जाता। आम दर्शक के लिए गंगा मनोरम मार्ग सिद्ध हुई है।

राजकपूर : समाज और राजनीति

सन् 1986 में राजकपूर ने इन्दौर में पत्रकारों को सम्बोधित किया था। उन्होंने कहा था कि लगभग चालीस सालों से नेता और अभिनेता आम जनता को सपने दिखा रहे हैं। फिल्मवालों के सपने में कुछ मनोरंजन तो होता है। वे नयनाभिराम दृश्य गढ़ते हैं। नेता केवल शब्द चित्र प्रस्तुत करता है और इसके लिए वह कोई लागत भी नहीं लगाता। नेता कोई आर्थिक खतरा भी नहीं उठाता। फिल्मवाला बहुत कुछ दाँव पर लगाता है। दर्शक टिकट लेकर तमाशा देखता है, नेता तमाशा लगाकर पैसा बनाता है। यह खेल कब तक चलता रहेगा? किसी वैज्ञानिक ने, शायद डॉ. दस्तूर ने, वर्षों पहले भारत की सारी नदियों को नहरों से जोड़ने की योजना बनाई थी। इस योजना से बाढ़ और डूब की समस्या दूर हो जाती। परिवहन का भार कम हो जाता। नेता अगर कुछ नहीं करते, तो कम-से-कम कश्मीर से कन्याकुमारी तक एक चौड़ी सड़क ही बना देते।

आज कोई भी फिल्म बनाते समय डर लगता है। कोई साफ निर्देश नहीं है। कोई दिशा नहीं है। सेंसर से पास होने के बाद एक छोटे से तबके की आपत्ति पर दृश्य काटने के आदेश होते हैं। शीघ्र ही ऐसा समय आएगा कि मोहल्ला समितियों से सेंसर सर्टिफिकेट को एंडोर्स कराना होगा। आम आदमी से दूर जा रहा है सिनेमा, नेता से आम आदमी दूर चला गया है। देश में लाखों गरीब औरतों के पास तन ढँकने को साड़ी नहीं है। सिनेमा के पोस्टर फाड़कर उनसे गरीबों के तन नहीं ढँके जा सकते। गरीबी, अज्ञान और आर्थिक गुलामी की मूल समस्याओं से जनता का ध्यान हटाने के लिए छोटी-मोटी निरर्थक समस्याओं का बवाल खड़ा किया जाता है।

मन्त्रीजी ने अपने भाषण में कहा कि आजकल बहुत से अशिक्षित लोग फिल्म निर्माता बन गए हैं, इसीलिए अर्थहीन फिल्मों की संख्या बढ़ती जा रही है। फिल्म निर्माता या निर्देशक होने के लिए 'मिनीमम योग्यता' निर्धारित होनी चाहिए। राजकपूर ने उठकर जवाब दिया कि मन्त्री होने के लिए भी योग्यता तय होनी चाहिए। खराब फिल्मों को तो दर्शक नकार देता है, लेकिन अयोग्य नेता के हाथों देश का बेड़ा गर्क हो सकता है। अनपढ़ मेहबूब खान ने 'मदर इंडिया' और मैट्रिक फेल राजकपूर ने 'जागते रहो' जैसी फिल्में बनाई हैं। क्या मन्त्री महोदय ने कोई एक अच्छा काम किया है?

तीन दिग्गज : विमल राय, राजकपूर और महबूब खान फिल्म मुगले आज़म के सेट पर

सन् 1987 में केन्द्रीय सरकार का एक दल, जिसमें कुछ मन्त्री भी थे, मुम्बई के फिल्म उद्योग की समस्याओं पर विचार करने के लिए गया था। ओबेरॉय होटल में सभा की व्यवस्था की गई। मन्त्री ने अपने भाषण में कहा कि आजकल बहुत से अशिक्षित लोग फिल्म निर्माता हो गए हैं और अत्यन्त अर्थहीन फिल्में बनाई जा रही हैं। निर्माता या निर्देशक होने के लिए कोई मिनीमम योग्यता निर्धारित होनी चाहिए। मन्त्री जी के लहजे में फिल्मवालों के लिए बड़ी हिकारत थी। राजकपूर उठकर खड़े हुए और उन्होंने कहा कि मन्त्री होने के लिए भी योग्यता निर्धारित होनी चाहिए।

खराब फिल्मों को तो दर्शक ही नकार सकते हैं, परन्तु अयोग्य नेता के हाथ देश का बेड़ा गर्क हो सकता है। सभा में सन्नाटा छा गया। फिल्म उद्योग में जमे कुछ सरकारी चमचों ने राजकपूर को बैठाने की चेष्टा की। राजकपूर का रुख इतना आक्रामक था कि चमचे 'फ्रिज' (स्थिर) हो गए। राजकपूर ने मन्त्रियों की बखिया उधेड़कर रख दी। उन्होंने कहा कि अनपढ़ मेहबूब खान ने 'मदर इंडिया' बनाई है और मैट्रिक फेल राजकपूर ने 'जागते रहो' बनाई और वे जानना चाहते हैं कि मन्त्री महोदय ने कोई एक अच्छा काम किया है। सभा भंग घोषित कर दी गई।

अन्तिम कुछ वर्षों में राजकपूर गन्दी राजनीति और भ्रष्ट मन्त्रियों के खिलाफ बहुत उग्र हो गए थे—एंग्री ओल्डमैन। उनकी वाणी में दंश आ गया था। उन्हें नेताओं की किसी सभा में ले जाने में डर लगने लगा था। उन्हें चालीस वर्षों की तकनीकी तरक्की बेमानी लगने लगी थी, जिसने भारतीय समाज में दो देश बना दिए थे। ऊँची इमारतों, फाइव स्टार होटलों और फैशन परस्तों का इंडिया और इनकी नाक के नीचे झोपड़पट्टियों और चालों का एक और भारतवर्ष। राजकपूर दुखी थे कि 'इंडिया बनाम भारत' जंग जारी है। उन्होंने नुक्कड़ (दूरदर्शन का सीरियल) वालों को आमन्त्रित किया था कि वे पाँच सितारा होटल पर आर.के. के लिए फिल्म बनाए बैरा हीरो होगा। सईद मिर्जा ने काम भी शुरु किया था, परन्तु बंगाल के किसी निर्माता ने इस तरह की कहानी पर अपना हक जताया था, इसलिए मामला वहीं रुक गया। राजकपूर को नुक्कड़ बहुत पसन्द था। वे दोपहर के प्रसारण में यू.जी.सी. का क्लास रूम कार्यक्रम भी देखते थे। अपने भीतर के बच्चे को उन्होंने कभी बूढ़ा नहीं होने दिया।

युवा राजीव गांधी (एकदम दाएं), हरिवंश राय बच्चन और राजकपूर : एक दुर्लभ चित्र

देश में बढ़ते हुए भ्रष्टाचार पर उन्हें बहुत चिन्ता थी और उन्होंने रिश्वत नामक कहानी तैयार की थी। विजय तेंदुलकर को पटकथा का काम भी सौंपा था। रिश्वत का नायक साठ वर्षीय स्कूल टीचर है, जो एक गाँव की स्कूल में काम करता है। निवृत्त होने के बाद उनके दोस्त चाहते हैं कि मास्टरजी कुछ समय अपने पुत्र के घर बिताएँ, जो दिल्ली में मन्त्री है। पूरा घटनाक्रम रेल में घटित होता है, जहाँ बूढ़े मास्टर को राष्ट्रव्यापी भ्रष्टाचार के किस्से सहयात्रियों से मालूम होते हैं। एक तरह से रिश्वत जागते रहो का ट्रेन संस्करण थी। मास्टरजी दिल्ली पहुँचते हैं और सारा दिन अपने मन्त्री बेटे के घर में प्रवेश करने का प्रयास करते हैं। उन्हें कोई नहीं जानता सुरक्षा की कड़ी व्यवस्था के बावजूद, शिकायतों का पुलिन्दा लिए, वे पिछले दरवाजे से अपने ही बेटे के घर चोरों की तरह घुसते हैं। उन्हें बिश्वास है कि उनका बेटा सब ठीक कर देगा, परन्तु उनकी बूढ़ी आँखों को यह देखना भी बदा था कि उनका बेटा एक बड़े उद्योगपति से रिश्वत ले रहा है। वे कमर के बेल्ट निकालकर अपने बेटे को पीटते हुए संसद के सामने ले जाते हैं और कहते हैं कि गाँव से मैंने एक ईमानदार प्रतिनिधि भेजा था, जिसे राजधानी की संस्कृति ने भ्रष्ट और रिश्वतखोर बना दिया।

राजकपूर की सृजन प्रक्रिया ऐसी थी कि वे एक कहानी को वर्षों अपने सीने में पूजा के मनकों की तरह घुमाते रहते थे और जब वह पूरी तरह तैयार हो जाती, तो प्रेरणा का कोई अनजान बिन्दू फिल्म शुरू करा देता था। 'रिश्वत' उनका मनपसन्द विषय था। अन्तिम तीन-चार वर्षों में राजकपूर को सबसे बड़ा दुःख यही था कि उनके मन में विषय तैयार हो रहे थे, परन्तु शरीर ने साथ छोड़ दिया था। कितनी ही रातें वे अपनी हथेलियों के सहारे उकड़ू बैठे रहते थे, ताकि अस्थमा में आराम हो जाए। असहनीय कष्ट के उन लम्बे तन्हा घंटों में भी राजकपूर सिनेमा के बारे में सोचते रहते थे। सिनेमा उनकी बीमारी थी और सिनेमा ही उनकी दवा थी।

दर्द की सेज पर लेटे हुए वे सिनेमा के गीत गुनगुनाते थे। सिनेमा के बड़े गहरे आशिक थे राजकपूर। उन तन्हा अन्तहीन रातों में भी बड़े तंजिया अन्दाज में वे कई बार गुनगुनाते थे—चाँद-तारों के तले रात ये गाती चले, रमैया वस्तावय्या...। भौतिक धरातल पर राजकपूर ने साढ़े अठारह फिल्में बनाईं, परन्तु उनके दिल के स्टूडियो में दिन-रात शूटिंग चलती रहती थी और अनेक फिल्में बनती रहती थीं, जो बिना सेंसर की झंझट के उनकी आँखों में प्रदर्शित होती थी। इन मुकम्मल तस्वीरों की कहानी का विषय होता था भारत और नायक होता था आम आदमी।

असाध्य बीमारी ने राजकपूर को उनके बिस्तर पर कैद कर दिया था। शयनकक्ष से बाहर निकले बिना भी राजकपूर को पूरी दुनिया की जानकारी रहती थी। न जाने सम्पर्क के वे कौन-से सूत्र होते थे कि राजकपूर से कुछ भी नहीं छुपा रहता था। सम्पन्नता के सुनहरे कठघरे में कैद रहते हुए भी उन्हें देश की गरीबी का पूरा ज्ञान

था। उन्हें यह भी पता था कि बम्बई की लम्बी मिल हड़तालों के बहाने मौके की जगह पर गगनचुम्बी इमारतें बनाने का षड्यन्त्र कहाँ रच गया था। इस प्रसंग को उन्होंने राम तेरी गंगा मैली में बहुत नाटकीय ढंग से प्रस्तुत किया था। दरअसल, राजकपूर की आत्मा का एंटिना भारत के हर घर में लगा था। समाज में व्याप्त हिंसा पर वे कोई फिल्म नहीं बनाना चाहते थे, क्योंकि हिंसा को ग्लेमराइज करने की उनकी मंशा नहीं थी। हिंसा के खिलाफ, प्यार के इन्द्रधनुष की तस्वीर वे बना सकते थे। पंजाब की समस्या पर फिल्म बनाने की उन्हें बड़ी साध थी और बलवन्त गार्गी से कुछ बात भी हुई थी। कई सिख लेखकों से उन्होंने चर्चाएँ की थीं।

राजकपूर ने अनेक बार विदेश यात्राएँ की थीं। अमेरिका में उनकी फिल्मों का विशेष पुनरावलोकन भी हुआ था। अपनी किशोर अवस्था से ही उन्हें अमेरिकी फिल्मों का शौक था। भारत में पधारे अमेरिकन फिल्म निर्माताओं से उनकी भेंट होती थी। जूबीन मेहता उनके गहरे मित्र थे। पाँचवें दशक से ही उनका यह अरमान था कि अमेरिकी फिल्म उद्योग भी उनकी फिल्में देखे और सन्, 85 में यह सपना भी पूरा हुआ। विदेश यात्राओं में उन्होंने महसूस किया कि प्रवासी भारतीय कितनी मेहनत करते हैं और कितनी प्रगति की है, उन्होंने। भारतीय लोगों को भारत में काम करने में मजा नहीं आता। यहाँ हमें छोटी-मोटी लड़ाइयों से ही फुर्सत नहीं मिलती। हमारे समाज में ऐसा वातावरण क्यों नहीं है, जो आदमी को अपनी सीमाएँ तोड़ने के लिए प्रेरित करे। अपने देश की हवा में यह कैसा जहर फैला है? राजकपूर हैरान थे और बहुत परेशान भी। एक ओर उन्हें भारतीय लोगों की प्रगति पर गर्व था, तो दूसरी ओर इस बात की शर्म भी थी कि हमने अपने देश में ऐसा माहौल क्यों नहीं बनाया कि देश की प्रतिभा आम आदमी की सेवा करे। प्रतिभा के इस पलायन पर वे पशेमान थे।

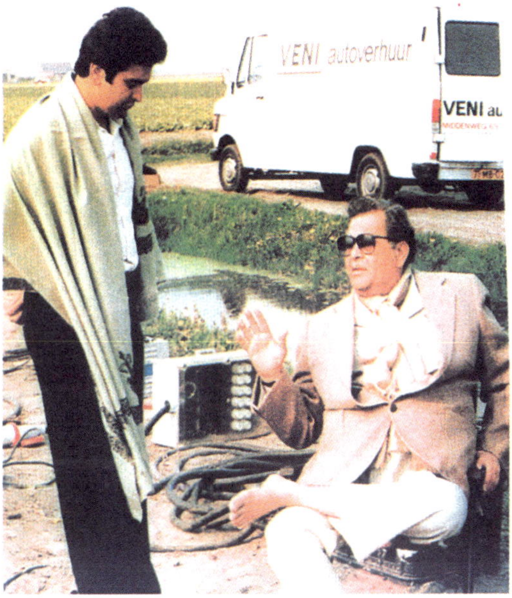

अपनी युवा अवस्था में जब राजकपूर ख्याति की चोटी पर थे, उन्होंने समाज के कार्य के लिए हमेशा समय निकाला। अनेक चैरिटी-शो आयोजित किए। समाज

कल्याण के किसी आमन्त्रण को कभी अस्वीकार नहीं किया। फिल्म निर्माण उनके लिए ऐसा कार्य नहीं था कि समाज से कटकर वे अपने 'आइवरी टॉवर' (एकल निवास) में कैद हो जाएँ। समाज से निरन्तर सम्पर्क ही उन्हें फिल्म निर्माण के लिए प्रेरित करता था। 'आवारा' की ख्याति के बाद राजकपूर आमन्त्रण पर बम्बई के एक ऐसे अस्पताल में कई बार गए, जहाँ विक्षिप्त और अर्ध विक्षिप्त लोगों का इलाज होता था। वहाँ उन्होंने एक अत्यन्त सुन्दर बंगाली लड़की देखी, जो हमेशा एक ही वाक्य बोलती थी कि यह उसने नहीं किया। राजकपूर इसी लड़की को एक पात्र के रूप में 'घूँघट के पट खोल' में प्रस्तुत करना चाहते थे। उन्हें मानव मन की अज्ञात कन्दराओं में चहल-कदमी का शौक था। दरअसल, राजकपूर ने जो कुछ किया, वह

उसका दस प्रतिशत भी नहीं है, जो वे करना चाहते थे। उनके इरादों की बुलन्दगी का आभार उनका कमजोर शरीर सिर्फ चौंसठ वर्ष ही उठा पाया।

राजकपूर का जीवन अत्यन्त प्रचारित रहा, परन्तु कम लोगों को ही मालूम है कि लोनी में 'पृथ्वीराज मेमोरियल स्कूल' की स्थापना में उनका हाथ है। इस स्कूल में तीन हजार विद्यार्थी पढ़ते हैं। राजकपूर न सिर्फ सामाजिक प्रतिबद्धता की फिल्म बनाते थे, वरन् के समाज को समर्पित व्यक्ति भी थे। उनके व्यक्तिगत जीवन और सामाजिक कर्म में दोहरे मानदंड नहीं थे और इसी कारण उनकी सृजन ऊर्जा ढकोसलों में नहीं बँटकर पूरी तीव्रता से फिल्मों में उजागर हुई है। दोहरा जीवन जीनेवालों की अधिकांश शक्ति मुखौटों के बदलने में नष्ट हो जाती है और असल काम आधे मन और आधी शक्ति से ही हो पाता है। भारतीय समाज की आधी शक्ति ढकोसलों के निर्वाह में नष्ट होती है। राजकपूर ने अच्छा या बुरा जो किया खुले मन से डंके की चोट पर किया। सिम्मी ग्रेवाल की लघु फिल्म 'लिविंग लीजेंड' में राजकपूर ने कहा था कि नरगिस फिल्मों की माँ (सर्जक) थी तो कृष्णा कपूर उनके बच्चों की। 'जनसत्ता' के सम्पादक प्रभाष जोशी ने अपने एक आलेख में लिखा है कि राजकपूर ने पत्नी की हकीकत को प्रेमिका के अफसाने से जोड़ दिया। उन्होंने अपनी व्यक्तिगत सुविधा को सिद्धान्त का जामा पहना दिया। प्रभाष जोशी ने सही बात कही है। राजकपूर ने अपनी पूरी जिन्दगी अपने विश्वास पर जी है और अगर उनकी किसी मान्यता का आधार गलत भी था, तब भी उन्होंने उसे अनुभूति की तीव्रता से महसूस और प्रस्तुत किया। दरअसल, राजकपूर हर चीज को बहुत गहराई और जोश के साथ स्वीकारते या नकारते थे। सच और झूठ का महत्त्व उनके लिए उतना नहीं था, जितना कि भावना के वेग का और भावना का यह वेग दिल से निकलता था और दिल तक पहुँचता था। उस समय के समाज ने भी इस सुविधाजनक सिद्धान्त को स्वीकार किया और मान्यता भी दी। राजकपूर, नरगिस और कृष्णा कपूर 'आवारा' और 'श्री 420' के प्रीमियर पर साथ-साथ गए और जनता ने कोई फब्तियाँ नहीं कसी थीं। कल्पना कीजिए सन् 51-52 का जमाना, जब समाज में आज की तरह आजादी और 'परमिसिवनेस' नहीं थी, परन्तु राज-नरगिस-कृष्णा की त्रिवेणी को सहजता से स्वीकारा गया था। इसका कारण यह है कि सभी चीजें डंके की चोट पर सबके सामने थीं। उन रिश्तों में कोई लुका-छिपी नहीं थी। प्रभाष जोशी ने तर्क के आधार पर एक सत्य प्रकाशित किया है। राजकपूर ने इस असाधारण सच्चाई को अनुभूति की तीव्रता से जिया और यह इंटेंसिटी ही राजकपूर के व्यक्तित्व का सार थी और सिनेमा के पर्दे पर इसी इंटेंसिटी के कारण ही उनकी फिल्में प्रेम कविताएँ बनीं। सबसे अच्छी बात यह है कि इसी इंटेंसिटी और भावना के वेग से उन्होंने समाज और देश के बारे में भी विचार किया। किसी भी चीज को शिद्दत से महसूस करने के कारण ही

वे मन्त्रियों से टकरा जाने का साहस जुटा पाते थे। एक बार आर.के. में 'संगम' की महत्त्वपूर्ण शूटिंग थी और उसी दिन समाज कल्याण के कार्य से अभिनेताओं की रैली निकलनेवाली थी। दिन भर खुले ट्रक में राजकपूर चन्दा इकट्ठा करते रहे। खूब भाषण दिए। रात को जब शूटिंग पर पहुँचे, तो गला खराब था, परन्तु उसी दशा में उन्होंने दृश्य भी पूरा किया। यह वही दृश्य था, जिसमें राजकपूर के हाथ खत लग गया और ईर्ष्या से उनके तन-बदन में आग-सी लग गई और वे आर्तनाद कर उठे। रुँधा गला भी दृश्य के हिसाब से पात्र की वेदना का हिस्सा बन गया।

राजकपूर हर काम निडरता से करते थे। कोई तात्कालिक लाभ उन्हें डिगा नहीं सकता था। इंदिरा गांधी 1977 का चुनाव हारने के बाद बम्बई आईं और एयरपोर्ट अधिकारियों ने उन्हें अपने परिसर में प्रेस को सम्बोधित नहीं करने दिया। उनकी उस बम्बई यात्रा की पूरी व्यवस्था सुनील दत्त और राजकपूर ने की। नेहरू परिवार के साथ उनकी मित्रता थी। बुरे वक्त में इंदिराजी का साथ देना कर्तव्य था और अच्छे वक्त में राजकपूर ने कभी कोई चीज नहीं माँगी। सारा जीवन इनकम टैक्स से लड़ते रहे और प्रचुर मात्रा में धन भरते रहे।

राजकपूर ने अपने परिवार तथा मित्रों के शादी-ब्याह में हिस्सा लिया है। फिल्म निर्माण के साथ ही बाहर की फिल्मों में अभिनय भी किया। अपनी व्यस्तता के बावजूद शादी या मृत्यु में वे शामिल होते रहे। उन्होंने अपने आपको कभी समाज से काटा नहीं। सफलता के संगमरमरी गुम्बद में कैद नहीं हुए। उनकी मृत्यु पर सरदार चन्दूलाल शाह का पुत्र भी आया था। और उसने बताया कि सरदार चन्दूलाल की मृत्यु पर फिल्म उद्योग से केवल राजकपूर आए थे। रणजीत मूव्हीटोन के मालिक सरदार चन्दूलाल शाह मरने के पूर्व आर्थिक परेशानियों में थे, इसलिए उनकी मृत्यु पर दर्जनभर लोग भी नहीं आए। इतने निर्मम उद्योग में रहते हुए भी राजकपूर ने अपनी सहृदयता नहीं खोई। यह मानवीयता ही उन्हें आम आदमी के मन का चितेरा बनाती है।

एक असल पठान

कपूर परिवार गाँव समुन्दरी पोस्ट पेशावर (पाकिस्तान) का रहनेवाला है। पृथ्वीराज के पिता बसेसरनाथ पुलिस महकमे में काम करते थे। उनका व्यक्तित्व पेशावरी पठान का व्यक्तित्व था। उनके पास एक सफेद घोड़ी थी, जो अंग्रेज अफसर को पसन्द आ गई, परन्तु बसेसरनाथ ने घोड़ी देने से इनकार कर दिया, क्योंकि उनके लिए यह आत्मसम्मान का सवाल था। अफसर आज घोड़ी माँग रहा है, कल कुछ और माँगेगा। उस दिन से आज तक किसी कपूर ने अपनी सफेद घोड़ी (आत्मसम्मान) कभी नहीं बेची। बसेसरनाथ मनमौजी और प्रेमी जीव थे। उन्होंने अपने घर में एक सुरंग खुदवाई थी, जो उनकी प्रेमिका के घर तक जाती थी। एक असल पठान के पास प्रेम और युद्ध के लिए एक जैसा जोश, हौसला और माद्दा होता है। पठान का व्यक्तित्व युद्ध और प्रेम के विरोधाभासी लगनेवाले ताने-बाने से बना होता है। पठान के सुदृढ़ सीने के पीछे अत्यन्त कोमल दिल धड़कता है। युद्ध की अभ्यस्त उसकी मजबूत बाँहें औरत के आलिंगन के लिए हमेशा बेकरार होती हैं। वह खून की नदी बहा सकता है, परन्तु स्त्री के आँसू नहीं देख सकता। पठान हिन्दू हो या मुसलमान, वह अपने कौल (वचन) के लिए जीता-मरता है। पृथ्वीराज का नाटक 'पठान' इस कौम की प्रतिनिधि रचना है।

राजकपूर भी असल पठान थे। 'बीवी ओ बीवी' में संजीव कुमार ने काम किया था और थोड़े से पैसे लिए थे। बची हुई रकम आवश्यकता पड़ने पर लेने की बात

उन्होंने राजकपूर से कह दी थी। कुछ सालों बाद उनकी मृत्यु हो गई। राजकपूर ने संजीव कुमार की भाभी को आदरपूर्वक घर बुलाया और हिसाब चुकता किया। संजीव का पैसा तो बहुत से निर्माताओं के पास बाकी था। राजकपूर ने 'राम तेरी गंगा मैली' में कुंज मौसा का रोल संजीव को देना चाहा था, परन्तु संजीव को ऑपरेशन के लिए अमेरिका जाना था, इसलिए इनकार कर दिया।

राजकपूर अपनी मनपसन्द बात के लिए बेहिसाब पैसा खर्च करने को तैयार हो जाते थे, परन्तु अगर अड़ जाते थे तो उनसे कानी कौड़ी भी लेना सम्भव नहीं था। राजकपूर अपनी फिल्म के कलाकारों को ज्यादा पैसा नहीं देते थे, परन्तु तकनीशियन को मुँह-माँगे पैसे देते थे। राजकपूर ने अधिकांश उम्र किराए के मकान में काटी और उन्हें इसका कोई रंज भी नहीं था। 'प्रेमरोग' के दरमियान ही उन्होंने अपनी पत्नी के आग्रह पर मकान बनाना स्वीकार किया। जो आदमी 1950 में आवारा के स्वप्न दृश्य पर लाखों रुपए खर्च कर सकता था, वह उसी समय मकान भी बना सकता था। राजकपूर एक सपने पर लाखों रुपए लगा सकते थे, परन्तु मकान जैसी ठोस आवश्यकता की तरफ उनका ध्यान ही नहीं गया। राजकपूर की आँखें ताउम्र सपने ही देखती रहीं। उन आँखें में अजीब-सा रंग शायद सपनों ने ही भर दिया था।

राजकपूर को सोना-चाँदी, हीरे-जवाहरात, बँगला-गाड़ी इत्यादि का कोई शौक नहीं था, परन्तु रिश्ते बनाना और उन्हें निभाना उन्हें बहुत पसन्द था। मनुष्य के प्रति उनका असीमित रुझान था, क्योंकि मनुष्य ही उनकी फिल्मों का विषय था। सागर के गीतकार विट्ठलभाई पटेल से उनकी मित्रता रही है और विट्ठलभाई की पुत्री के विवाह का निमन्त्रण मिला, तो सब काम छोड़कर तबियत की फिक्र किए बिना सागर रवाना हो गए। रेल से बीना तक गए और फिर कार से सागर। दूसरे दिन भोपाल से बम्बई हवाई यात्रा का टिकट था। स्वागत समारोह के पश्चात कार द्वारा सागर से भोपाल आना था। दिनभर विट्ठलभाई के यहाँ परम्परागत शाकाहारी खाना खाया और शराब से परहेज रखा। मुझसे कहा कि भोपाल में पाए अच्छे बनते हैं। किसी को फोन कर दो। हम लोग सागर से निकले और आधे सफर के बाद राजकपूर ने कार रुकवा दी। सड़क के किनारे दरी बिछाई और शराब का दौर प्रारम्भ किया। थोड़ी ही देर में आने-जानेवाले ट्रक ड्राइवर रुक गए। महफिल जम गई। चाँद-तारों के तले रात ये गाती चले। थोड़ी ही देर में सागर से बम्बई के दूसरे मेहमान भी आ गए—सुभाष घई, जी.एन. शाह, सोहनलाल कँवर आदि। शराब और संगीत का दौर चलता रहा। राजकपूर ने राहगीरों के साथ दोस्ती कर ली। कुछ उनकी सुनी, कुछ अपनी सुनाई। हम लोग सुबह चार बजे रैमसन होटल भोपाल पहुँचे। राजकपूर ने खाने के लिए पाए माँगे। होटल मैनेजर ने बताया कि रशीद खान पाए (एक नॉन वेजीटेरियन पकवान) लाए थे और दो बजे तक राह देखते रहे, फिर डिब्बा लेकर

राजकपूर एक असल पठान थे। अपनी पसन्दों पर वे बेहिसाब पैसा खर्च करते थे। यदि अड़ जाते थे, तो उनसे कानी कौड़ी लेना भी सम्भव नहीं था। आधी से अधिक उम्र वे किराए के मकान में रहे। पाँच सितारा होटल के तीन हजार रुपए रोजाना के कमरे में वे ठहरते थे, मगर चना-मुरमुरा बाहर से मँगाकर खाते थे। उन्हें दावत देने का बहुत शौक था। वे दावतों में जीवन खोजते थे और जीवन में दावत देने का बहाना।

चले गए। मुझे रशीद खान का घर नहीं मालूम था। बेचारे मैनेजर ने बहुत से पकवान रखे, किन्तु राजकपूर ने खाना नहीं खाया। पठान पाए के लिए पाएबन्द रहा। सुबह सात बजे की फ्लाइट से हम लोग बम्बई आ गए। शाम को राजकपूर ने मुझे उनके घर बुलाया और पाए खिलाए। उनकी आँखों में बच्चों-सी चमक थी। इसके कुछ साल बाद हम लोग हैदराबाद फिल्म फेस्टिवल (1986) गए। एक रात बारह बजे राजकपूर ने मुझे फोन किया। एक सँकरी-सी गली में छोटी-सी दुकान पर रात दो बजे पाए खाए गए। यही उन्होंने दिल्ली में भी किया। इस तरह की बातें वे इतना रस लेकर करते थे कि लगता था बचपन लौट आया है। रणधीरकपूर ने बताया कि जिस तरह उन्हें भारत के कई नगरों में खाने की छोटी दुकानों की जानकारी है, जहाँ असल माल मिलता है, उसी तरह विदेशों में खाने-पीने के अनेक ठिए उन्हें मालूम थे। पठान असल माल के लिए कहीं भी जा सकता था।

राजकपूर की कुछ आदतें बड़ी विचित्र थीं। मसलन वे पाँच सितारा होटल के सबसे महँगे कमरे में ठहरते थे, परन्तु नमकीन और चने आदि चीजें विश्वा मामा बाजार से खरीदकर लाते थे। राजकपूर को यह पसन्द नहीं था कि इन छोटी चीजों के महँगे दाम होटल को दिए जाएँ। पाँच सितारा होटल में खाली गिलास के भी पैसे लगते हैं, क्योंकि वे गरम पानी से साफ कर लाए जाते हैं। राजकपूर तीन हजार रुपए रोज का कमरा लेते थे, परन्तु उन्हें खाली गिलास के तीस रुपए देना पसन्द नहीं था। दुनिया के किसी भी शहर में वह ठहरे, परन्तु खाने-पीने की साधारण चीजें हमेशा छोटे ठिओं से खरीदी जाती थीं। उनके अनन्य सखा विश्वा मेहरा यह काम करते थे। इस काम के लिए टैक्सी पर सौ रुपए खर्च हो जाएँ, कोई बात नहीं। चेम्बूर के घर में उन्होंने मुर्गियाँ पाली थीं, जिन्हें वे नियम से दाना खिलाते थे। इन मुर्गियों के अंडे भी वही खाते थे और अन्य मेहमानों के लिए बाजार से खरीदे गए अंडे मँगाए जाते थे। यात्रा पर भी वे अपने अंडे साथ ले जाते थे।

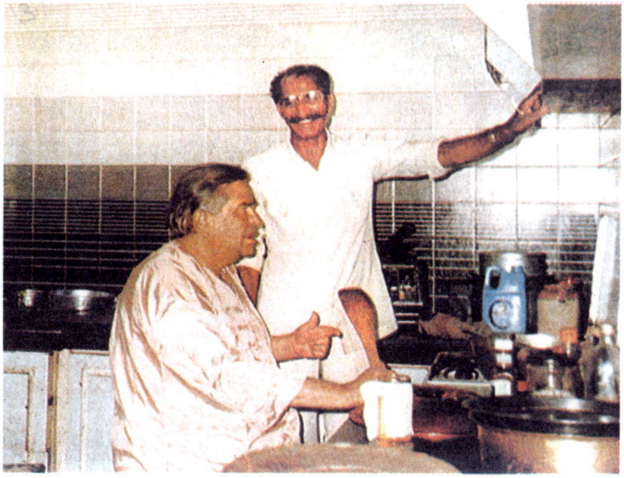

अपने बावर्ची मिस्त्री के साथ किचन में राजकपूर

यह सच है कि राजकपूर को खाने का बहुत शौक था, परन्तु इससे ज्यादा

शौक उन्हें मेहमानों को खिलाने का था। उनका आग्रह था कि टेबल पर अनेक डिश रखी जाएँ। वे स्वयं बहुत कम खाना खाते थे। खाने के मामले में राजकपूर पेटु नहीं थे। उन्हें चटोरे भी नहीं कहा जा सकता, परन्तु वे चटखारे लेकर खानेवाले जीव थे। बड़ा आनन्द लेकर भोजन करते थे। यह सच है कि बचपन से ही उन्हें खाने का बड़ा शौक था। जीवन के प्रति उनकी असीम जिजीविषा का प्रतीक है। उनके दिल में जीवन के प्रति इतना जोश और आनन्द भरा था कि वह उनकी हर अदा से प्रकट होता था।

राजकपूर की दावतें बहुत प्रसिद्ध रही हैं। दावत देने का यह शौक भी जीवन और उसके आनन्द के प्रति उनके आग्रह का प्रतीक था। उनके घर मेहमान आएँ और आनन्दित हों—इसे देखकर ही वे खुश हो जाते थे। उनकी दावतों में शराब की नदियाँ बहती थीं और नशे की हालत में लोगों के असली चेहरे नजर आते थे। हर दावत में राजकपूर दूर बैठकर तमाशा देखते थे। मनुष्य के व्यवहार को देखने की उन्हें बहुत ललक थी। इन दावतों में उन्होंने अपने आपको मनुष्य के व्यवहार का न्यायाधीश कभी नहीं समझा। शराब के नशे में बहके हुए किसी मेहमान को कटघरे में खड़ा नहीं किया—उस पर कोई सामाजिक मुकदमा कायम नहीं किया। उनका रवैया यह होता था कि रात गई, बात गई। उनकी दावतों में नृत्य के लिए लकड़ी का विशेष फर्श बना था। शराब, संगीत, नृत्य और ठहाकों में रात गुजर जाती थी। अलसभोर में सबके जाने के बाद वे दार्शनिक की निगाहों से उल्टे-सीधे पड़े हुए गिलास, प्लेटों को देखते थे। मेला उठ गया, रह गई खाली-खाली कुर्सियाँ और इनको निहारता हुआ अनन्त जोकर। दावत के पहले घंटे का राजकपूर और दावत के बाद के राजकपूर

में रात और दिन का फर्क होता था। शुरू में वे दावत का एक हिस्सा होते थे और बाद में पर्यवेक्षक। खुद ही तमाशा थे और तमाशबीन भी। ठहाके से आँसू बहाने तक का सफर एक ही शॉट में पूरा करनेवाले अभिनेता राजकपूर दावतों में जीवन ढूँढ़ते थे और जीवन में दावत देने का बहाना।

राजकपूर ने बाइस वर्ष की आयु में अपनी पहली फिल्म शुरू की थी। पृथ्वी थियेटर के साथ नागपुर गए थे, जहाँ अपनी कम्पनी खोलने का विचार मन में आया। उनके पास पैसा नहीं था। उद्योग में कोई नाम नहीं था। कोई दफ्तर नहीं था। इन्दरराज आनन्द से आग की कहानी लिखवाई और काम शुरू कर दिया। अभिनय से जो पैसे मिलते थे, उससे शूटिंग करते थे। अपनी पत्नी कृष्णा के गहने बेचकर उन्होंने नरगिस की माँ को पैसे दिए। शादी के छह महीने बाद पत्नी से गहने माँगना हिम्मत का काम था और पत्नी का गहने देना त्याग का काम था। पृथ्वीराज के पुराने सेवक ने भी 'आग' में पैसे लगाए थे। निर्माण व्यवस्था के सारे काम सखा विश्वा मेहरा ने सँभाले। आर.के. के प्रारम्भिक दिनों में विश्वा मेहरा (मामाजी) प्रॉडक्शन कंट्रोलर भी थे, अकाउटेंट भी मैनेजर भी, कलाकार भी और वक्त पड़ने पर चपरासी भी। सखा जो ठहरे।

आग के निर्माण काल में राजकपूर के भीतर बैठा हुआ पठान जागा। उसने फिल्म निर्माण को एक युद्ध माना और पूरी शक्ति से संघर्ष किया। उद्योग के स्थापित लोग नौजवानों की इस टीम पर हँसते थे और जब उनको मालूम पड़ा कि तीन नायिकाओं के बीच एक हीरो-वह भी शब्दशः मुँह जला, तो उन्हें विश्वास हो गया कि पृथ्वीराज का बेटा बाप के पैसे फूँक रहा है। 'आग' के निर्माण में राजकपूर ने पृथ्वीराज से कोई सहायता नहीं ली थी। अधबनी फिल्म के डिब्बे लिए दफ्तर-दर-दफ्तर घूमना पड़ता था। इस कठिन दौर में राजकपूर ने हिम्मत नहीं हारी और हर मुश्किल का सामना किया। बम्बई के वितरक बाबू भाई मेहता, जयसिंह फिल्म्स, राजकपूर के पहले वितरक थे और उन्हें राजकपूर पर पूरा भरोसा था।

राजकपूर के लिए प्रत्येक फिल्म युद्ध और प्रेम की तरह थी और उन्होंने एक योद्धा की तरह काम भी किया। जितनी मुसीबतें 'आग' में आई थीं, उतनी ही मुसीबत 'बॉबी' में भी आईं, क्योंकि जोकर की असफलता के बाद राजकपूर के विरुद्ध जबर्दस्त प्रचार हो रहा था। उनकी पिछली सफलताओं ने उद्योग में कई दुश्मन पैदा किए थे और जोकर ने पहली बार शत्रुओं को अवसर दिया। सभी को लगा कि यह पठान अब अपनी सफेद घोड़ी जरूर बेचेगा। दुर्भाग्य का वह ऐसा दौर था कि पापा पृथ्वीराज नहीं रहे और पन्द्रह दिन के भीतर ही माँ का स्वर्गवास हो गया। पुत्र की पहली फिल्म 'आज, कल और आज' भी असफल हो गई। शैलेन्द्र और जयकिशन की भी मृत्यु हो गई। विपत्तियों के पहाड़ के बीच राजकपूर का पठान अपराजेय योद्धा रूप ही था, जिसने न केवल उन्हें जीवित रखा, बल्कि बॉबी जैसी शुद्ध किशोर प्रेमकथा की प्रेरणा भी दी। जब राजकपूर की जीवन राह आँसुओं से भरी थी, तब राजकपूर ने 'बॉबी' जैसी आनन्दमयी फिल्म की कल्पना की। उद्योग के लोगों ने फिर मखौल उड़ाया कि नया लड़का, नई लड़की और बरसों से मार्केट के बाहर का अधेड़ प्रेमनाथ को लेकर राजकपूर कौन-सा तीर मार लेंगे। प्रथम वितरक बाबू भाई मेहता भी नहीं रहे और दिल्ली के वितरक ने भी इनकार कर दिया। अचरज की बात यह है कि राजकपूर ने नए सितारोंवाली फिल्म का निर्माण आर.के. की परम्परागत भव्य शैली में किया और अपार सफलता हासिल की।

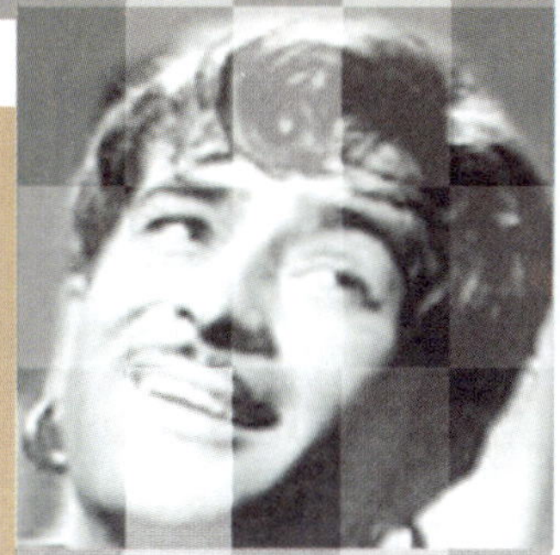

शो-मैन और शो-बिजनेस

एक बार राजकपूर से पूछा गया कि उन्हें महानतम शो-मैन क्यों कहा जाता है। राजकपूर का उत्तर था, 'मैं खुद भी यह समझने की कोशिश कर रहा हूँ कि मुझे शो-मैन क्यों कहते हैं। दरअसल यह शब्द सबसे पहली बार अमेरिकन फिल्म निर्माता सीसिल बी. डिमिल के लिए प्रयुक्त किया गया था। उनके साथ यह शब्द इसलिए जोड़ा गया कि उन्होंने जो भी फिल्में बनाईं, चाहे वे सिनेमा के गूँगे युग की 'किंग ऑफ किंग्स' हो या क्राइस्ट के जीवन के बारे में हो, उनकी प्रत्येक फिल्म भव्यता के साथ बड़े पैमाने पर बनाई जाती थी। आम फिल्मकार उतने बड़े पैमाने पर फिल्म बनाने की कल्पना भी नहीं कर सकते थे। उन्हें शो-मैन कहा जाने लगा। उनकी फिल्म के विषय भी 'एपिक' दर्जे के हुआ करते थे। जैसे उनकी अन्तिम फिल्म का नाम था—'द ग्रेटेस्ट शो ऑन अर्थ'। 'मेरी फिल्मों का कैनवास भी' बड़ा होता है। जब मैंने आवारा बनाई, तो सिर्फ एक गाने के लिए विशाल हवेली का सेट लगाया और स्वप्न दृश्य के लिए भव्य सेट लगाया था। लोगों ने मुझे शो-मैन के विशेषण से पुकारना आरम्भ कर दिया। धीरे-धीरे सभी लोग शो-मैन कहने लगे परन्तु महानतम शो-मैन सीसिल बी. डिमिल ही थे।'

फिल्म समालोचक हेमचन्द्र पहारे को यह कतई पसन्द नहीं कि राजकपूर को महज शो-मैन माना जाए। उनका विचार है कि 'दहेज' के बाद में बनी फिल्मों (नवरंग, झनक-झनक पायल बाजे, गीत गाया पत्थरों ने) के कारण शान्ताराम को शो-मैन कहना उचित है। पहारे का यह भी मानना है कि जिस निर्माता-निर्देशक की

राजकपूर की फिल्मों की भव्यता देखकर उन्हें शो-मैन की उपाधि से पुकारा जाने लगा, जो सरासर उनके साथ अन्याय है। उनकी फिल्मों का केन्द्रीय विचार सदैव महान रहा, क्योंकि उन्होंने हमेशा आम आदमी के दुःख-दर्द की बातों को महत्त्व दिया है। उन्होंने तकनीक अथवा भव्यता को फिल्म पर हावी नहीं होने दिया। राजकपूर को शो-मैन कहकर हम उनकी निर्देशकीय क्षमता का मूल्य कम करते हैं।

फिल्मों में सिर्फ भव्यता हो उन्हें शो-मैन कहा जाता है। राजकपूर की फिल्मों में आम आदमी के दुःख-दर्द की बात है। राजकपूर की फिल्मों में केन्द्रीय विचार बहुत महान होता था और उन्होंने कभी तकनीक या भव्यता को अपनी कथा पर हावी नहीं होने दिया। इसलिए शो-मैन कहकर हम राजकपूर की निर्देशन क्षमता का मूल्य कम आँकते हैं।

राजकपूर की जागते रहो की कहानी एक बहुमन्जिला इमारत में घटित होती है। इसलिए उन्होंने भव्य सैट लगाया। इमारत के एक्सटेरियर का भी भव्य सैट लगाया क्योंकि उसमें नायक पाइप पकड़कर लटका है और लोग पत्थर मार रहे हैं। एक पत्थर क्राइस्ट की छवि पर लगता है और पूरा दृश्य करुण कविता में बदल जाता है। स्वयं जनता जो चोर को दंड दे रही है, नोटों की बारिश में खो जाती है, तब यही दृश्य सामाजिक व्यंग्य हो जाता है। इस पूरे प्रकरण में सैट की विशालता महत्त्वपूर्ण नहीं है, वह विचार महत्त्वपूर्ण है, जो निर्देशक प्रस्तुत कर रहा है। राजकपूर शो-मैन नहीं, निर्देशक हैं। 'आवारा' में स्वप्न दृश्य का भव्य सैट महत्त्वपूर्ण नहीं है, वरन नायक का अन्तर्द्वन्द्व एवं आर्त्तनाद महत्त्वपूर्ण है। प्रेमरोग में बड़े राजा ठाकुर की हवेली महत्त्वपूर्ण नहीं है, मनोरमा की त्रासदी दर्शक की आँखें नम करती है।

राजकपूर ने अपना फिल्मी जीवन तीसरे नम्बर के सहायक के रूप में शुरू किया था और सरदार चन्दूलाल शाह की रणजीत मूव्हीटोन में तरक्की कर वे दो सौ रुपये माहवार वेतन पाते थे। केदार शर्मा ने जब उन्हें 'नीलकमल' में नायक की भूमिका दी तब भी उन दृश्यों में वे सहायक निर्देशक रहते थे जिनमें बतौर नायक उनका

काम नहीं था। जब पृथ्वी थियेटर में नौकरी की तब रमेश सहगल का वहाँ दबदबा था। उस जमाने में मेहबूब खान, वी. शान्ताराम, कारदार, एस. मुखर्जी और सरदार चन्दूलाल शाह जैसे दिग्गज लोग मौजूद थे। सबसे नीचे की पायदान से अपनी कम्पनी शुरू करनेवाले राजकपूर के दिल में यह तमन्ना थी कि वह भी फिल्म जगत में अपना स्थान बनाएँ। राजकपूर ने कहानी और संगीत को प्राथमिकता दी, परन्तु हर अवसर पर वे भव्य सैट लगाने से नहीं चूके, क्योंकि मुकाबला महान और स्थापित लोगों से था। दरअसल उनके सारे भव्य सेट उनकी महत्वाकांक्षा के प्रतीक थे। कम उम्र में ही राजकपूर ने यह भी सीख लिया था कि सैट का पूरा इस्तेमाल कैसे किया जाता है। उन्होंने यह भी जान लिया था कि लगाया हुआ धन पर्दे पर नजर आना चाहिए। सैट की भव्यता के कारण कोई पात्र बौना नहीं होना चाहिए। सजावट की चकाचौंध से किसी पात्र की आँखें नीचे नहीं होने देना है। 'आवारा' में जेल का गलियारा लम्बा लगाया गया ताकि जज रघुनाथ के प्रवेश के पहले उनकी विशाल छाया उस गलियारे में नजर आए। लम्बा गलियारा भव्यता के लिए नहीं लगाया गया है। जोकर में भारतीय सर्कस के साथ रूसी सर्कस भी जोड़ा गया, क्योंकि विदेशी नायिका का चरित्र स्थापित करना था। रूसी सर्कस के करतब की खातिर जोकर के आँसू व्यर्थ नहीं गए। राजकपूर को अपनी प्राथमिकता का अहसास हमेशा रहा।

राजकपूर जितने अच्छे फिल्मकार थे, उतने ही बढ़िया मेजमान भी थे और उनके सैट्स की तरह उनकी पार्टियाँ भी भव्य होती थीं। अपने बच्चों की शादियाँ भी उन्होंने बड़ी शान-शौकत से की, परन्तु इसके पीछे भी जिन्दगी को भरपूर जीने की लालसा थी। इन सब कारणों से अखबारवालों ने उन्हें शो-मैन कहना शुरू किया और यह गलत विशेषण उनके नाम के साथ सदैव के लिए चस्पा हो गया।

परम्परा के प्रति राजकपूर को मोह था। उन्होंने अपने लिए कुछ जीवन मूल्य भी निर्धारित किए थे। उनके शो बिजनेस परम्परागत तरीके से ही किए गए। अधिकांश वितरक पुराने ही रहे। राजकपूर ने अपने वितरकों को परिवार के सदस्य की तरह ही प्रेम दिया। भारत के अधिकांश निर्माताओं ने अपनी फिल्में पहले से तय किए दामों से अधिक में बेचीं। प्रदर्शन के समय वितरक मजबूर होता है, क्योंकि उसने सिनेमावालों से अग्रिम राशि ली होती है और प्रदर्शन की तिथि घोषित कर दी गई है। मजबूर वितरक से निर्माता ज्यादा पैसे वसूल करता है। राजकपूर ने अपने जीवन में कभी तयशुदा कीमत से एक रुपया ज्यादा नहीं लिया और उनकी हर फिल्म में बजट से अधिक खर्च हुआ। उन्हें अपने काम पर विश्वास रहा और वितरकों ने भी उन्हें काफी 'ओवर फ्लो' दिया। संगम की कीमत आठ लाख रुपए प्रति क्षेत्र थी। परन्तु राजकपूर ने विदेश में शूटिंग के लिए भारत सरकार से विदेशी मुद्रा की आज्ञा ली थी। इसलिए प्रदर्शन के चार महीने पहले ही राजकपूर ने वितरकों से दो लाख

प्रति क्षेत्र कीमत बढ़ाने की प्रार्थना की। सोचने के लिए उन्हें महीनों का समय भी दिया। यह एक ही अवसर था जब मूल्य बढ़ाया गया था। आर.के. ने शो-बिजनेस में स्वस्थ परम्पराएँ डालीं और उनका निर्वाह भी किया। 'बीवी ओ बीवी' के घाटे की रकम को प्रेमरोग में कीमत घटाकर राजकपूर ने वितरकों के नुकसान की भरपाई की यद्यपि अनुबन्ध में ऐसी कोई व्यवस्था नहीं थी। राजकपूर ने पैसे के लालच में कभी वितरक नहीं बदले। जब मैंने उन्हें 'प्रेमरोग' के लिए अग्रिम राशि दी तब उन्होंने उस समय तक मेरा पैसा स्वीकार नहीं किया जब तक कि उनके पुराने वितरक ने स्पष्ट मना नहीं कर दिया। भारती फिल्म्स् इन्दौर को उन्होंने पत्र लिखे, फोन किए और जब वहाँ से निश्चित रूप से सौदा नहीं हो पाने की बात सामने आई, तब उन्होंने मेरे साथ अनुबन्ध किया।

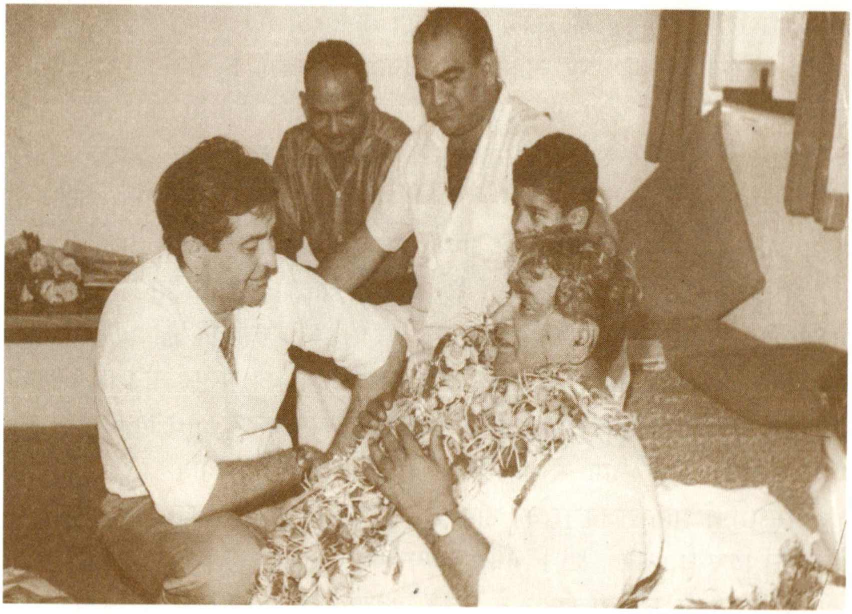

आम तौर पर निर्माता प्रदर्शन के थोड़े से दिन पहले वितरक को फिल्म दिखाते हैं। राजकपूर अपने वितरकों को निर्माण के दौरान ही कई बार फिल्म दिखाते थे, क्योंकि उनका विश्वास था कि निर्माता और वितरक भागीदार हैं। जो माल करोड़ों के सामने जानेवाला है, उसे उन वितरकों से छुपाकर क्यों रखें। हर महत्त्वपूर्ण मोड़ पर उन्हें विश्वास में लें। इस तरह से राजकपूर को विभिन्न क्षेत्रों से आए वितरकों की प्रतिक्रिया भी मालूम पड़ जाती थी। वह करते मन की थे परन्तु सुनते सबकी थे। हर वितरक से उनके परिवार की कुशल मंगल पूछते थे और उनके क्षेत्रों की सामाजिक और राजनीतिक घटनाओं की जानकारी भी लेते थे। आम आदमी से सम्पर्क का कोई भी सूत्र राजकपूर कभी नहीं छोड़ते थे।

राजकपूर का कलाकार राजकपूर के व्यापार पर हमेशा हावी रहा है। हँसी-मजाक के मूड में राजकपूर कहते थे, विस्की में सोडा नहीं, प्यार में सौदा नहीं, लेकिन व्यापार में राजकपूर ने लिहाज बहुत रखा। जहाँ भी वे ठगे गए, आँखें खुली रखकर ठगे गए। उनका विचार था कि जिन्हें स्नेह किया है, उन्हें रंगे हाथों पकड़कर, अपनी लज्जा को बढ़ाना है। राजकपूर को व्यापार का ज्ञान अधिक नहीं था और वे अच्छे प्रशासक भी नहीं थे। अपने परम्पराबोध के कारण उन्होंने बहुत पैसा खोया है। जब उन्होंने उद्योग में कदम रखा था, तब स्टूडियो श्रेष्ठता का प्रतीक था। कम उम्र में ही राजकपूर स्टूडियो के मालिक बन गए। छठवें दशक के मध्य में ही बाबूराम इशारा ने सेट लगाने के बदले बंगलों में शूटिंग की परम्परा शुरू की जिसे बढ़ती हुई कीमतों ने बढ़ावा दिया। धीरे-धीरे सभी स्टूडियो घाटे में जाने लगे। पेट्रोल के बढ़ते दामों ने चेम्बूर जाना और महँगा कर दिया। पिछले बीस सालों से आर.के. स्टूडियो घाटे में चल रहा है और फिल्मों के निर्माण से कमाया सारा पैसा स्टूडियो को चलाए रखने के खाते में जा रहा है। राजकपूर की जिद्द रही है कि न स्टाफ के लम्बे-चौड़े काफिले को कम करेंगे और न स्टूडियो बन्द करेंगे। आर.के. में चार साल में एक फिल्म बनती है जिसकी शूटिंग के लिए इनडोर शिफ्ट एक सौ पचास लगती है बाकी समय इक्का-दुक्का बाहरी निर्माताओं की शूटिंग आर.के. में होती है। चार वर्ष में लगभग आठ सौ शिफ्ट काम होना चाहिए तब घाटा नहीं होता। सन् 1986 में राजकपूर ने अपना मूल स्टूडियो अपने पास रखा। 1965 में पड़ोस का जो छोटा स्टूडियो खरीदा था, वह बेच दिया। उनकी मृत्यु के बाद शादीलाल

'संगम, जो न हो सका' के साक्षी विश्वा मेहरा (मामाजी)

ने खरीदे हुए हिस्से को अपने अधिकार में लिया और गैर जिम्मेदार पत्रकारों ने शोर मचाया कि आर.के. को राजकपूर के पुत्रों ने बेच दिया। मूल स्टूडियो आज भी कायम है। तीनों पुत्र समझदार हैं और आर.के. की परम्परा निभा रहे हैं।

राजकपूर को शायद 1970 में मालूम हुआ कि उनकी श्वेत-श्याम फिल्मों के एक हजार से अधिक प्रिंट अवैध तरीके से देश-विदेश में चल रहे हैं और इसका एक पैसा उन्हें नहीं मिल रहा है। राजकपूर ने 1973 में 'बॉबी' की सफलता के साथ अपनी कम्पनी को प्राइवेट लिमिटेड में बदला। इसके पूर्व कम्पनी राजकपूर की मालिकी हक की कम्पनी थी जिसमें सौ रुपए की कमाई में से नब्बे रुपए से अधिक टैक्स में जाते थे। अगर राजकपूर ने आज के सितारों की तरह टैक्स-योजना बनाई होती, तो करोड़ों की बचत होती। राजकपूर का कलाकार आँकड़ों के लिए कभी वक्त नहीं निकाल पाया। तिजारत के सवाल में बचपन से कमजोर थे। उन्हें लगता था कि ठगने से बेहतर है, ठगे जाना। राजकपूर की निर्माण व्यवस्था में भी राजे-रजवाड़ों का अन्दाज रहा है और सामन्तवादी प्रवृत्तियाँ पनपी हैं। यह हैरानी की बात है कि आम आदमी के चितेरे की नाक के नीचे सामन्तवादी तौर-तरीके पनपे और बहुत नुकसान हुआ। दरअसल राजकपूर व्यक्तिगत जीवन में बहुत सादगी पसन्द आदमी थे। वे सारी उम्र एम्बेसडर कार का ही प्रयोग करते रहे। उन्हें सिर्फ फिल्म पर खर्च करना पसन्द था।

राजकपूर की मृत्यु के बाद शो तो उनके साथ चला गया, अब मुम्बई में रह गया है सिर्फ बिजनेस!

अन्तर्राष्ट्रीय पहचान

ख्वाजा अहमद अब्बास ने निकिता ख्रुश्चेव से रूस में राजकपूर की अपार लोकप्रियता के कारण पूछे थे। निकिता ख्रुश्चेव का विचार था कि रूस के लोगों ने दूसरे विश्वयुद्ध में अनेक कष्ट सहे और युद्ध की बहुत कीमत चुकाई। देश जबरदस्त गरीबी और आर्थिक संकटों से गुजर रहा था। रूस के सभी स्टूडियो युद्ध से सम्बन्धित फिल्में बना रहे थे। इस वातावरण में राजकपूर की 'आवारा' आनन्द के प्रतीक के रूप में आई जिसका फटेहाल नायक हमेशा हँसता-हँराता है और प्रेम के गीत गाता है। जख्मों से भरा सीना है, परन्तु हँसती है ये मेरी मस्त नजर 'आवारा' आनन्द और प्रेम की लहर की तरह पूरे रूस पर छा गई। युद्ध की विभीषिका में जले हुए देश के जख्मों पर आवारा मरहम सिद्ध हुई। 'आवारा' मानवता का आशावादी दस्तावेज कहलाई।

यह सच है कि भारत में राजकपूर की लोकप्रियता का कारण था उसका आम आदमी में रागात्मक तादात्म्य स्थापित होना। राजकपूर को भारतीय सभ्यता, संस्कृति और संगीत का अद्भुत ज्ञान था। वह रस के महत्त्व को समझते थे। इस ज्ञान के कारण ही राजकपूर सामूहिक अवचेतना में पैठने की कला जान गए थे। राजकपूर की स्वाभाविकता और मन के भीतर के बच्चे को हर उम्र में सही-सलामत रखने की योग्यता के कारण आम दर्शक से उनका अनाम रिश्ता विकसित हुआ। ये सारी चीजें जो भारतीय सन्दर्भ में सटीक थीं, क्या विदेशी दर्शकों को भी पसन्द आईं? रूस के विषय में निकिता ख्रुश्चेव का अवलोकन सही हो सकता है, परन्तु गल्फ के मुल्कों

श्रीमती कृष्णा कपूर और नरगिस आर. के. स्टूडियो में विदेशी का सम्मान करते हुए।

दूसरे विश्व युद्ध की त्रासदी में डूबे सोवियत संघ के लाखों लोगों ने राजकपूर की फिल्म आवारा को आनन्द के प्रतीक के रूप में लिया। आवारा का फटेहाल नायक हमेशा हँसता-हँसाता है। युद्ध की विभीषिका में जले रूस पर आवारा ने मरहम का काम किया। राजकपूर की फिल्मों में सार्वकालिकता तथा सार्वभौमिकता के तत्व रहे हैं, जो उन्हें सरहदों के पार ले जाकर अन्तर्राष्ट्रीय स्वरूप प्रदान करते हैं।

में राजकपूर की अपार लोकप्रियता का क्या कारण हो सकता है? अफगानिस्तान, चीन, मॉरिशस और लेटिन अमेरिका के लोगों को भी राजकपूर की फिल्मों में कोई चीज बहुत पसन्द आई होगी। अमेरिका के फिल्म उद्योग ने राजकपूर के कार्य पर अपनी पसन्दगी की मोहर 1986 में लगाई जब वहाँ के अनेक शहरों में राजकपूर की फिल्में दिखाई गईं और आर.के. 'रिट्रास्पेक्टिव' आयोजित किया गया। क्या राजकपूर का गीत-संगीत उन्हें दसों दिशाओं में लोकप्रिय कर गया? राजकपूर की फिल्मों में सार्वकालिकता और सार्वभौमिकता के कौन से तत्व थे। आवारा, श्री 420 और जोकर क्लासिक फिल्में होने की परीक्षा में पास हो चुकी हैं, क्योंकि निर्माण के इतने वर्षों बाद भी उनमें पहले जैसी ताजगी है। वे आज भी आधुनिक हैं और सौ साल बाद भी वक्त की धूल उन पर नहीं जमेगी, क्योंकि पिछले पचास सालों में उनका कुछ नहीं बिगड़ा। दरअसल आवारा, श्री 420 और जोकर मनुष्य की कमजोरी के महाकाव्य हैं। इनके पूर्व के महाकाव्य बड़े लोगों की जीवन गाथाएँ हैं। सूर्यवंशी, चन्द्रवंशी, योद्धा और वीर पुरुषों के जीवन के महाकाव्य बहुत रचे गए, लेकिन राजकपूर की इन तीन फिल्मों के नायक आम आदमी हैं और बड़े कमजोर से लोग हैं। जेब काटते हैं, चोरी करते हैं और 'शान्ति से गुजारा हो सके' जैसी मामूली महत्त्वाकांक्षा इनके दिल में है। ये नायक नियति की जेब से अपने लिए मुट्ठी भर प्यार चुराना चाहते हैं। इस प्यार के सहारे जिन्दगी गुजार देना चाहते हैं। नन्ही-सी महत्त्वाकांक्षा और प्यार के लिए अदनी-सी जेबकटी ही राजकपूर की फिल्मों को

सार्वभौमिकता और सार्वकालिकता प्रदान करती हैं। बीसवीं सदी में साधारण जीवन जितना कठिन हो गया है उतना ही राजकपूर की फिल्मों का महत्त्व बढ़ गया है। राजकपूर ने कलयुग में अदने इन्सान पर सेल्युलाइड के महाकाव्य लिखे हैं। शम्मीकपूर ने राजेश खन्ना को नायक लेकर एक फिल्म बनाई थी (बंडलबाज), जिसमें शम्मी बोतल में बन्द जिन्न हैं। फिल्म के एक भाग में उसकी दैवी शक्ति समाप्त हो जाती हैं और उसे साधारण इन्सान की तरह जीना पड़ता है। वहाँ एक संवाद है, 'मामूली इन्सान बनकर जीना कितना कठिन है यह मुझे आज मालूम पड़ा।' राजकपूर की फिल्मों के नायक ऐसे ही मामूली इन्सान हैं पर उनके पास अभूतपूर्व सपने देखने की दैवी ताकत है। राजकपूर के पास सपने देखने की ताकत थी और उनके पात्रों के पास भी सपने देखने का माद्दा है। दुनियाभर के गरीब लोग जीवन के कड़वे यथार्थ के बीच मोहक सपने देखते हैं। राजकपूर की फिल्में उन्हें दिलासा देती रही हैं कि सपने देखना गलत नहीं हैं। गरीब होना गुनाह नहीं है और इस असमान समाज में थोड़ा-सा चोर होना अपराध नहीं है। दुनियाभर के दर्शकों को राजकपूर के नायक के साथ यह 'आइडेंटिफिकेशन' मिला।

कुछ साल पहले राजकपूर की छोटी बेटी रीमा, न्यूयार्क में 'रेम्बो' फिल्म देखने के लिए टिकट खिड़की के सामने लम्बी कतार में खड़ी थी। सिनेमा के एक कर्मचारी ने उससे पूछा कि क्या वह राजकपूर की बेटी है। रीमा की शक्ल पिता से काफी मिलती है। उस कर्मचारी ने डॉलर का टिकट और पॉपकार्न अपनी तरफ से रीमा को उपहार में दिए और राजकपूर को सलाम कहा। उसने बताया कि वह अफगानिस्तान का रहनेवाला है और न्यूयॉर्क में नौकरी करता है। उसने अपने वतन में राजकपूर की फिल्में देखी हैं और वह उनका अनन्य भक्त हैं। संगम ने ईरान के बड़े शहरों में आय के रिकार्ड कायम किए थे। हिन्दुजा के मूल व्यावसायिक संस्थान का नाम आज भी संगम इंटरनेशनल हैं, क्योंकि हिन्दूजा, 'संगम' के वितरक थे, ओवरसीज सर्किट के लिए। हिन्दुजा की विशाल अन्तर्राष्ट्रीय व्यापारी सफलता में 'संगम' का बहुत हाथ है, क्योंकि इससे उन्हें न केवल धन मिला वरन् महत्त्वपूर्ण लोगों से परिचय भी प्राप्त हुआ। बाद की सफलता उनकी अपनी होशियारी का परिणाम है। आज भी हिन्दुजा घराना राजकपूर की बहुत इज्जत करता है।

राजकपूर की फिल्मों के संगीत में आधारतत्व के रूप में शुद्ध भारतीय 'मेलोडी' रही है, परन्तु वाद्ययन्त्रों का नियोजन एवं मुखड़े और अन्तरे के बीच इंटरल्यूड पाश्चात्य क्लासिकल शैली के रहे हैं। इस कारण विदेशी दर्शकों को उनका संगीत अटपटा नहीं लगा। गीतों के छायांकन में भावना की तीव्रता के कारण भाषा विदेशी दर्शकों के लिए बाधा नहीं बनी, बल्कि गीतों की वजह से उन्हें कहानी समझने में आसानी हुई और वैसे भी प्रेम की भाषा अन्तर्राष्ट्रीय होती है।

राजकपूर की फिल्मों की तकनीकी गुणवत्ता भी लगभग अन्तर्राष्ट्रीय स्तर की ही रही है। श्याम-श्वेत फिल्मों में प्रकाश व्यवस्था में राजकपूर और राधू करमरकर ने गहरा प्रभाव उत्पन्न किया। कैमरे की भाषा भी भावों को अभिव्यक्त करने में सहायक सिद्ध हुई। 'जागते रहो' का नायक केवल अन्त में एक संवाद कहता है। पूरी फिल्म में राजकपूर का कैमरा ही बोलता है। 'संगम' और 'जोकर' की दृश्यावली सम्प्रेषण के मामले में संवाद की मोहताज नहीं है।

ट्रेज्यो-कॉमेडी साहित्य की बहुत कठिन विधा है इसे साधना अर्थात् रस्सी पर चलना है। जरा कदम लड़खड़ाए कि असफलता की निर्मम धरती पर चारों खाने चित्त। ट्रेज्यो कॉमेडी में हल्का-सा उजाला होता है और हल्का-सा अँधेरा अर्थात् अलसभोर के समय की तरह। दुःख और सुख इसमें गले लगते नजर आते हैं। आँसू और मुस्कान एक साथ। राजकपूर की फिल्में ट्रेज्यो-कॉमेडी वर्ग की हैं और यह विधा पश्चिम के दर्शकों के लिए नई नहीं है। चार्ली चैपलिन उन्हें इस विधा से परिचित करा चुके थे। राजकपूर पर चैपलिन का प्रभाव स्पष्ट है। सारी दुनिया के दर्शक ट्रेज्यो-कॉमेडी के सुरमई उजाले और चम्पई अँधेरे को पसन्द करते हैं। राजकपूर के नायक इस कदर मानवीय और पहचाने से लगते हैं, कि जब उनकी फिल्म पर्दे पर चलती है, तो पर्दा आईना बन जाता है और हर दर्शक उसमें अपनी छवि देखता है।

सिनेमा भौगोलिक और भाषाई सरहदों को नहीं मानता। विज्ञान की शताब्दी के आम आदमी की भाषा है सिनेमा। यह आधुनिक फोक-लोर का माध्यम है। राजकपूर इस माध्यम का अन्तर्राष्ट्रीय गीतकार है।

जोकर का तमाशा जारी है

अप्रैल, 1988 के अन्तिम सप्ताह में राजकपूर ने आर.के. नैयर, जो कभी उनके सहायक निर्देशक थे और नैयर की पत्नी साधना, जिसने श्री 420 के एक समूह गीत में नृत्य किया था और बाद में यह नृत्य गीत काट दिया गया था, को 2 मई को दिल्ली में मिलने को कहा। नैयर दम्पत्ति की फिल्म 'पति परमेश्वर' सेंसर ने बहुत लम्बे समय से रोक रखी थी और राजकपूर दिल्ली में उन्हें मन्त्री से मिलाने वाले थे।

2 मई, 1988 को दोपहर में राजकपूर ने आर.के. नैयर और साधना की फाइल देखी और उन्हें रात पार्टी में आमंत्रित किया, जहाँ वे मंत्री से उनकी सिफारिश करने वाले थे। राज साहब, साधना को सध्धो रानी कहकर बुलाते थे। उन्हें नैयर दंपत्ति पसंद थे। 2 मई को दोपहर राजकपूर ने दूरदर्शन को अपने होटल कक्ष में साक्षात्कार दिया, जिसमें उन्होंने अपनी सफलता के लिए अपने साथियों को श्रेय दिया। इस साक्षात्कार में राजकपूर के बोलने के अंदाज में अजीब-सी करुणा थी। वे भाव-विह्वल थे। उनकी आवाज आँसुओं में डूबी थी और आँखे बोलती-सी लगती थीं।

2 मई की रात सभागृह में उन्हें साँस लेने में कष्ट होने लगा और उनके लिए खड़ा होना भी कठिन हो रहा था। भारतीय इतिहास में पहली बार राष्ट्रपति स्टेज से उतरकर स्वयं राजकपूर के पास गए और उन्हें दादा साहब फाल्के पुरस्कार से सम्मानित किया। राजकपूर मूर्छित हुए और उन्हें राष्ट्रपति की एम्बुलेंस में अस्पताल भेजा गया। इसके बाद तीस दिन तक वे तकनीकी तौर पर जीवित रहे—आधी जिन्दगी और आधी मौत अर्थात् वे अपने ही बनाए मुहावरे को चरितार्थ करते रहे।

राजकपूर की पटकथा 2 मई को समाप्त हो गई थी—2 जून तक तो रोलर टाइटिल चलते रहे।

2 जून, 1988 को आम आदमी जान गया कि मौत क्या होती है। जिन्दगी की फिल्म में जब 'ऊपरवाला' कट बोलता है, तो उसे मौत कहते हैं। राजकपूर ने अपने चाहने वालों को मरकर दिखाया कि मरने की अदा क्या है। भारत के मनोरंजन की चौपाल पर कहानियाँ सुनने वाले अभी भी जाग रहे हैं। सुनाने वाला ही सो गया है, लेकिन राजकपूर की सराय कभी बन्द नहीं होगी। शो जारी रहेगा, शो जारी है...

राजकपूर की फिल्मों का आधार हमेशा वह अलिखित पटकथा होती थी, जो केवल उनके दिल में याद की तरह समाई रहती थी। शूटिंग प्रारम्भ होने के पहले राजकपूर अपने साथियों के साथ लम्बी चर्चाएँ करते थे, परन्तु फिल्म में अनेक दृश्य ऐसे होते थे, जो उस लिखी हुई पटकथा में नहीं होते थे। राजकपूर सैट और लोकेशन पर नए दृश्य रचते थे। कुछ दृश्यों का बीजारोपण वर्षों पहले होता था और वे केवल छायांकन के समय ही उभरते थे। सही वक्त पर सही काम होता था। अभिनय में भी राजकपूर की 'टाइमिंग' बेमिसाल थी और जीवन में भी—यहाँ तक कि अपनी मृत्यु की टाइमिंग भी उन्होंने फिल्म की तरह रची। उच्चतम इनाम लेते समय अलविदा कहना। जीवन के विराट बिग टॉप (तम्बू) में ऐन शो के समय प्राण पखेरू उड़ना। इंग्लैंड का शासन और राजकपूर की पटकथा अलिखित परम्पराओं पर चलते रहे।

राजकपूर जब अस्पताल में मृत्यु से अपराजेय योद्धा की तरह लड़ रहे थे, तब किसी दिव्य शक्ति द्वारा यदि उनके भीतर छुपे फिल्मकार को बाहर लाया जाता और उन्हें मृत्यु से जूझते कलाकार राजकपूर का 'दृश्य' दिखाया जाता, तब निर्देशक राजकपूर कहते कि अभिनेता राजकपूर की पटकथा यहाँ समाप्त होती है, क्योंकि यही सही क्लाइमैक्स है। जीवन की सबसे बड़ी हिट बनाई जा चुकी है। उच्चतम पुरस्कार मिल चुका है और बाल-बच्चे भी सफल और स्थापित हैं। उस समय पार्श्व में ध्वनि गूँजती 'जोकर का तमाशा अभी खत्म नहीं हुआ।' फिर आम दर्शकों का

समवेत स्वर गूँजता 'जोकर का तमाशा अभी खत्म नहीं होगा।' राजकपूर की मृत्यु शैया के निकट खड़ा अनन्त चौपाली दर्शक पूछता कि जनाब आपने कब लिखित पटकथा पर फिल्म बनाई है? आज मृत्यु की बेला आई तो कहते हैं कि राजकपूर की लिखी हुई पटकथा का यही अन्त है। जोकर में आपने एक वादा भी किया था—'दी एंड : पोजीटिवली नॉट'।

जीवन की अलिखित पटकथा माँग करती थी कि राजकपूर तुम्हारे दिल की दहलीज पर हिना ने दस्तक दी है। उठो दरवाजा खोल दो। स्वयं आपने कहा था कि सरहदों पर बन्दूकें तनी हैं और इन तनी हुई बन्दूकों के ऊपर आप प्यार का इन्द्रधनुष रचेंगे, जो नफरतों की ताकत पर भारी पड़ेगा। बन्दूकें हकीकत हैं—इन्द्रधनुष सपना, परन्तु राजकपूर के सपने हमेशा हकीकत पर हावी रहे हैं। हीरामन भाई इस आखिरी सीन के वक्त लिखित पटकथा को झूठा साबित कर दो और अलिखित पटकथा के अनुसार जाग उठो।

जोकर के दूसरे भाग के अन्त में रूसी नायिका और राजू जोकर के बीच कुछ इस तरह की बातचीत होती है—मरीना पूछती है, 'तुम रो रहे हो राजू' राजू गर्दन हिलाकर नहीं कहता है। मरीना कहती है, 'चश्मा उतारो।' राजू चश्मा उतारता है। मुस्कराती आँखों में जिन्दगी भर का दर्द झलक जाता है। मरीना आँसू के मध्य मुस्कान की भाषा जानती है। वह कहती है, 'हम दसवीदानिया कहते हैं—दसवीदानिया याने फिर मिलेंगे। जुदा नहीं होंगे तो फिर कैसे मिलेंगे?'

राजू कहता है, 'मैं फिलोसॉफर नहीं हूँ मरीना।' मरीना जवाब देती है, 'हर जोकर फिलोसॉफर (दार्शनिक) होता है। मिलना जुदा होना, जुदा होना और मिलना यही तो जिन्दगी है।' राजू पूछता है, 'फिर मौत क्या है?' मरीना कहती है, 'मैं नहीं जानती।'

2 जून, 1988 को आम आदमी जान गया कि मौत क्या है। जिन्दगी की फिल्म में जब ऊपरवाला 'कट' बोलता है, तो उसे मौत कहते हैं। सरलीकरण के उस्ताद फनकार राजकपूर ने मरकर दिखाया और समझाया कि मरने की अदा क्या है...!

आम आदमी यह भी जान गया कि सिनेमाघर में अब अँधेरा पहले से ज्यादा गहरा होगा और पर्दे पर होंगी भयावह तस्वीरें। भारत के मनोरंजन की चौपाल पर कहानियाँ सुननेवाले अभी भी जाग रहे हैं—सुनाने वाला ही सो गया है, 'तुम्ही सो गए दास्ताँ कहते-कहते।'

राजकपूर तो सराय की मानिन्द रहे, जहाँ कई मुसाफिर आए, ठहरे और चले गए। कुछ का उधार रहा, कुछ पर उधार रहा। किसी मुसाफिर ने अपनी तस्वीर सराय की दीवार पर लगा दी, कुछ लोगों की तस्वीर राजकपूर ने अपने दिल पर अंकित कर ली। किसी के लिए यह सराय एक रात का पड़ाव मात्र था, किसी के लिए महज

एक मोड़ और किसी के लिए जिन्दगी भर का ठिकाना। कुछ मुसाफिरों ने उनके जिस्म को छुआ, कुछ उनकी रुह में मौजूद रहे।

इस सराय पर कभी दरवाजा नहीं था। हर थके-हारे मुसाफिर की दस्तक सीधी राजकपूर के दिल पर पड़ती थी। उस दिल में कुछ लोगों के कदमों की आहट आज भी गूँजती है—अनहद नाद की तरह। इसीलिए राजकपूर एक ध्वनि का पुरुष रूपान्तर मात्र है या एक बिम्ब का ध्वनिकरण है। राजकपूर की पीड़ा और प्रार्थना में कभी अन्तर नहीं रहा। उनकी व्यक्तिगत पीड़ा विराट सामाजिक स्वरूप लेकर प्रार्थना बनी और पर्दे पर छा गई—इसलिए राजकपूर का आम भारतीय आदमी से 'सीधा संवाद' बना रहा।

राजकपूर नामक सराय की दीवारें, ईंट, गारा, मिट्टी से नहीं बनी थीं, वह एक भावना का भवन था, जिसमें बन्दिशों के लिए कोई दरवाजा नहीं थे। मन की उड़ान ही छत थी। यहाँ मुसाफिर भगवान था और कई दिनों में शायद सराय भी सफर की तैयारी में थी।

इस सराय के दो स्थायी स्तम्भ बने रहे—कृष्णाकपूर जो सराय की अन्नपूर्णा ताजिन्दगी बनी रहीं और दूसरे मामाजी, जो निरन्तर जागनेवाले चौकीदार रहे। विश्वा मेहरा राजकपूर के दूरदराज के मामा हैं—शादी में मेहमान बनकर आए थे और आज तक नहीं गए। बयालीस वर्षों का साथ रहा उनका।

'जोकर' के प्रथम दृश्य में दिखाया गया था कि उनका दिल इतना बड़ा हो गया है कि उसमें दुनिया समा जाए। राजकपूर उस दिल को हवा में उछालते हैं और धरती पर गिरकर उसके टुकड़े बिखर जाते हैं। हर टुकड़े में एक छवि है। उनके दिल के हर टुकड़े में एक चाहनेवाले की तस्वीर थी। राज की सराय कभी बन्द नहीं होगी—शो जारी है।

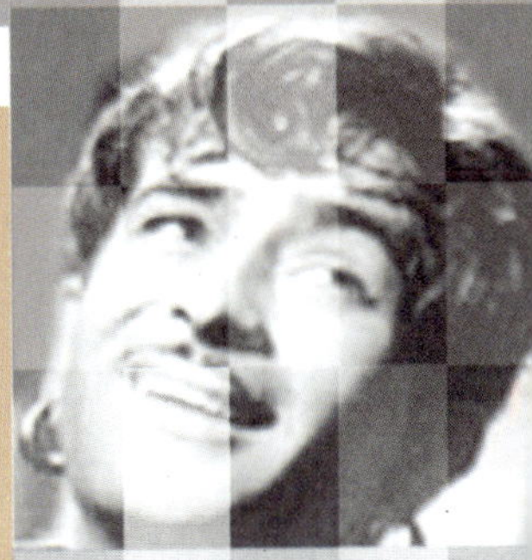

दुनिया नई : चेहरा पुराना

आज से अनेक साल पहले, जब आजादी मिले केवल चार साल हुए थे, राजकपूर और ख्वाजा अहमद अब्बास ने यह अनुमान लगा लिया था कि भारतीय समाज अपराध और हिंसा की ओर जा रहा है, जिसके घातक परिणाम होंगे। फिल्म 'आवारा' में एक संवाद इस तरह है—'कातिल बनने के बाद इतनी आजादी तो मिली कि मैं अपनी आवाज आपके कानों तक पहुँचा सकूँ। आपने (अदालत का दृश्य है) पहले कभी हमारी सुनी होती, तो आज मैं मुजरिम के कठघरे में नहीं खड़ा होता। रीता देवी ने मुझे फाँसी से बचाने की कोशिश की, अदालत में भी और जिन्दगी में भी। मैं कातिल हूँ। आवारा हूँ। आप मुझे फाँसी दे सकते हैं, लेकिन मुझे फाँसी देने से पाप, क्रोध और हिंसा का जहर जो हमारे समाज में तेजी से फैल रहा है, वह नहीं रुकेगा। अपराध के कीड़े जन्म से मेरे खून में नहीं थे। ये अपराध के कीड़े मुझे उस गन्दी गटर से मिले जो हमारी चाल के पास से बहती है। आप मेरी फिक्र न करें, अपने बच्चों को अपराध और हिंसा के कीड़ों से बचा लीजिए। कभी मैं भी आपके बच्चों की तरह था, भोला और मासूम। मेरी माँ भी सपने देखती थी कि मैं बड़ा होकर वकील बनूँगा। शायद जज भी बनूँ। गन्दी गटर से निकले अपराध और हिंसा के कीड़ों ने मुझे आवारा बना दिया...। गरीबी की गोद में अपराध पलता है।'

राजकपूर और ख्वाजा अहमद अब्बास ने 'आवारा' के बाद 'श्री 420' बनाई, जिसमें भ्रष्टाचार के विराट स्वरूप का पूर्वानुमान था। महात्मा बुद्ध, महावीर और महात्मा गांधी के देश में स्वतन्त्रता के बाद अपराध और हिंसा की लहर चल पड़ी,

राजकपूर और आम आदमी का रिश्ता सभी परि-भाषाओं से परे एक प्रेमकथा है, जिसमें आजाद भारत के चालीस सालों की दास्तान है। राजकपूर की साढ़े अठारह फिल्में आम आदमी के नाम लिखे प्रेम-पत्र हैं। सारा जीवन राजकपूर ने प्रेम के 'ढाई आखर' को समझने और समझाने की कोशिश की। राजकपूर भारतीय सिनेमा के कबीर हैं।

जिसने आज आँधी का स्वरूप ले लिया है। चौंसठ साल में इस आँधी ने तीन गांधी लील लिए हैं और लाखों मासूम लोगों की जान ली है। अपराध के कीड़ों से लबरेज गन्दी गटर आज भी बह रही है और यह सभी के लिए चिन्ता का विषय है।

समाज के उस ढाँचे में आधारभूत परिवर्तन की आवश्यकता है। यह दुःख की बात है कि पूरे भारतीय समाज का राजनीतिकरण हो गया है, जबकि राजनीति का समाजीकरण होना चाहिए था।

राजकपूर और ख्वाजा अहमद अब्बास ने नफरत, हिंसा और अलगाववाद के खिलाफ प्रेम और त्याग की कथा 'हिना' की कल्पना की। सरहदों के भीतर और सरहदों के बावजूद पनपते इन्सानी रिश्तों की कहानी जिसमें इस बात पर जोर है कि प्रेम और त्याग का रास्ता ही असली रास्ता है। आवारा के निर्माता और लेखक ने 1951 में आवारा बनाई थी, तो चालीस वर्ष बाद शान्ति और प्रेम का गीत लिए हिना हाजिर है। आज हमारे बीच राजकपूर नहीं हैं और ख्वाजा अहमद अब्बास भी नहीं हैं, लेकिन वे अपने पीछे एक समृद्ध फिल्म संस्कृति छोड़ गए हैं जो आज हमें प्रेरित करती हैं।

बहुत से विद्वान और ऊँचे ओहदों पर बैठे लोग सिनेमा को गम्भीरता से नहीं लेते। उन्हें सिनेमा संस्कृति की बात हास्यास्पद लगती है। आज से सैकड़ों वर्ष पूर्व जब लोकगीत और लोक कथाएँ लोकप्रिय हुईं, तब भी कई बड़े लोगों ने आम आदमी की इन भावनाओं को गम्भीरता से नहीं लिया था। ये तथाकथित बड़े लोग रामायण और महाभारत को गंगा मानकर चले और इनके लिए लोकगीत आम आदमी की बस्ती में बहनेवाली गटर रही। कालान्तर में यह सिद्ध हुआ कि महान

ग्रन्थों की गंगा के साथ लोकगीतों की यमुना भी बहती है, लोक कथाओं और मुहावरों की सरस्वती भी बहती है, और जहाँ इनका संगम होता है वह महान तीर्थस्थान कहलाता है।

सिनेमा बीसवीं सदी का लोकगीत है, जिसमें आम आदमी की भावनाएँ अभिव्यक्त होती हैं। सिनेमा आम आदमी के सपनों का दस्तावेज है, सिनेमा आम आदमी की आधी हकीकत और आधा फसाना है। आज जो तथाकथित बड़े लोग सिनेमा को नकार रहे हैं, वे आम आदमी के सपने को, उसकी आधी हकीकत और आधे फसाने को नकार रहे हैं। वे लोग गंगा के किनारे बैठकर यमुना, सरस्वती को नकार रहे हैं। वे लोग संगम को नकार रहे हैं। सिनेमा पर गम्भीर लेखन को हास्यास्पद माननेवाले लोग लोकगीत के लिपिबद्ध होने को नकार रहे हैं।

सिनेमा आम आदमी की आत्मा का आईना है। हॉलीवुड अमेरिका का इतिहास है। आम अमेरिकन व्यक्ति की हँसी, प्रेम और आँसू की दास्तान है हॉलीवुड। भारतीय आम आदमी का व्यक्तिगत गीत है भारतीय सिनेमा। सिनेमा बीसवीं सदी की लोक संस्कृति है और राजकपूर इसके श्रेष्ठतम गायकों में से एक हैं। आजादी के चालीस वर्षों में आम आदमी के दिल पर जो कुछ बीता, वह राजकपूर ने अपने सिनेमा में प्रस्तुत किया। भविष्य में जब इन चालीस वर्षों का इतिहास लिखा जाएगा तब राजकपूर का सिनेमा अपने वक्त का बड़ा प्रामाणिक दस्तावेज होगा और इतिहासकार उसे नकार नहीं पाएगा।

राजकपूर और आम आदमी का रिश्ता सभी परिभाषाओं से परे एक प्रेमकथा है, जिसमें आजाद भारत के चालीस सालों की दास्तान है। राजकपूर की साढ़े अठारह फिल्में आम आदमी के नाम लिखे प्रेम-पत्र हैं। सारा जीवन राजकपूर ने प्रेम के 'ढाई

अपने रूसी प्रशंसकों के बीच

आखर' को समझने और समझाने की कोशिश की। राजकपूर भारतीय सिनेमा के कबीर हैं।

'कहता है जोकर सारा जमाना
आधी हकीकत आधा फसाना।
चश्मा उतारो फिर देखो यारो
दुनिया नई है, चेहरा पुराना।'

जूबिन मेहता और राजकपूर बहुत गहरे मित्र थे और संगीत उन दोनों के जीवन का आधार रहा है। राजकपूर की मृत्यु की खबर जूबिन मेहता को उस समय मिली, जब वे मास्को में एक प्रोग्राम दे रहे थे। उन्होंने दो मिनट की शान्ति की अपील की। उन्हीं क्षणों में उनके मन में एक सिम्फनी का विचार आया और उन्होंने राजकपूर की स्मृति में त्वरित सिम्फनी उसी रात प्रस्तुत की। हजारों मास्कोवासियों ने अपने प्रिय कलाकार को आँसुओं में डूबे संगीत की श्रद्धांजलि दी। आखिरी सफर : आखिरी सिम्फनी।

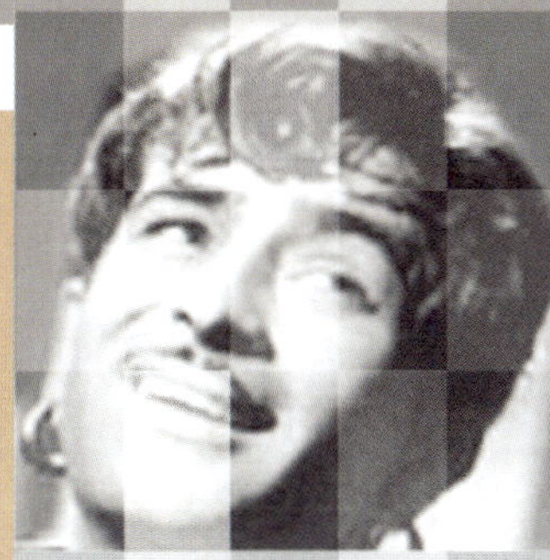

हिना : परदे के पीछे की कहानी

यह बात बहुत कम लोगों को मालूम है कि फिल्म 'हिना' के विचार का जन्म कब और कैसे हुआ। तीस बरस पहले की बात है। सुभाष देसाई अपने छोटे भाई मनमोहन देसाई को निर्देशन में छलिया बनाना चाहते थे। उस समय मनमोहन देसाई की उम्र चौबीस के आसपास होगी। सारा दारोमदार इस बात पर था कि राजकपूर एक नौसिखिए के निर्देशन में काम करने को तैयार होंगे या नहीं। राजकपूर ने सहर्ष अनुमति दे दी। 'छलिया' की कहानी देश के विभाजन की पृष्ठभूमि पर लिखी गई थी। सुभाष देसाई विभाजन से सम्बन्धित अखबारी कतरनें राजकपूर को पढ़ने के लिए देते थे। इन्हीं कतरनों में से एक खबर ने राजकपूर को बेचैन कर दिया था। खबर थी कि दुर्घटनावश एक भारतीय युवक नदी में बहकर पाकिस्तान जा पहुँचा। वहाँ के पहाड़ी खानाबदोश लोगों ने उसकी जान बचाई। झेलम नदी राजनीतिक सरहदों को नहीं मानती और दोनों देशों के लोगों को अपने पानी से निहाल करती है। अखबार की उस कतरन में पहाड़ी कबीले की किसी लड़की का कोई जिक्र नहीं था। जिस हकीकत ने राजकपूर के दिमाग में अफसाने को जन्म दिया, उसमें हिना नहीं थी। बात अजीब है, परन्तु सच है। हिना में हिना थी ही नहीं जैसे कामना चन्द्रा की प्रेमरोग में देवधर का चरित्र ही नहीं था। राजकपूर की सृजन प्रक्रिया विचित्र थी। जब कोई विचार उन्हें अच्छा लगता तो निरन्तर उसको एक कथा के रूप में विकसित करते रहते थे और जब सृजन की बेचैनी हद से ज्यादा बढ़ जाती, तब उस पर फिल्म

शुरू करते थे। हिना के विचार को दस वर्षों तक वे मन-ही-मन विकसित करते रहे। ज्ञातव्य है कि 'छलिया' दोस्तोविस्की की कथा 'वाइट नाइट्स' से प्रेरित थी और इसी कथा से प्रेरित संजय लीला भंसाली की 'सांवरिया' में राजकपूर के पोते रनवीर कपूर ने अभिनय किया।

'हिना' के गाँव में प्रकृति के रंगों और प्रेम के स्वरों से मासूमियत का ऐसा संसार रचा गया है कि यह रचना सुमित्रानन्दन पन्त या विलयम वर्ड्सवर्थ की रचना जैसी लगने लगती है। तीन घंटे सात मिनट तक दर्शक भूल जाते हैं कि दुनिया में हिंसा और अलगाववादी ताकतें सक्रिय हैं। बारूद के ढेर पर बैठी दुनिया में 'हिना' प्रेम और त्याग का इन्द्रधनुष है, जो सभी मानवीय सरहदों के ऊपर है।

'छलिया' और 'बॉबी' के बीच कहीं उन्होंने पाकिस्तानी खानाबदोश रेशमा के गीत सुने और हिना नामक खानाबदोश लड़की का चरित्र उन्हें मिल गया। 'बॉबी' जब पूरी होने को आई, तब राजकपूर ने ख्वाजा अहमद अब्बास को बताया कि हिना में वे क्या चाहते हैं? दोनों के बीच कई बार चर्चा हुई। उन्हीं दिनों अपने लोनी स्थित फार्म में उन्होंने बॉबी के संवाद लेखक जैनेन्द्र जैन को भी 'हिना' का खाका सुनाया और कई बार इस पर घंटों चर्चा हुई।

'बॉबी' के प्रदर्शन के बाद जैनेन्द्र जैन ने हिना का अपना संस्करण राज साहब को सुनाया और 'बॉबी' की जुबली पर ख्वाजा अहमद अब्बास और वी.पी. साठे ने हिना के अपने संस्करण को बाकायदा सजिल्द पुस्तक के रूप में प्रस्तुत किया। 'बॉबी' की अपार व्यावसायिक सफलता ने 'जोकर' के आर्थिक घाटों को मिटा दिया था और आर.के. के कम्पाउंड में मस्ती का आलम छाया था। राजकपूर का आत्मविश्वास फिर से लौट आया था और साथ ही वे साथी भी लौट आए थे, जो जोकर के बाद यह सोचकर चले गए थे कि 'राजकपूर 'खलास' हो गया।

उन्हीं दिनों 'हिना' की पटकथा का पठन-पाठन जोर-शोर से शुरू हो गया था। यह राजकपूर की आदत थी कि अपनी पटकथा वे अपने साथियों और मित्रों को बार-बार सुनाते थे और हर बार कोई नया दृश्य या नया ट्रीटमेंट मिल जाता था। उन्हीं दिनों राजकपूर ने यह कहा कि हिना के नायक रणधीरकपूर होंगे और नायिका कोई नई लड़की। उस समय रणधीरकपूर ने सोचा भी नहीं होगा कि एक दिन अपने पिता के इस अन्तिम स्वप्न 'हिना' को एक निर्देशक के रूप में वह साकार करेंगे।

उन दिनों राजकपूर ने 'हिना' की कथा में अन्तर्निहित समस्याओं पर बहुत गम्भीरता से विचार किया और यह महसूस किया कि अभी हिना के लिए सही सामाजिक माहौल नहीं है। पटकथा के दोनों ही संस्करण उन्हें पूरा सन्तोष नहीं दे पा रहे थे और हिना की भूमिका के लिए परियों-सा चेहरा उन्हें नहीं मिल पा रहा था। उन दिनों सफल हुई फिल्मों के प्रिंट मँगाकर उन्होंने देखे और महसूस किया कि फिल्म का पर्दा लहूलुहान हो चुका है और हिंसा की लहर छाई हुई है। ऐसे में मासूम हिना की कदर कौन करेगा?

'राम तेरी गंगा मैली' के बाद राजकपूर ने अपनी प्रिय फिल्म हिना पर नए सिरे से काम शुरू किया। ज्योतिस्वरूप जो 'श्री 420' में उनके सहायक थे और एक छोटा रोल भी अभिनीत कर चुके थे, 'गंगा' के दिनों में राजकपूर से आ मिले थे। कई

बैठकों के बाद ज्योतिस्वरूप 'हिना' का एक और संस्करण ले आए, परन्तु इस संस्करण का एक भी दृश्य फिल्मों में नहीं है। हिना की कथा में कई नाजुक समस्याएँ थीं, जो हिना की मूल प्रेमकथा पर भारी पड़ रही थीं। राजकपूर ने महसूस किया कि हिना को बनाना 'आग का दरिया है और डूबकर जाना है।' इस दौर में अगर नई नायिका मिल जाती, तो पूरी पटकथा सुधारी भी जा सकती थी।

एक दिन राजकपूर ने टी.वी. सीरियल राग-दरबारी देखा। उन्हें बहुत अच्छा लगा। फिर उन्होंने कहा कि राग-दरबारी पर सर्वश्रेष्ठ फिल्म गीत है 'झनक-झनक·पायल बाजे' और दूसरे नम्बर पर फिल्म जोगन का गीत है 'घूँघट के पट खोल, तोहे पिया मिलेंगे', टी.वी. सीरियल राग-दरबारी से राजकपूर अपने प्रिय विषय संगीत पर आ गए। उन्होंने बताया कि मीरा, विद्यापति और जोगन तीनों ही फिल्मों में उनके गुरु केदार शर्मा जुड़े थे। राज साहब ने तीनों ही के कुछ पुराने गीतों के मुखड़े गाए और एकाएक कह बैठे कि घूँघट के पट खोल को तुरन्त ही आगामी फिल्म के नाम के रूप में रजिस्टर कराया जाए। 1951-60 में जन्मी हिना फिर पृष्ठभूमि में चली गई और 'घूँघट के पट खोल' पर कार्य प्रारम्भ हुआ। दिल्ली से मनोहर श्याम जोशी को 'घूँघट के पट खोल' के लिए आमन्त्रित किया गया। रवीन्द्र जैन ने अपनी परम्परागत तीव्र गति से कुछ गीत भी बना डाले, जिनमें राजकपूर की प्रिय पंक्तियाँ थीं—

'गुण-अवगुण का डर-भय कैसा
जाहिर हो भीतर तू है जैसा।'

एक रात मनोहर श्याम जोशी, राजकपूर, रवीन्द्र जैन ने पुरानी फिल्मों के संगीत पर चर्चा की। तीनों ही ने प्रसिद्ध मुखड़े गुनगुनाए और राजकपूर, जोशीजी के संगीत ज्ञान से बहुत प्रभावित हुए। राजकपूर चाहते थे कि उनके जीवन की तीन घटनाओं को जोड़कर जोशीजी 'घूँघट' की कथा लिखें। तीनों घटनाएँ इतनी अधूरी और इतने अलग-अलग समय पर हुई थीं कि उन्हें जोड़ना सम्भव नहीं था। राजकपूर ने 'घूँघट' की समस्या कई लेखकों के सामने रखी, परन्तु उनकी मनभावन कहानी नहीं बनी।

'घूँघट के पट खोल' को भविष्य के लिए छोड़कर उन्होंने रवीन्द्र जैन और नक्श लायलपुरी के साथ बैठकर हिना के तीन गीत रिकॉर्ड किए। नायिका की तलाश में शारजाह गए। अब तक उनके पास पटकथाओं के चार संस्करण बन चुके थे। उन्होंने पाकिस्तान की लेखिका बेगम हसीना मोईन (पाक टी.वी सीरियल अनकही, तन्हाइयाँ, धूप किनारे) को भारत आमन्त्रित किया। मोहतरमा को हिना की मूल कहानी बहुत अच्छी लगी और कई बैठकों में विचारों का आदान-प्रदान हुआ। हसीनाजी ने संवाद लिखना स्वीकार किया और पाकिस्तान से कुछ काम कर भेजा भी।

30 अप्रैल, 1988 को राजकपूर के घर मौजूद थे—शम्मीकपूर, रणधीरकपूर, रवीन्द्र पीपट, मामाजी और विन्नी आहूजा, जो कपूर परिवार के पड़ोसी भी हैं और

कुल्लू मनाली में हिना का गाँव

बहुत ही घनिष्ठ पारिवारिक मित्र भी। राजकपूर को विन्नी साहेब पर हमेशा बहुत एतबार रहा है। 1 मई की शाम को राजकपूर दिल्ली जानेवाले थे। उस शाम 'हिना' के बारे में बातचीत हो रही थी। राजकपूर चाहते थे कि 'हिना' के पहले आर.के. में रवीन्द्र पीपट (राज साहब के सहायक, जिन्होंने बॉबी के पश्चात हिना का एक गीत भी लिखा था, जो प्रयोग में नहीं लाया गया, बीवी ओ बीवी की पटकथा, वारिस के निर्देशक) आबिद सूरती की कहानी पर फिल्म शुरू करें। (आबिद की मूलकथा में राजकपूर ने बहुत से परिवर्तन किए थे)। मजे की बात यह है कि जो फिल्म अभी शुरू भी नहीं हुई थी, राजकपूर उसके पोस्टर का डिजाइन सोचने लगे थे। आधी रात के बाद जब पार्टी दूसरे चरण में पहुँची, तब राजकपूर ने श्री 420 का एक गीत वीडियो पर देखा, बातों का सिलसिला जारी था। राजकपूर ने पाँच हजार रुपए रणधीरकपूर को दिए और हिना का निर्देशक घोषित किया तथा पाँच हजार रुपए रवीन्द्र पीपट को दिए 'दौड़', शुरू करने के लिए।

2 मई को राजकपूर अस्पताल में दाखिल हुए और 2 जून को उनकी मृत्यु हो गई। उनके तीनों पुत्र और दोनों भाई अस्थि विसर्जन के लिए हरिद्वार गए, जहाँ उपस्थित जनसमुदाय ने उनसे कहा कि राजकपूर के आखिरी सपने हिना को अवश्य पूरा करें। इसके बाद कुछ अखबारवालों ने भी इसी आशय के लेख छापे कि हिना बनाकर ही राजकपूर को सच्ची श्रद्धांजलि दी जा सकती है। आर.के. में प्रतिदिन सैकड़ों खत आने लगे और पूरा वातावरण हिना-मय हो गया।

राजकपूर की मृत्यु के दो माह बाद रणधीर कपूर ने वितरकों से बात की। उन्हें बताया कि हिना एक बहुत खर्चवाली फिल्म है और प्रति सर्किट पचास लाख रुपयों से कम में नहीं बेची जा सकती। रणधीरकपूर जानना चाहते थे कि क्या वितरक राजकपूर की मृत्यु के बाद भी इतने ऊँचे दामों में हिना खरीदेंगे? रणधीरकपूर एक बहुत व्यावहारिक आदमी हैं और बाजार में अपने स्थान से परिचित हैं। सभी वितरकों ने अपनी स्वीकृति और अपना विश्वास व्यक्त किया। फिल्म उद्योग में जहाँ एक ओर पैसा पूजा जाता है और केवल उगते सूरज को नमस्कार किया जाता है, वहीं राजकपूर के वितरकों ने धन्धे के समीकरणों को भुलाकर आर.के. में अपना विश्वास कायम रखा—यह एक बेमिसाल बात है। बम्बई के वितरक भरत भाई (वी.आई.पी. फिल्म्स्) ने तो यहाँ तक कहा कि हिना के लिए असीमित धन वे उपलब्ध करा देंगे। ऋषिकपूर, नई लड़की तथा चौदह साल बाद काम पर लौटनेवाला निर्देशक—इस तरह की फिल्म का बाजार मूल्य 15 लाख रुपए प्रति सर्किट भी मुश्किल से बिकता, परन्तु आर.के. के वितरकों ने इसे 50 लाख रुपए प्रति सर्किट से खरीदा, क्योंकि राजकपूर ने अपने वितरकों को हमेशा अपने परिवार का ही हिस्सा माना और भरपूर प्यार भी दिया। फरहाद नथानी (हैदराबाद) और अशोक देसाई आग से हिना तक सभी आर.के. फिल्मों के वितरक हैं। राजकपूर के प्यार के कारण ही उनके वितरक उन्हें 'ओवर फ्लो' देते हैं। पंजाब के वकील सिंह तो राजकपूर पर असीम श्रद्धा रखते हैं। वकील सिंह पंजाब के साथ ही दिल्ली-यू.पी. भी खरीदना चाहते थे, परन्तु दिल्ली के वितरक कोठारी बन्धुओं ने इनकार कर दिया।

वितरकों के इस विश्वास ने रणधीरकपूर का हौसला बढ़ाया, उसने जैनेन्द्र से सम्पर्क किया, जो प्रेमरोग के समय आर.के. से रूठकर चले गए थे और जिन्होंने 'बॉबी' के समय हिना का एक संस्करण लिखा था। रणधीरकपूर के पास हिना की पटकथाओं के पाँच संस्करण थे और उनमें से कोई भी पूरा नहीं था। दरअसल राजकपूर जिस पटकथा पर फिल्म बनाना चाहते थे, वह उनके दिमाग में मौजूद अलिखित पटकथा थी—कम-से-कम पिछली चार फिल्मों से तो ऐसा ही हो रहा था।

रणधीरकपूर अपने मुख्य सहयोगी खालिद समी के साथ लोनी गए, जहाँ खालिद ने बहुत ही व्यावहारिक ढंग से सभी संस्करणों की अच्छाइयाँ और कमियाँ बताईं और महसूस किया कि हिना के गाँव में पहुँचकर सभी लेखक खामोश हो जाते हैं। रणधीरकपूर ने खालिद को समझाया कि वे हिना को सिर्फ एक पवित्र त्यागमय प्रेमकथा के रूप में बनाना चाहते हैं और उसमें मानवता के सन्देश को भी प्रेम के मूल स्वर से जोड़ना चाहते हैं। उन्हें धर्म या राजनीति की कोई विवादास्पद बात कहीं नहीं करनी है। कुछ ही दिनों में खालिद ने सभी संस्करणों की मदद से एक ऐसा मुकम्मल संस्करण तैयार किया, जो सभी को बहुत पसन्द आया। इस संस्करण में

राजकपूर की मनपसन्द सभी बातें थीं और रणधीर कपूर की इच्छानुसार विवादास्पद दृश्य हटा दिए गए थे।

'हिना' के गाँव में प्रकृति के रंगों और प्रेम के स्वरों से मासूमियत का ऐसा संसार रचा गया है कि यह रचना सुमित्रानन्दन पन्त या विलयम वर्डस्वर्थ की रचना जैसी लगने लगती है। तीन घंटे सात मिनट तक दर्शक भूल जाते हैं कि दुनिया में हिंसा और अलगाववादी ताकतें सक्रिय हैं। बारूद के ढेर पर बैठी दुनिया में हिना प्रेम और त्याग का इन्द्रधनुष है, जो सभी मानवीय सरहदों के ऊपर है।

नवम्बर 1988 तक पटकथा का कार्य पूरा हो चुका था। 14 दिसम्बर, 88 को रणधीरकपूर ने हिना का चौथा गीत रिकॉर्ड किया। दरअसल इसे तीसरा गीत कहना ठीक होगा, क्योंकि पहले तीन गीतों में से एक गीत हटा दिया गया है, क्योंकि पटकथा के नवीनतम और आखरी संस्करण में उसके लिए स्थान नहीं था। राजकपूर की प्रथम पुण्यतिथि 2 जून 89 तक तीन गीत और रिकॉर्ड हो चुके थे और सभी ओर से दबाव पड़ रहा था कि अगर नई लड़की नहीं मिलती, तो श्रीदेवी या माधुरी के साथ फिल्म प्रारम्भ करना चाहिए। 'राम तेरी गंगा मैली' को प्रदर्शित हुए चार वर्ष हो चुके थे और अधिकांश लाभ स्टूडियो और कर्मचारियों के रखरखाव पर खर्च हो चुका था। यह समझाना मुश्किल था।

खालिद ने अनारकली नामक पाक टी.वी कैसेट रणधीर को दिखाया था, परन्तु प्रिंट खराब होने के कारण निर्णय नहीं लिया जा सका। बेगम हसीना मोईन से अनारकली की नायिका ज़ेबा बख्तियार के बारे में बात हुई। 'धूप किनारे' के बाद हसीनाजी के तानसेन में ज़ेबा काम करनेवाली थी। अतः बेगम हसीना के कहने पर ज़ेबा पाकिस्तान से भारत आई। एयरपोर्ट पर पहली झलक देखते ही रणधीर के मुँह से बरबस ही निकल पड़ा—'यही हिना है।'

स्क्रीन टेस्ट के पहले जे.पी. सिंघल ने ऋषिकपूर और ज़ेबा के साथ 'फोटो सेशन' किया ओर फोटोग्राफ देखते ही लोग मन्त्रमुग्ध रह गए। कैमरामैन राधू करमरकर ने स्क्रीन टेस्ट लिया और अब शक की कोई गुंजाइश नहीं रही। रणधीरकपूर और सहायक खालिद समी एक सप्ताह के लिए पाकिस्तान गए। बेनजीर भुट्टो ने उनसे लम्बी बातचीत की और रणधीर से कहा कि अपने पिता की ख्याति के अनुरूप फिल्म बनाएँ। बेनजीर ने बताया कि नजरबन्दी के लम्बे समय में उन्होंने वीडियो पर आर.के. की सभी फिल्में देखी हैं। सत्यम् शिवम् सुन्दरम् को छोड़कर उन्हें सभी बहुत पसन्द हैं। अगस्त-सितम्बर 89 में कुल्लू में हिना के गाँव का विशाल सेट लगता रहा। 1 अक्टूबर, 89 से 10 नवम्बर, 89 तक चालीस दिन की शूटिंग हुई, जिसमें हिना के गाँव के अधिकांश दृश्य फिल्माए गए तथा 'अनारदाना' और 'चिट्ठियाँ' का फिल्मांकन भी हुआ।

जनवरी 90 से आर.के. में पहला सेट लगा और दूसरा दौर शूटिंग का शुरू हुआ।

दूसरी नायिका की तलाश में नीलम, जूही चावला, मीनाक्षी, रवीना टंडन आदि कई नायिकाओं के दरवाजे पर दस्तक दी, परन्तु सभी केवल हिना का चरित्र निर्वाह करना चाहती थीं। चाँदनी में रुचि नहीं थी। रणधीर ने समझाने की कोशिश की कि चाँदनी पर लगभग तीन गाने हैं और क्लाइमैक्स में नायक से शादी है। चाँदनी, प्रेम त्रिकोण का एक महत्त्वपूर्ण किरदार है। आम एक्शन फिल्मों में कुछ भी महत्त्वपूर्ण न होते हुए ये लड़कियाँ अर्थहीन रोल कर लेती हैं, परन्तु चाँदनी जैसा रोल नहीं करना चाहती थीं। दरअसल ज़ेबा से सबको खौफ-सा लग रहा था, क्योंकि शूटिंग प्रारम्भ होने के पहले ही ज़ेबा का बहुत प्रचार हो चुका था।

साउंड रिकॉर्डिस्ट पांडुरंग बेल्लोर, अश्विनी भावे को लेकर आए और स्क्रीन टेस्ट के बाद अश्विनी को चाँदनी का रोल मिल गया। ज़ेबा की तरह अश्विनी को सभी ने एकमत से स्वीकार नहीं किया, पर रणधीरकपूर को अश्विनी पर पूरा भरोसा था। अगर अश्विनी पहले मिल जाती, तो हिना 14 दिसम्बर, 90 या 26 जनवरी, 91 को प्रदर्शित हो जाती। सितम्बर 90 में स्विट्ज़रलैंड और हॉलैंड में दोनों नायिकाओं और नायक के साथ शूटिंग का महत्त्वपूर्ण दौर पूरा हुआ।

सामाजिक प्रतिबद्धता के सहोदर : वी. शांताराम और राज कपूर

राजकपूर ने पाकिस्तान में शूटिंग की अनुमति के लिए प्रयास किया था। एक दिन ऋषिकपूर ने अनुमति के लिए फिर से पत्र लिख दिया और सात दिन के भीतर ही दोनों सरकारों ने शूटिंग की अनुमति दे दी। कपूर बन्धुओं का पाकिस्तान में स्वागत हुआ। प्रधानमन्त्री नवाज शरीफ बड़ी आत्मीयता से मिले और उन्होंने उनकी पेशावर यात्रा की व्यवस्था की, जहाँ वे अपने पूर्वजों के मकान पर भी गए। यह अजीब इत्तफाक है कि जहाँ पृथ्वीराज का मकान है, उस गली का नाम है 'बाजार-किस्सा ख्वानी' अर्थात् किस्सा सुनानेवालों की गली। यह भी सच है कि सारे कपूर बड़े जबरदस्त किस्सा सुनानेवाले हैं और जमाने ने उन्हें बड़े शौक से सुना भी है।

1 अक्टूबर, 1989 से शूटिंग का सिलसिला प्रारम्भ हुआ, जो फरवरी 90 में जाकर खत्म हुआ। सोलह महीने में लगभग 200 दिन की शूटिंग हुई है। चार महीनों तक रणधीरकपूर ने शराब छोड़ी, क्योंकि उनके पिता भी फिल्म के अन्तिम दौर में शराब छोड़ देते थे। मार्च में बिना पार्श्व संगीत के रश प्रिंट वितरकों और पारिवारिक मित्रों को दिखाया गया और सभी ने स्वीकार किया कि यह आर.के. परम्परा की श्रेष्ठ रचना है और इसमें राजकपूर की मौजूदगी का अहसास है।

राजकपूर की मृत्यु के तीन साल तीन सप्ताह बाद हिना का प्रदर्शन सम्भव हो सका। गुजरे 1120 दिन तक राजकपूर के तीनों पुत्र एक तरह से एक कटघरे में खड़े थे और उन्हें हिना को अपने पिता की परम्परा में बनाकर ही इस कटघरे से स्वतन्त्र होना था। परम्परा के निर्वाह का फैसला जनता की अदालत में होगा। इन तीन वर्षों में तीनों भाइयों ने अपने परिश्रम और लगन से ऐसे साक्ष्य प्रस्तुत किए हैं कि वे इस कटघरे से अवश्य स्वतन्त्र होंगे।

प्रेमग्रन्थ : राजीवकपूर ने राजकपूर के जीवनकाल में ही अपनी स्वतन्त्र कम्पनी के लिए अपनी निर्देशकीय पहल 'प्रेमग्रन्थ' का एक गीत रिकॉर्ड किया था। हसरत जयपुरी के लिखे हुए गीत को स्वरबद्ध किया था अनु मलिक ने। राजीव के अन्तस में अपने पिता की तरह अपनी कम्पनी के तहत फिल्म बनाने की महत्वाकांक्षा थी

परन्तु वे यथेष्ट साधन नहीं जुटा पाए। राजकपूर ने बाइस वर्ष की उम्र में अपनी पहली फिल्म 'आग' के लिए पृथ्वीराज से कोई सहायता नहीं ली थी। पृथ्वीराज ने तैरना सिखाने के लिए बालक राजकपूर को गहरे पानी में फेंक दिया था और उनकी पत्नी दहल गई थी। कपूर खानदान में यही परम्परा रही है कि स्वयं अपने दम पर काम करो। जब युवा शशिकपूर संघर्ष कर रहे थे तब उनके दोनों भाई स्थापित हो चुके थे परन्तु शशिकपूर को स्वयं अपना मार्ग बनाना पड़ा।

राजीवकपूर निर्देशन और सम्पादन में राजकपूर के सहायक रहे थे, प्रेमरोग के निर्माण काल में। राजकपूर की मृत्यु के आठ वर्ष पश्चात् 31 मई, 1996 को राजीव की 'प्रेमग्रन्थ' का प्रदर्शन हुआ जिसमें ऋषि कपूर और माधुरी दीक्षित ने काम किया था और संगीत लक्ष्मी-प्यारे का था।

स्त्री प्रधान फिल्म में धर्म के नाम पर चली आ रही कुरीतियों पर गहरा प्रहार था। निर्देशकीय शैली पर राजकपूर का गहरा प्रभाव था और कथा महाकाव्य के स्तर पर प्रस्तुत की गई थी। यह आर.के. बैनर के लिए बनाई गई थी और तमाम पुराने वितरकों का सहयोग प्राप्त था। राजीवकपूर पर शराबनोशी का इलजाम रहा है परन्तु इस फिल्म के निर्माण काल में दो वर्ष तक उन्होंने शराब को छुआ भी नहीं। राजकपूर हमेशा फिल्म निर्माण के आखिरी पक्ष अर्थात् सम्पादन, पुनः ध्वनिमुद्रण और पार्श्व संगीत के समय शराब नहीं छूते थे, क्योंकि फिल्म का यह स्टेज सबसे अधिक महत्त्वपूर्ण है और गलती सुधारने का आखिरी अवसर भी। उनके लिए ये घोर परिश्रम और गहन प्रार्थना का समय होता था।

बहरहाल राजीवकपूर के परिश्रम के बावजूद फिल्म असफल रही और वे इस कदर टूटे के आज तक फिल्म नहीं बना पाए। राजकपूर की पहली फिल्म 'आग' व्यावसायिक सफलता नहीं मिली थी, परन्तु उन्होंने आग के प्रदर्शन के अठारह माह के भीतर ही दूसरी फिल्म प्रदर्शित कर दी थी। राजीव के मन में होश सम्हालते ही दूसरा राजकपूर बनने की महत्त्वाकांक्षा रही है, परन्तु उन्हें नहीं मालूम की एक सदी में यह सम्भव नहीं है इस एक सपने ने ही राजीव को लगभग नष्ट कर दिया है।

'प्रेमग्रन्थ' से सम्बन्धित लोगों का यह खयाल है कि चौथी रील में नायिका के बलात्कार के कारण फिल्म असफल रही। वे भूल जाते हैं कि राजकपूर की प्रेमरोग में भी बलात्कार था। यह सम्भव है कि फिल्म नायक ऋषिकपूर और नायिका माधुरी के बीच 'रसायन' के अभाव के कारण असफल रही। इस 'रसायन' के बिना प्रेमकथा नहीं चलती। ज्ञातव्य है कि यह फिल्म संजय दत्त के साथ बनाई जानी थी परन्तु उनके जेल जाने के बाद लम्बे इन्तजार से बचने के लिए ऋषिकपूर से सहायता माँगी गई क्योंकि माधुरी से आरक्षित समय को नष्ट नहीं किया जा सकता था।

राजीवकपूर के प्रस्तुतीकरण पर राजकपूर का प्रभाव था, परन्तु उन्हें ज्ञात नहीं

कि राजकपूर की पहली फिल्म 'आग' में उन पर किसी का प्रभाव नहीं था और उस तरह की फिल्म पहले कभी नहीं बनी थी। सफलता के लिए मौलिकता आवश्यक है।

आ अब लौट चलें : ऋषिकपूर ने बतौर नायक लम्बी और सफल पारी खेली। राजेश खन्ना, अमिताभ बच्चन और धर्मेन्द्र के दौर में ऋषिकपूर ने सबसे अधिक सफल एकल नायक फिल्मों में अभिनय किया। आमिर खान, सलमान खान और शाहरुख

खान के प्रारम्भिक दौर में भी ऋषिकपूर ने अपना स्थान बनाए रखा। 'प्रेमग्रन्थ' की असफलता के बाद उन्होंने कुछ समय के लिए अभिनय छोड़ दिया। यह उनके लिए परिवर्तन का समय था। वर्षों तक व्यस्त रहनेवाला कलाकार घर बैठा कुछ करने के लिए बेकरार था और एक दिन उसने निर्देशन का विचार किया। 20 जनवरी 1999 को उसकी फिल्म 'आ अब लौट चलें' प्रदर्शित हुई, परन्तु पिछले बारह महीनों में उसके नायक अक्षय खन्ना की आधा दर्जन फिल्में असफल हो चुकी थीं जिसके कारण प्रारम्भिक भीड़ नहीं जुटी। सिनेमा व्यवसाय में प्रारम्भिक भीड़ का बहुत महत्त्व है।

अक्षय खन्ना और ऐश्वर्यराय अभिनीत इस फिल्म में राजेश खन्ना की चरित्र भूमिका अत्यन्त महत्त्वपूर्ण थी और इस अविश्वसनीय पात्र और अतिनाटकीय अभिनय को अस्वीकार कर दिया गया। विदेश में बसे अधिकांश भारतीय घर वापस ही नहीं आना चाहते।

ऋषिकपूर ने राजकपूर से लेकर कल्पनरु तक अनेक फिल्मकारों के साथ काम किया था। उनके निर्देशकीय प्रयास में कहीं राजकपूर का स्पर्श दिखता है तो कहीं डेविड धवन। दरअसल वे जुदा स्कूलों के बीच स्वयं की शैली खोज रहे थे। उन्हें कल्पनाशील लेखकों और गहराई प्रस्तुत करनेवाले कैमरामैन का साथ भी नहीं मिला।

राजकपूर की मृत्यु के बाद बनाई गई तीनों फिल्मों में केवल रणधीरकपूर निर्देशित 'हिना' सफल रही। यह राजकपूर की कल्पना थी और निर्माण के समय उनकी अदृश्य मौजूदगी को महसूस किया जा सकता था।

आवारा : पुनरावलोकन

राजकपूर के सिनेमा और जीवन में सबसे अधिक महत्त्वपूर्ण घटना 14 दिसम्बर, 1951 को उनकी तीसरी फिल्म 'आवारा' का प्रदर्शन है। इसी फिल्म से उनके सिनेमा में सामाजिक प्रतिबद्धता का समावेश हुआ, उनकी निर्देशकीय शैली में आधी हकीकत, आधा फसाने का शुमार हुआ और इसी फिल्म में उन्होंने अपने पिता को प्रभावित किया इसी फिल्म के निर्माण के समय उनका स्टूडियो बना और नरगिस से उनका प्रेम गहरा हुआ।

अपने प्रदर्शन के 57 वर्ष बाद भी फिल्म दिखाई और सराही जा रही है अतः उसने क्लासिक होने की दोनों शर्तें पूरी कर ली हैं : समय की परीक्षा और सार्वभौमिकता। एक विदेशी पत्रिका का आकलन है कि आवारा भारत की सबसे अधिक देखी गई फिल्म है, चाहे पर्दे पर देखी गई हो या डी.वी.डी., सैटेलाइट इत्यादि के माध्यम से। दुनियाभर के आम आदमियों के साथ ही इस फिल्म को पंडित जवाहरलाल नेहरू, निकिता ख्रुश्चेव, माओ, अब्दुल गमाल नासर जैसे महान लोगों ने भी पसन्द किया है गोयाकि सत्तासीन लोगों से लेकर साधनहीन लोगों तक ने इसे प्यार दिया है। मनोरंजन के इतिहास में पहली बार ऐसा हुआ कि सोवियत रूस में एक विदेशी फिल्म को लगभग राष्ट्रीय गौरव प्राप्त हुआ और उस दौर में पैदा हुए अनेक बच्चों के नाम राज या रीता (नायिका) रखे गए। यह फिल्म पोर्टेबल प्रोजेक्टर पर नार्थ पोल में भी दिखाई गई जहाँ रूस के वैज्ञानिक शोध करने गए थे। अपने प्रदर्शन के चौंतीस वर्ष बाद, 1985 में दिल्ली में आयोजित अन्तर्राष्ट्रीय फिल्म महोत्सव का प्रारम्भ हुआ 'फेयरवेल ग्रीन समर' से जिसमें 'आवारा' के अनेक दृश्य थे और

फिल्मकार ने अपनी कृति को 'आवारा' के प्रति समर्पित अपनी आदरांजलि माना। नोबल पुरस्कार विजेता एलेक्जेंडर सोलोजनित्सीन की 'कैंसर वार्ड' में भी आवारा का जिक्र है। दूसरे विश्वयुद्ध की त्रासदी से उभरते हुए रूस को 'आवारा' के नायक से प्रेरणा मिली जो गाता है 'जख्मों से भरा सीना है मेरा, हँसती है मगर ये मस्त नजर'। आवारा एक कल्ट फिल्म है और उसकी यह स्थिति आज भी कायम है। सन् 1951 से अभी तक हर दशक में महान फिल्में बनी हैं और उनमें से अनेक सिनेमाई दृष्टि से 'आवारा' से बेहतर फिल्में हैं, परन्तु सबसे अधिक प्यार इसी फिल्म को मिला। राजकपूर ने इस फिल्म को भावना की तीव्रता के साथ बनाया और हर फ्रेम उनके प्यार की तड़प की साक्षी नजर आती है।

'आवारा' को हम कोरी उपदेशात्मक फिल्म भी नहीं कह सकते और ना ही आदर्शवादी फिल्म मान सकते हैं। इसमें साधनहीन और साधनसम्पन्न की जंग है परन्तु यह वर्ग संघर्ष की फिल्म भी नहीं है।

स्वप्न-दृश्यों का प्रवर्तक स्वप्न-दृश्य

'आवारा' को किस वर्ग की फिल्म माना जाना चाहिए? क्या यह प्रेम-कथा है? फिल्म का बहुत-सा हिस्सा कोर्ट में है और अपराध की दुनिया फिल्म पर छाई है। प्रेम दृश्यों से अधिक हिस्सा अन्य प्रसंगों को समर्पित है। प्रेम कथा की परिभाषा से परे है यह फिल्म। आवारा को अपराध कथा भी नहीं माना जा सकता और यह अमेरिका के नोए सिनेमा की तरह महज अँधेरे की कथा भी नहीं है। 'आवारा' को हम कोर्ट रूम ड्रामा भी नहीं कह सकते क्योंकि लगभग दर्जन भर गीत हैं।

'आवारा' को 'स्लाइस ऑफ लाइफ' यथार्थवादी फिल्म भी नहीं कहा जा सकता, क्योंकि इसमें अस्वाभाविक संयोगों की भरमार है और जबरदस्त अतिनाटकीयता भी है। इसे कला फिल्म भी नहीं कह सकते और महज व्यावसायिक फिल्म कहने से भी

इसके साथ न्याय नहीं होता। इस फिल्म के दो नारी पात्र अत्यन्त सशक्त हैं और उन्होंने निर्दोष होते हुए भी बहुत यन्त्रणा सही हैं फिर भी इसे स्त्री प्रधान फिल्म नहीं कहा जा सकता। मजे की बात यह है कि केन्द्रीय पात्र जज रघुनाथ भी अपराधी है, क्योंकि उन्हें भ्रान्ति है कि शरीफ का बेटा शरीफ और अपराधी का बेटा अपराधी होता है। फिल्म का खलनायक जरायम पेशा अपराधी नहीं है, उसे डाकू का बेटा होने के कारण दंडित किया गया है और वह इसी अन्याय का बदला ले रहा है। वह एक जज की पत्नी का अपहरण करता है, परन्तु यह ज्ञात होते ही कि वह गर्भवती है, उसे स्वतन्त्र कर देता है। क्या पारम्परिक खलनायक ऐसा होता है?

'आवारा' को हम कोरी उपदेशात्मक फिल्म भी नहीं कह सकते और ना ही आदर्शवादी फिल्म मान सकते हैं। इसमें साधनहीन और साधन सम्पन्न की जंग है परन्तु यह वर्ग संघर्ष की फिल्म भी नहीं है। फिल्म का नायक परिस्थितियों का शिकार है और अपराध के दलदल से उबरने का प्रयत्न करता है। उसने इरादतन कत्ल नहीं किया है, स्वयं के बचाव में अपराधी को मारा है, परन्तु वह जज रघुनाथ के कत्ल का प्रयास भी करता है। क्या पारम्परिक नायक ऐसा होता है? केन्द्रीय पात्र जज रघुनाथ जमींदार का पढ़ा-लिखा आधुनिक युवा बेटा है जो क्रान्तिकारी ढंग से एक युवा विधवा से विवाह करता है। जमींदारी प्रथा समाप्त हो चुकी है परन्तु जज के पद के कारण वह राजा से कम नहीं है। सामन्तवाद आजाद भारत के हर दशक में किसी-न-किसी रूप में मौजूद रहा है। इतना क्रान्तिकारी और आधुनिक युवा केवल अपनी बूढ़ी परम्परावादी बुआ के कहने पर अपनी गर्भवती पत्नी को घर से बाहर निकाल देता है, क्योंकि एक डाकू ने उसका अपहरण किया था। उसका पौरुषीय दम्भ अधकुचले साँप की तरह उसकी सोच में लहराता रहता है। राजकपूर ने पूरी फिल्म में रामायण के मिथक का निर्वाह किया है। केन्द्रीय पात्र का नाम भी इसीलिए रघुनाथ रखा गया है। पत्नी के परित्याग के दृश्य के समय पार्श्व में बज रहे गीत से भी रामायण के मिथक को रेखांकित किया गया है—

पतिव्रता सीता माई को तूने दिया वनवास, क्यों न फटा धरती का कलेजा, क्यों न फटा आकाश।

राम की प्यारी, फिरै मारी मारी!
जुलम सहे भारी देखो, जनक दुलारी॥
गगन महल का राजा देखो, कैसे खेल दिखाए
सीप में मोती, गन्दे जल में सुन्दर कमल खिलाए।
अजब तेरी लीला है गिरधारी।
जुलम सहे भारी माई जनक दुलारी॥

प्रथम प्रदर्शन के आज तक फिल्म के किसी भी रिकॉर्ड में यह गीत नहीं है,

क्योंकि उस दौर में मैगनेटिक टेप नहीं होते थे और हर गीत फिल्म के लिए रिकॉर्ड होने के तुरन्त बाद रिकॉर्ड बनानेवाली कम्पनी के लिए पुनः रिकॉर्ड किए जाते थे। शायद राजकपूर ने इस गीत को संवाद का एक हिस्सा माना और रिकॉर्डिंग कम्पनी को नहीं दिया। बहरहाल जज रघुनाथ ने कभी अपनी पत्नी की तलाश नहीं की और न ही यह जानना चाहा कि बच्चे का क्या हुआ। अदालत के परिसर में अपनी गाड़ी से टकराकर घायल होनेवाली महिला से मिलने वे अस्पताल जाते हैं। महिला के चेहरे पर इतनी चोटें हैं कि वे अपनी परित्यक्ता को पहचान नहीं पाते, परन्तु उसका नाम भी नहीं पूछते। ताउम्र वे इस दकियानूसी विचार को सही मानते हैं कि गुण अवगुण केवल आनुवंशिक होते हैं। उन्होंने अपने मित्र की अनाथ पुत्री को पाल पोसकर बड़ा किया है, परन्तु उसकी पसन्द के युवा से केवल इसलिए विवाह नहीं होने देना चाहते हैं कि वह गरीब है और उसके पिता का नाम उसे नहीं मालूम। उनके चरित्र में कितने विरोधाभास और विसंगतियाँ हैं और क्या पारम्परिक केन्द्रीय पात्र ऐसे होते हैं?

फिल्मों के पारम्परिक वर्गीकरण के तहत इसे किसी वर्ग में नहीं रखा जा सकता। अस्वाभाविक संयोग, अस्थिर चरित्र चित्रण और अतिनाटकीयता के बावजूद फिल्म का समग्र प्रभाव ऐसा है कि दर्शक इसे मन्त्रमुग्ध होकर देख रहे हैं। आखिर 'आवारा' के समग्र प्रभाव का रहस्य क्या है? ज्ञातव्य है कि लेखक ख्वाजा अहमद अब्बास ने अपनी पटकथा शिखर फिल्मकार मेहबूब खान को सुनाई थी। 'अन्दाज' की भारी सफलता के बाद मेहबूब खान 'आवारा' पृथ्वीराज कपूर और दिलीप कुमार के साथ बनाना चाहते थे, परन्तु अब्बास साहब का विचार था कि यथार्थ के पिता पुत्र फिल्म को अतिरिक्त धार प्रदान करेंगे। शायद नरगिस से यह बात राजकपूर को पता चली और उसी क्षण वे अब्बास साहब से मिले। पटकथा सुनते ही उन्होंने इसे बनाने का निर्णय किया। यथार्थ के रिश्तों ने फिल्म में अन्तर्निहित द्वन्द्व को गजब की धार दी। उस समय तक राजकपूर और नरगिस का प्यार भी गहरा हो चुका था। गौरतलब यह है कि दर्शक के अवचेतन में यथार्थ के रिश्ते हमेशा मौजूद होते हैं और पर्दे पर पात्रों की टकराहट उन्हें विशेष उत्तेजना प्रदान करती है। फिल्म के हर निर्णायक मोड़ पर पिता-पुत्र के बीच सीधी टकराहट के आधा दर्जन दृश्य हैं। बानगी देखिए—जज रघुनाथ राज को धन देकर रीता का पीछा छोड़ने को कहते हैं। राज कहता है कि अभी तक मैं अपने आपको बुरा आदमी समझता था, परन्तु आप तो मेरे भी बाप निकले। इस दृश्य तक दोनों को अपना रिश्ता नहीं मालूम था ।

दरअसल यथार्थ के रिश्तों की बात छोड़ भी दें तो सारे कलाकारों ने कमाल का अभिनय किया है। फिल्म में यदि पृथ्वीराज कपूर कमान की तरह हैं तो राजकपूर प्रत्यंचा पर थरथराते तीर की तरह हैं। नरगिस निशाने की तरह द्वन्द्व की मूक गवाह हैं।

वृत्ताकार पटकथा फिल्म को रोचक बनाती है। अगर सरल सीधी रेखा में कथा

कही जाती तो युवा नायक राजकपूर 45 मिनट बाद पर्दे पर आता, परन्तु अदालत से शुरू पटकथा फ्लैशबैक के सहारे घटनाक्रम उजागर करते हुए बार-बार अदालत लौट आती है। अपनी तीसरी ही फिल्म में राजकपूर ने निर्देशन का शिखर प्राप्त किया है जहाँ उन्होंने भावना के साथ उत्तेजना की लहर प्रस्तुत की है। उन्होंने हर दृश्य में नक्काशी की है और तमाम बारीकियों पर खूब ध्यान दिया है। मसलन पूरी फिल्म में पृथ्वीराज को इस तरह प्रस्तुत किया है कि उनका कद असल से बड़ा लगे—लार्जर देन लाइफ और अन्त में जब उन्हें अपनी गलती का अहसास हो जाता है तब उन्हें अपने कद से छोटा दिखाया गया है। जज रघुनाथ के घर के सैट पर जगह-जगह पोर्सलीन की ग्रीक मूर्तियाँ लगाई गई हैं, क्योंकि वे ग्रीक त्रासदी के पात्र हैं जिसे एक भूल तबाह कर देती हैं।

पटकथा के अनुसार शूटिंग और सम्पादन के बाद राजकपूर को महसूस हुआ कि नायक के अन्तर्द्वन्द्व और सुधार के कुछ दृश्य सूखे उपदेशात्मक हो गए हैं। उनके पूँजी निवेशक और यूनिट के सभी सदस्यों को फिल्म सम्पूर्ण और अच्छी लगी, यहाँ तक कि प्रदर्शन की तिथि पर विचार हो रहा था। राजकपूर ने अजीब-सी बेचैनी महसूस की और सारा कामकाज रोक दिया। उन्हें एक अद्भुत विचार सूझा कि नायक के अन्तर्द्वन्द्व को नृत्य और गीत में स्वप्न दृश्य के माध्यम से प्रस्तुत किया जाए और सूखे उपदेशात्मक हिस्से को हटा दें। उन्होंने शंकर जयकिशन और शैलेन्द्र, हसरत को विस्तार से स्वप्न दृश्य सुनाया और अद्भुत प्रेरणा की तरंग पर सवार इन युवा लोगों ने कालजयी स्वप्न दृश्य रचा। गीत रिकॉर्डिंग से शूटिंग और सम्पादन तक के कार्य में चार महीने लगे और 12 लाख में बनी पूरी फिल्म के बाद स्वप्न दृश्य पर आठ लाख रुपए लगे। हिन्दुस्तानी सिनेमा में आवारा के पहले और आवारा के बाद भी इस तरह का अभिनव स्वप्न दृश्य नहीं आया। सृजन की इस प्रक्रिया में राजकपूर के प्रस्तुतीकरण में आधी हकीकत, आधा फसाने की शैली स्थायी बन गई। दरअसल यह स्वप्न दृश्य नायक का नाइटमेयर है। कैमरामैन राधू करमरकर ने प्रकाश से पेंटिंग की है।

आजादी के बाद छोटे शहरों और ग्रामीण अंचल में विकास नहीं होने के कारण अवसर की तलाश में लोगों ने महानगरों की ओर पलायन किया। राजकपूर की आवारा, श्री 420 और जागते रहो के नायक पलायन करके आए हैं। अपनी जड़ों से दूर इन लोगों की करुणा को गहरी संवेदना के साथ प्रस्तुत किया है और यह करुणा ही मनुष्य का सार है। आम आदमी के प्रति यह चिन्ता ही राजकपूर को जनप्रिय फिल्मकार बनाती है। उनकी यह चिन्ता और मनुष्य मात्र के प्रति प्रेम सीधे देशप्रेम से जुड़ जाता है और इसकी एक बानगी प्रस्तुत है। 'आवारा' का नायक अदालत में कहता है 'मैं कातिल और आवारा हूँ आप मुझे फाँसी दे सकते हैं, लेकिन मुझे फाँसी देने से पाप, क्रोध और हिंसा का जो जहर हमारे समाज में तेजी से फैल रहा है, वह

नहीं रुकेगा। अपराध के कीड़े जनम से मेरे खून में नहीं थे। ये अपराध के कीड़े मुझे उस गन्दी गटर से मिले जो हमारी चाल के पास से बहती हैं। आप मेरी फिक्र न करें, अपने बच्चों को अपराध और हिंसा के कीड़ों से बचा लीजिए...'

इस लम्बे संवाद के समय कैमरा अदालत में बैठे गरीब बच्चों के चेहरे से होते हुए अमीर और ताकतवर पिताओं की ओर जाता है। आजादी के मात्र चार वर्ष बाद ही राजकपूर ने भविष्य का भय महसूस कर लिया था। जज रघुनाथ की भव्य हवेली देखकर नायक कहता है कि जज साहब को ऊपर की आमदनी है। भ्रष्टाचार के विकराल रूप लेने के पहले ही राजकपूर ने आवारा, श्री 420 और जागते रहो में इसकी भयावहता उजागर कर दी थी। सामाजिक व्याधियों के प्रस्तुतीकरण में कहीं भी उन्होंने मानवीय मजबूरी और सच्चाई को लोप नहीं होने दिया और इन बातों को रेखांकित करनेवाले तमाम दृश्यों में लहजा हँसने-हँसाने का है, मसलन जेल में नायक रोटी पाकर कहता है, 'हवलदार साहब, ये रोटी बड़ी बेवफा चीज है, अगर जेल के बाहर मिल जाती तो मैं अन्दर क्यों आता? बारह साल से इस जालिम रोटी के चक्कर में जेल के अन्दर आता रहा हूँ।'

तर्क के परे यह अजीब-सा सच है कि जब भी हम आवारा बड़े पर्दे पर या टेलीविजन पर देखते हैं तब यह मोहब्बत और अनुभूति की तीव्रता जिसके साथ राजकपूर ने इसे बनाया था, हम तक पहुँच जाती है और अभिव्यक्ति की इस अभिनव कोशिश या तिलिस्म जिसने 'आवारा' को कालजयी कृति बनाया है।

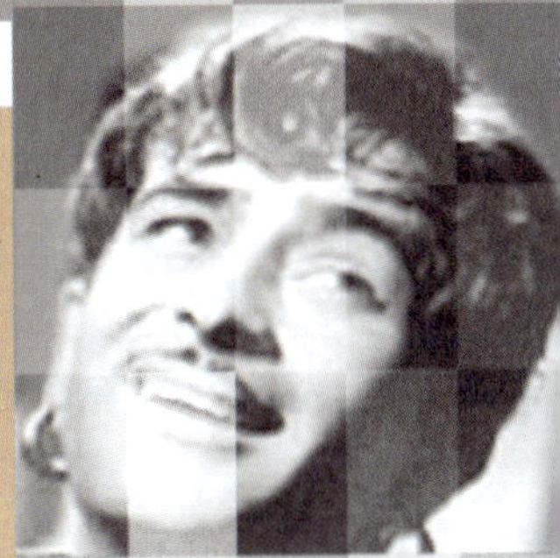

जागते रहो : पुनरावलोकन

आजादी के आठ वर्ष बाद ही आजादी के पहले देखे सुन्दर भविष्य के सपने आँखों में टूटे काँच की मानिन्द गढ़ने लगे थे। आजादी का यूफोरिया नष्ट हो चुका था, भ्रष्टाचार और अपराध की जंगल घास फैलने लगी थी। राजनीतिक स्वतन्त्रता, आर्थिक अभाव और असमानता के दौर में कोई अर्थ नहीं रखती और सांस्कृतिक चेतना के बिना वह लगभग निर्जीव होती है।

राजनीतिक स्वतन्त्रता को भारत में कुछ लोगों ने अराजकता समझा और छुटभैया नेतागिरी के टापुओं में मुल्क बँट गया। भीड़ और संख्या के जाले में स्वतन्त्रता का अर्थ उलझ गया। शिक्षा संस्थानों की संख्या बढ़ती गई जो केवल अक्षर और आँकड़े सिखाने के काम में डूब गई। नैतिक मूल्यों के बिना शिक्षा किसी को सुसंस्कृत नहीं बनाती।

आजादी भारत में नव निर्माण की लहर के बदले एक नशे की तरह आई, गाफिल करनेवाले नशे के रूप में। सांस्कृतिक पतन के गर्त में डूबते हुए उनींदे देश की पलकों पर अनैतिकता का भार था। सदियों की गुलामी से आजाद होने के सिर्फ 7 वर्ष बाद स्वतन्त्रता के नशे में देश सोने लगा। चार रचनाधर्मी लोगों ने देश को जगाने के लिए एक फिल्म की रचना की, नाम था 'जागते रहो' और रचनाधर्मी थे राजकपूर, मित्रा बन्धु और के.ए. अब्बास। फिल्म 'जागते रहो' का असली अर्थ सांस्कृतिक चेतना जगाना और गाफिल देश को सावधान करना ही है। यह फिल्म सन् 1955

में बनाना प्रारम्भ हुई और 1956 में प्रदर्शित हुई जब भारत को आजाद हुए केवल आठ वर्ष हुए थे। अगर यह अर्थ अभीष्ट नहीं होता तो फिल्म को चोर या बहुमंजिला भी कहा जा सकता था या बंगाली संस्करण की तरह 'एक दिन रात' पुकारा जा सकता था। एक फिल्मकार के रूप में राजकपूर को यही बात दूसरे फिल्मकारों से अलग करती है कि उन्होंने अपने अधिकांश फिल्मों में सामाजिक सन्दर्भ को महत्त्व दिया और इसी कारण वे भारत के प्रतिनिधि फिल्मकार कहलाते हैं।

फिल्म में दिखाई गई इमारत भारत का प्रतीक है। पूरा देश आर्थिक व सामाजिक खाँचों में बँटा हुआ है। गरीब लोग निचले भाग में रहते हैं या अमीरों के आलीशान फ्लैटों में नौकर हैं। मंजिल दर मंजिल, फ्लैट दर फ्लैट, उपाख्यान दर उपाख्यान फिल्म भारतीय समाज के वर्गों की निर्मम शल्यक्रिया प्रस्तुत करती है।

अफसोस इस बात का है कि जिन लोगों पर देश को जगाने की जिम्मेदारी थी, वही लोग सत्ता के नशे में चूर और उनींदे हो गए, इसलिए फिल्म के पहले ही मिनट में चौकीदार लोग जागते रहो का रस्मी नारा लगाकर सो जाते हैं। फिल्म के पहले ही मिनट का जिक्र आया है तो यह बताना आवश्यक है कि दुनिया में 'जागते रहो' ही एकमात्र फिल्म है जिसकी अवधि और फिल्म में प्रस्तुत घटनाक्रम की अवधि लगभग एक ही है। आम तौर पर फिल्मों में कई वर्षों का वर्णन होता है और एक ही दिन या एक ही रात की कहानी कई फिल्मों में कही है, परन्तु ढाई घंटों में ही प्रस्तुत करनेवाली एकमात्र फिल्म है—जागते रहो। पहले शॉट में रोशनी की बाँहों में सोए हुए शहर को दिखाया गया है और दूसरे शॉट में टॉवर पर एक घड़ी में रात के 12 बजकर 45 मिनट का समय दिखाया गया है और फिल्म अलसभोर की बेला में समाप्त होती है।

भारत की आजादी के बाद लोग गाँवों से शहर की ओर जाने लगे। रोजी-रोटी की तलाश में इस पलायन से बहुत से सामाजिक परिवर्तन हुए। महानगरों में झोंपड़पट्टी के रूप में विकृत गाँवों की रचना हुई और गाँवों में संयुक्त परिवार की व्यवस्था टूटी जिससे नैतिक मूल्यों में गिरावट आई और अलगाव के भाव पैदा हुए। इस सामाजिक, तथ्य को राजकपूर ने अपनी तीन फिल्मों में प्रस्तुत किया 'आवारा', 'श्री 420' और 'जागते रहो'। तीनों ही के नायक रोजगार की तलाश में महानगर आते हैं और भटक जाते हैं। गाँव से आया हुआ युवक प्यासा है और एक बहुमन्जिला इमारत के कम्पाउंड में पानी पीने जाता है जहाँ उसे चोर समझकर पीछा किया जाता है और इस भागमभाग में पूरी इमारत में छुपे हुए सम्भ्रान्त चोरों की पोल खुल जाती है। पूरी फिल्म में नायक कमोबेश खामोश दर्शक है परन्तु अन्त में वह कहता है, "मैं गाँव से आया हुआ किसान का बेटा हूँ। पानी पीने आपके आँगन में आया था और मुझे चोर समझकर आप लोग मेरे शिकार पर निकले जैसे मैं आदमी नहीं कुत्ता हूँ। आपने मुझे क्या सिखाया? बड़ा आदमी बनने के लिए नकली नोट छापो, शराब बेचो, रेस खेलों...अपराध किए बिना धनवान नहीं बन सकते...दूसरों की गर्दनों पर पैर रखकर आगे बढ़ो। यही शिक्षा दी आपने किसान के बेटे को।'

राजकपूर की फिल्मों में प्रायः नायक अन्तिम दृश्य में भाषण देता है जो कथा का

नैतिक सार होता है। नाटकों से ग्रहण की हुई इस परम्परा को राजकपूर सिनेमा में बखूबी निभा ले जाते हैं। 1951 में प्रदर्शित आवारा में भी उन्होंने भारत में पनपने वाले भ्रष्टाचार और अपराध का पूर्वानुमान प्रस्तुत किया था। अपराध के द्वारा रातों रात अमीर होने की अनैतिक प्रवृत्ति को 'जागते रहो' में भी रेखांकित किया गया है।

'व्यंग्य'

अन्याय, अत्याचार और भ्रष्टाचार के जमाने में व्यंग्य की विधा अपने पूरे उभार पर होती है। जागते रहो में भी व्यंग्य की धार बहुत पैनी है। पहले ही दृश्य में भूखा, प्यासा और हताश नायक फुटपाथ पर दीवार के सहारे बैठता है जहाँ लिखा है; 'निवेदन करने पर गरीब की लाश की अन्तिम क्रिया के लिए सहायता दी जाती है, मिलने का समय सुबह 8.00 से 2.00 बजे...' नायक अपना रूखा-सूखा भोजन कुत्ते के साथ बाँटता है। आवारा और श्री 420 की तरह ही जागते रहो में भी कुत्ता और समाज के अंडरडॉग का प्रतीक है। सड़क पर ही एक अमीर शराबी का गीत है 'जिन्दगी ख्वाब है, ख्वाब में सच है क्या और झूठ है क्या? सब सच है।' एक तरह से फिल्मकार दर्शक को तैयार कर रहा है कि वह जो कुछ देखनेवाला है, सभी सच है। अन्तर्निहित व्यंग्य यह है कि शराब के नशे में धुत आदमी जिन्दगी के ख्वाब में सच्चाई की बात कर रहा है। बहुमंजिला इमारतों की कतार सपने की तरह है और यथार्थ की सड़क पर लड़खड़ाते कदमों के तीन क्लोज शॉट भी निर्देशक के मन्तव्य को स्पष्ट करते हैं। अमीर शराबी का बटुआ लौटाने के दृश्य को हृषिकेश ने 'अनाड़ी' में दोहराया था और अभिनेता भी मोतीलाल और राजकपूर ही थे। मोतीलाल राजकपूर से कहते हैं कि तुम शराब नहीं पीते, रेस नहीं खेलते, वेश्या के पास नहीं जाते—तुम जैसे अजूबे को मैं अपनी पत्नी से मिलाना चाहता हूँ। भारत में सारे व्यसन आधुनिकता के समानार्थी की तरह ही प्रयोग किए जाते हैं, जबकि आधुनिकता एक वैज्ञानिक विचार है। फिल्म में जगह-जगह व्यंग्य है मसलन जब पति-पत्नी एक-दूसरे पर बर्तन फेंकते हैं तो पीछे लिखा है कि पत्नी लक्ष्मी स्वरूप है और पति देवता स्वरूप। एक दृश्य में एक तथाकथित बहादुर सबको आगे बढ़ने को कहता हुआ स्वयं पीछे सुरक्षित जगह पर खिसक जाता है। मनुष्य स्वभाव की सारी कमजोरियों को प्रस्तुत किया गया है। राजकपूर के सिनेमा में वीर बहादुर सत्यवादी लोगों की दास्तान नहीं होती, वह आम आदमियों की कमजोरियों का गायक है, जीवन संग्राम में निहत्थे और हारे हुए सैनिकों की दास्तां बयान करनेवाला फिल्मकार है।

उपाख्यानात्मक रचना

आवारा की पटकथा वृत्ताकार है परन्तु 'जागते रहो की पटकथा एपिसोडिक है। पूरा घटनाक्रम बहुमंजिला इमारत में घटित होता है और पटकथा की रचना भी मंजिल दर मंजिल है। सड़क पर नायक की भेंट अमीर शराबी से होती है। भवन में

प्रवेश के बाद नायक का पहला अनुभव उन युवा प्रेमियों के साथ जो प्रेम के क्षण में जन्म-जन्मान्तर की बात करते हैं, परन्तु संकट की घड़ी में उनका स्वार्थ और आत्म प्रेम प्रगट होता है। इस पूरे प्रकरण में हास्य और व्यंग्य की अद्‌भुत परिस्थितियाँ हैं प्रेमियों का राजदार होने के कारण नायक पकड़े जाने से बच जाता है। इसी प्रकरण में गाँव से नौकरी करने आया एक बेजुबान-सा गुलाम इसलिए पिट जाता है कि उसे अपने मालिक का फ्लेट नम्बर नहीं पता। भारतीय समाज में खामोश बेजुबान से आदमी की बेवजह पिटाई होती रहती है।

दूसरा उपाख्यान—खेतान बाबू का है जो घुड़दौड़ के लतियड़ है और अपनी बीवी के गहने चोरी करना चाहते हैं, क्योंकि उन्हें एक पोंगा पंडित ने रेस का विजयी घोड़ा बताया है। तीसरे उपाख्यान में अमीर शराबी और उसकी आदर्श पत्नी की गाथा है। लगभग 10 मिनट का यह एपिसोड बिमल मित्र की छोटी बहू की याद ताजा करता है। मोतीलाल बहुत अमीर है, शायद जमींदार भी है और आदतन वैश्यागामी और शराबी है। उसकी पत्नी सुमित्रा अत्यन्त सुन्दर और गुणवान है परन्तु तथाकथित आधुनिकता के नाम पर उसे क्लब जाने वाली और फेशनेबल पत्नी की कामना है। जब वह गौर से अपनी पत्नी को देखता है तब एक क्षण में उसे अपनी भूल समझ में आती है, परन्तु निरन्तर शराब पीने और वेश्यागमन से अब वह किसी भी स्तर पर इस काबिल नहीं है कि पत्नी से प्यार कर सके। एक ही क्षण में उसे रीयलाइजेशन और रिमोर्स होता है यह क्षण मुखौटा गिरने का क्षण है जिसे केवल मोतीलाल जैसा निष्णात कलाकार एक्सप्रेशन की इस इकॉनमी में अदा करता है। दूसरे ही क्षण वह मुखौटा लगा लेता है और अपनी सुन्दर पत्नी से विमुख हो जाता है। विमुखता से ज्यादा महत्त्वपूर्ण है यह विवशता कि उसने जीवन व्यर्थ गँवाया। यह ठरकी जमींदारनुमा पात्र आजाद भारत के उस वर्ग का प्रतिनिधित्व करता है जिसने आधुनिकता को ठीक से समझा ही नहीं। इस एपीसोड में सुमित्रा की करुणा बिमल मित्र की छोटी बहू के समकक्ष है। यह अजीब बात है कि अपने प्रथम प्रदर्शन के समय भी इस उपाख्यान के असली अर्थ पर कहीं कुछ नहीं लिखा गया।

आज 'चोली' जैसे शरारतपूर्ण गीत के जमाने में सुमित्रा का असल सेक्सी गीत बहुत महत्त्वपूर्ण लगता है। शालीनता, संगीत और साहित्य की त्रिवेणी में एक कुँआरी सी पत्नी का प्रेम निवेदन चुनौतीपूर्ण था और धन्य हैं शैलेन्द्र जिन्होंने इसे लिखा—

'ठंडी-ठंडी सावन की फुहार
पिया आज खिड़की खुली मत छोड़ो
आवे झोंके से पगली बयार
पिया आज बाती जली मत छोड़ो
दीये की ज्योति अंखियों में लागे

पलकों पे निन्दिया सवार
पिया आज बाती जली मत छोड़ो
पपीहे ने मन क़ी अग्नि बुझा ली
प्यासा रहा मेरा प्यार
पिया आज बाती जली मत छोड़ो'

गीत का हर शब्द खुला निमन्त्रण है जिसमें अस्वीकृत निमन्त्रण की वेदना भी है।

इस उपाख्यान के अन्त में मोतीलाल इमारत के गलियारों में यह कहता हुआ भटकता है कि उसकी पत्नी कहीं खो गई है। दरअसल आधुनिकता और अय्याशी के तिलिस्म में वह स्वयं खो गया है। चौथा उपाख्यान गलियारे में हैं जहाँ दो प्रतिद्वन्द्वी व्यापारी सपरिवार एक पीपे के लिए लड़ते हैं। मानव स्वभाव की विसंगति पर फिल्मकार का तीखा व्यंग्य शरद जोशी और हरिशंकर परसाई के समकक्ष है।

इन उपाख्यानों के साथ-साथ चल रहा है किस्सा उन बेकार नवयुवकों का जो सेवा दल बनाने के नाम पर चन्दा उगा रहे हैं और चोर पकड़ने के नाम पर ताँक-झाँक की छूट का मजा ले रहे हैं ये 'बहादुर' अँधेरे कमरे में रखे आईने में अपनी छवि देखकर डर जाते हैं। बहुमंजिला इमारत के गलियारों में फिल्मकार कई पात्रों की झलक प्रस्तुत करता है। भगदड़ के वातावरण में एक डरपोक दारू बनानेवाले से गोली चल जाती है और पुलिस का आगमन होता है। तलाशी में कई सम्भ्रान्त व्यक्ति काले धन्धे करते हुए पकड़े जाते हैं।

प्रेम धवन द्वारा लिखे गए भंगड़े के माध्यम से भी फिल्मकार सामाजिक और धार्मिक पाखंड पर गहरा व्यंग्य करता है—

हक दूजे दा मार-मार कर बनदे लोग अमीर
मैं एनूं कंहदां चोरी, दुनिया कंहदी तकदीर
देखे पंडित ज्ञानी ध्यानी दया धरम दे बंदे
राम नाम जपदे ते, खान्दे गौशाला दे चंदे

दरअसल यह पंजाब का पारम्परिक गीत है और इसमें अनेक कवि समय-समय पर नए छन्द जोड़ देते हैं। गलियारों में वर्णित घटनाओं को हम स्वतन्त्र उपाख्यान का नाम नहीं दे रहे हैं।

पाँचवाँ महत्त्वपूर्ण उपाख्यान है अस्पताल का। इमारत में चन्द धनाढ्य व्यक्तियों के चन्दे से अस्पताल चलता है जिसका उद्देश्य गरीबों का इलाज नहीं है, वरन् पुलिस के आने पर नकली नोट और अन्य अवैध सामान को मरीज या मुर्दे के नाम पर इमारत से 'सुरक्षित' बाहर ले जाना है।

नकली नोट बनानेवाले ने भूल से चोर पकड़नेवाले के लिए दो तोले का सोने का

मैडल घोषित किया है और परिणामस्वरूप फ्लैट दर फ्लैट तलाशी शुरू होती है अर्थात् सेठजी का शस्त्र उन्हीं को आकर लगता है। अब अस्पताल में मुर्दे के नकली नोट की मशीनें और नोट इमारत से बाहर भेजने हैं। अस्पताल का डॉक्टर प्रशिक्षित नहीं है, वह भी नोटों की तरह नकली है। इसी प्रकरण के तहत फिल्म का सबसे मर्मस्पर्शी दृश्य है। नकली नोटों सहित नायक को इमारत पर लटकाया जाता है और नीचे खड़ी भीड़ उसे पत्थर मारती है। एक पत्थर शीशा तोड़ता है और रक्तरंजित क्राइस्ट की छवि नजर आती है। किसी पत्थर के कारण नोटों की गड्डी नीचे गिरती है और चोर को दंड देनेवाले स्वयंभू जज बने हुए लोग नोटों पर यों टूट पड़ते हैं जैसे भूखे भेड़िए। नायक सारे नोट हवा में उछाल देता है ताकि लोग उसे पत्थर मारना छोड़कर धन लूटने में लग जाएँ। एक अद्भुत दृश्य की रचना है जिसमें नोटों की बरसात है और निर्धनों द्वारा खुली लूट है और सफेदपोश अपराधी खिड़की में खड़ा सारा दृश्य देख रहा है। यह एक दृश्य जागते रहो को विश्व सिनेमा में उच्च स्थान दिलाने के लिए पर्याप्त है। क्या यह दृश्य हमें धरमवीर भारती की कविता प्रमथ्यु गाथा की याद नहीं दिलाता? प्रमथ्यु जिन लोगों की भलाई के लिए ज्ञान की रोशनी लाया था वे ही लोग

नरगिस और राजकपूर 'आवारा' के प्रीमियर पर

तमाशबीन बनकर उसकी यन्त्रणा पर ताली बजाते हैं।

हम सब तमाशबीन हैं।
हम सबके माथे पर दाग
हम सबकी आत्मा में झूठ
हम सैनिक अपराजेय
पर हाथों में तलवारों की मूठ।

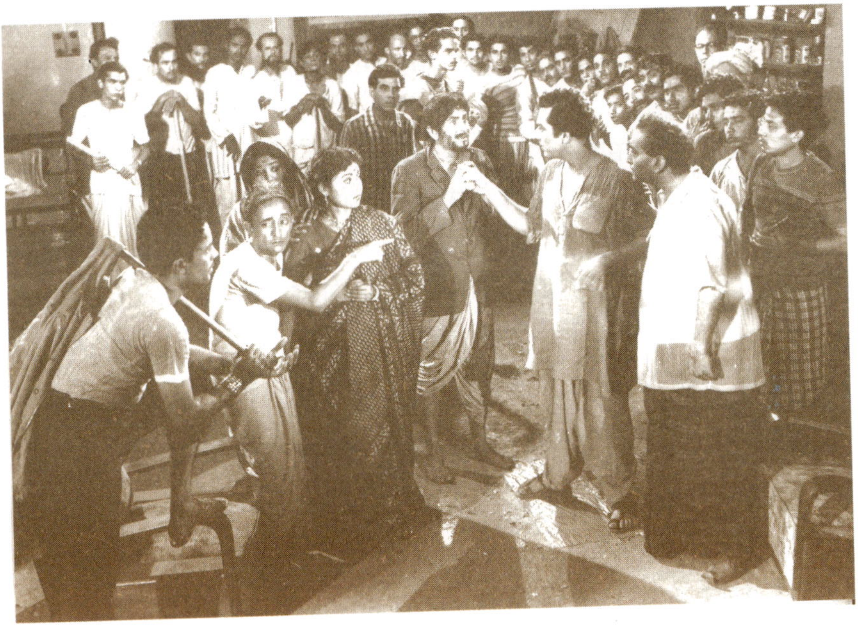

इस दृश्य में फिल्मकार जनता की तमाशबीन प्रवृत्ति पर करारा व्यंग्य करता है।

छठवाँ उपाख्यान इमारत की छत पर है। फिल्म का प्रारम्भ सड़क की घटना से हुआ था। मन्जिल दर मन्जिल उपाख्यानों का चित्रण है और फिल्म का क्लाइमैक्स बहुमंजिल इमारत की छत पर है। फिल्म का उपसंहार मन्दिर के प्रांगण में है जहाँ नायक को पीने का पानी मिलता है। क्लाइमैक्स और उपसंहार के बीच एक मासूम बच्ची की बातचीत है नायक के साथ। फिल्म में जो भी व्यक्ति गाँव के नायक को देखता है, वह बेहोश हो जाता है क्योंकि चोर उसके मन में है जबकि मासूम बच्ची उसे आत्म विश्वास दिलाती है। इसी दृश्य के अन्त से कोरस शुरू होता है और फिल्म का सारगर्भित गीत प्रारम्भ होता है–

जग उजियारा छाए
मन का अन्धेरा जाए
किरणों की रानी गाए
जागो हे मोहन प्यारे
जागरे जागरे जाग कलियाँ जागीं
नगर नगर सब गलियाँ जागीं
नवयुग चूमे नयन तिहारे
जागो जागो मोहन प्यारे।

गीत की उपर्युक्त पंक्तियाँ ही इस बात का प्रमाण हैं कि यह महान फिल्म सिर्फ जागते रहने की नहीं है, वरन् फिल्मकार सांस्कृतिक चेतना के जागने की बात कर

रहा है। इसी तरह यह भी सत्य है कि नायक की प्यास महज पानी की प्यास नहीं है, क्योंकि गीत की पंक्ति है : 'किरण परी गगरी छलकाए, ज्योत का प्यासा प्यास बुझाए।'

यह प्यास नव जागृति की प्यास है जो भारत के स्वतन्त्र होने के बाद भी नहीं मिटी और आज भी देश प्यासा है। समाज की संरचना में व्यावसायिकता, भ्रष्टाचार और झूठ का समावेश इतनी तेजी से हुआ कि अब तो देश की आत्मा में उतरे हुए लोहे पर समय की जंग लग चुकी है। नैतिक विनाश की भयावह प्रक्रिया बहुत पहले ही प्रारम्भ हो चुकी थी, परन्तु स्वतन्त्रता के यूफोरिया में वर्षों लोगों का ध्यान नहीं गया, परन्तु राजकपूर ने अपनी तीन फिल्मों में (आवारा, श्री 420, जागते रहो) इस भयावह प्रक्रिया को प्रस्तुत किया था।

फिल्म में दिखाई गई इमारत भारत का प्रतीक है। पूरा देश आर्थिक व सामाजिक खाँचों में बँटा हुआ है। गरीब लोग निचले भाग में रहते हैं या अमीरों के आलीशान फ्लैटों में नौकर हैं। मंजिल दर मंजिल, फ्लैट दर फ्लैट, उपाख्यान दर उपाख्यान फिल्म भारतीय समाज के वर्गों की निर्मम शल्यक्रिया प्रस्तुत करती है। सेन्सर ने फिल्म पर आपत्ति प्रकट की थी कि यह फिल्म वर्ग संघर्ष को बढ़ावा देती है। बाद में सेन्सर ने निर्माता का पक्ष सुना और सेन्सर सर्टिफिकेट जारी किया।

फिल्म के क्लाइमैक्स में नायक कहता है कि आपने मुझ गरीब को यह शिक्षा दी कि अपराध किए बिना बड़ा आदमी नहीं बना जा सकता। नायक के हाथ में डंडा है दरअसल आज का नायक वहाँ से शुरू होता है जहाँ 'जागते रहो' का नायक अपनी बात खत्म करता है। अब उसके हाथ में हथियार है और वह बड़ा आदमी बन चुका है। इससे भी खतरनाक बात यह है कि अब हिन्दी फिल्म का नायक स्वयं हथियार में परिवर्तित हो गया है और यह हथियार देश की आत्मा में मूँठ तक धँस गया है।

'जागते रहो' पाँचवें दशक का 'रागदरबारी' है जो कागज के बदले सेल्युलाइड पर लिखा गया है।

राजकपूर की फिल्मावली

1935

इंकलाब

निर्देशक : देबकी बोस

कलाकार : दुर्गा खोटे, पृथ्वीराज, नवाब, राजकपूर बाल कलाकार

1943

गौरी

निर्देशक : केदार शर्मा

कलाकार : पृथ्वीराज, मोनिका देसाई, शमीम, राजकपूर

हमारी बात

निर्देशक : एम. आई. धरमसी

कलाकार : देविका रानी, जयराज, डेविड शाहनवाज, राजकपूर

1946

वाल्मिकी

निर्देशक : भालाजी पेंढ़ारकर

कलाकार : पृथ्वीराज, शांता आप्टे, नीला, बाबूराव पेंढ़ारकर, राजकपूर (नारद की भूमिका)

1947

चित्तौड़ विजय

निर्देशक : मोहन सिन्हा

कलाकार : मधुबाला, सरेन्द्र, वास्ती, मोनिका देवी, राजकपूर

दिल की रानी

निर्देशक : मोहन सिन्हा

कलाकार : मधुबाला श्याम, बद्री प्रसाद, मुंशी खंजर, राजकपूर

नील कमल

निर्देशक : केदार शर्मा

कलाकार : राजकपूर (नायक के रूप में में प्रथम फिल्म), मधुबाला, बेगम पारा

जेल यात्रा

निर्देशक : गजानन जागीरदार

कलाकार : राजकपूर कामिनी कौशल, जागीरदार, विक्रम कपूर, बद्री प्रसाद

1948

आग

निर्माता-निर्देशक : राजकपूर

कलाकार : राजकपूर, नरगिस, निगार, कामिनी कौशल, प्रेमनाथ (पहली फिल्म)

अमर प्रेम

निर्देशक : एन.एम.केलकर

कलाकार : राजकपूर, मधुबाला, अल्कारानी निम्बालकर, माधव काले

गोपीनाथ

निर्देशक : महेश कौल

कलाकार : राजकपूर, त्रिप्ती मित्रा, नंदकिशोर

1949

अंदाज

निर्देशक : महबूब खान

कलाकार : राजकपूर, नरगिस, दिलीप कुमार, कुक्कू, वी.एच. देसाई

बरसात

निर्माता निर्देशक : राजकपूर

कलाकार : राजकपूर, नरगिस, प्रेमनाथ, निम्मी (प्रथम), के. एन. सिंह

परिवर्तन

निर्देशक : एन.आर. आचार्य

कलाकार : राजकपूर, मोतीलाल, अंजली देवी, मोनी चटर्जी वंसत मालिनी

सुनहरे दिन

निर्देशक : सतीश निगम

कलाकार : राजकपूर, रेहाना, निगार, हारून, हीरा सावंत

1950

भंवरा
निर्देशक : जी. राकेश
कलाकार : राजकपूर, निम्मी,
ललिता पंवार, के.एन.सिंह, हीरालाल, सुन्दर,
रतन कुमार

बांवरे नयन
निर्देशक : केदार शर्मा
कलाकार : राजकपूर, गीताबाली,
विजयलक्ष्मी, जसवंत, पेसी पटेल

दास्तान
निर्देशक : ए.आर. कारदार
कलाकार : राजकपूर, सुरैया, अलनसीर,
सुरेश, मुराद, प्रतिमा देवी, शकीला

जान पहचान
निर्देशक : फली मिस्त्री
कलाकार : राजकपूर, नरगिस, जीवन,
श्यामा, दुलारी

प्यार
निर्देशक : वी.एम. व्यास
कलाकार : राजकपूर, नरगिस, याकूब, नवाब,
श्यामा, डब्ल्यू.एम. खान

सरगम
निर्देशक : पी.एल. संतोषी
कलाकार : राजकपूर, रेहाना, ओमप्रकाश,
डेविड, बेबी तबस्सुम, पारो, राधा किशन,इ.ए.

1951

आवारा
निर्माता-निर्देशक : राजकपूर
कलाकार : राजकपूर, नरगिस, के.एन.सिंह,
लीला चिटनिस, पृथ्वीराज इ.ए.

1952

अंबर
निर्देशक : जयंत देसाई
कलाकार : राजकपूर, नरगिस, आगा,
बेबी तनूजा, रमेश सिन्हा, विपिन गुप्ता इ.ए

अनहोनी
निर्देशक : के.ए. अब्बास
कलाकार : राजकपूर, नरगिस, आगा,
ओमप्रकाश, डेविड, अचला सचदेव, इ.ए.

आशियाना
निर्देशक : वी. त्रिलोचन
कलाकार : राजकपूर, नरगिस, मोहना

बेवफा
निर्देशक : एम.एल. आनंद
कलाकार : राजकपूर, नरगिस,
अशोक कुमार, नीलम, सिद्दिकी

1953

आह
निर्माता : राजकपूर
निर्देशक : राज नवाथे
कलाकार : राजकपूर, नरगिस, विजय लक्ष्मी,
प्राण, मुकेश, रमेश सिन्हा, भूपेंद्र कुमार,
लीला मिश्रा

धुन
निर्देशक : कुमार
कलाकार : राजकपूर, नरगिस, मोतीलाल,
कुमार, प्रमिला, कमल मेहरा इ.ए.

पापी
निर्देशक : चंदूलाल शाह
कलाकार : राजकपूर, नरगिस, दुलारी,
पी.कैलाश, मारूति, रमेश ठाकुर इ.ए.

1954

बूट पॉलिश
निर्माता : राजकपूर
निर्देशक : प्रकाश अरोड़ा
कलाकार : राजकपूर, बेबी नाज़, रतन कुमार,
डेविड, वीना इ.ए

श्री 420
निर्माता-निर्देशक : राजकपूर
कलाकार : राजकपूर, नरगिस, नादिरा,
ललिता पवार, राम कुमार, भूदो अडवानी,
एम कुमार, शिवदासानी, नाना पलसीकर
इ.ए.

1956

चोरी-चोरी

निर्देशक : अनंत ठाकुर

कलाकार : राजकपूर, नरगिस, जॉनी वाकर, प्राण, गोप, राज मेहरा, अमीर बानो इ.ए.

जागते रहो

निर्माता : राजकपूर

निर्देशक : एस. मित्रा तथा ए. मोइत्रा

कलाकार : राजकपूर, प्रदीप कुमार, सुमित्रा देवी, स्मृति विश्वास, पहाड़ी सान्याल, सुलोचना चटर्जी इ.ए.

1957

अब दिल्ली दूर नहीं

निर्माता : राजकपूर

निर्देशक : अमर कुमार

कलाकार : रोनी, सुलोचना, याकूब, अनवर, मोती लाल इ.ए.

शारदा

निर्देशक : एल.वी. प्रसाद

कलाकार : राजकपूर, मीना कुमारी, श्यामा अनिता गुहा, आगा, राज मेहरा, इ.ए.

1958

परवरिश

निर्देशक : एस. बनर्जी

कलाकार : राजकपूर, माला सिन्हा, महमूद, ललिता पवार, राधा किशन इ.ए

फिर सुबह होगी

निर्देशक : रमेश सहगल

कलाकार : राजकपूर, माला सिन्हा, रहमान, लीला चिटनिस मुबारक, इ.ए.

1959

अनाड़ी

निर्देशक : ऋषिकेश मुखर्जी

कलाकार : राजकपूर, नूतन, ललिता पवार, मोती लाल, शोभा खोटे, मुकरी इ.ए.

चार दिल चार राहें

निर्देशक : के. ए. अब्बास

कलाकार : राजकपूर, मीना कुमारी, अजित, निम्मी, शम्मीकपूर, कुमकुम, इ.ए.

दो उस्ताद

निर्देशक : तारा हरीश

कलाकार : राजकपूर, मधुबाला, शेख मुख्यार, सुलोचना, डेज़ी ईरानी, इ.ए.

कन्हैया

निर्देशक : ओम प्रकाश

कलाकार : राजकपूर, नूतन, ओम प्रकाश, राज मेहरा, ललिता पवार, राज कुमार

मैं नशे में हूँ

निर्देशक : नरेश सहगल

कलाकार : राजकपूर, माला सिन्हा, मुबारक, निशि, धूमल, मारूति

1960

छलिया

निर्देशक : मनमोहन देसाई

कलाकार : राजकपूर, नूतन, प्राण, रहमान, शोभना समर्थ, राजा

जिस देश में गंगा बहती है

निर्माता : राजकपूर

निर्देशक : राधू करमाकर

कलाकार : राजकपूर, पद्‌मिनी, प्राण, तिवारी, नयम पल्ली, चंचल, राज मेहरा, ललिता पवार, इ.ए.

श्रीमान सत्यवादी

निर्देशक : एस.एम. अब्बास

कलाकार : राजकपूर, शकीला, महमूद, नाजिर हुसैन इ.ए.

1961

नज़राना

निर्देशक : श्रीधर

कलाकार : राजकपूर, वैजयंतीमाला, उषा किरण, आगा, सविता चटर्जी इ.ए

1962

आशिक

निर्देशक : ऋषिकेश मुखर्जी

कलाकार : राजकपूर, पद्‌मिनी, नंदा, अभि भट्टाचार्य, मुकरी, लीला चिटनिस इ.ए.

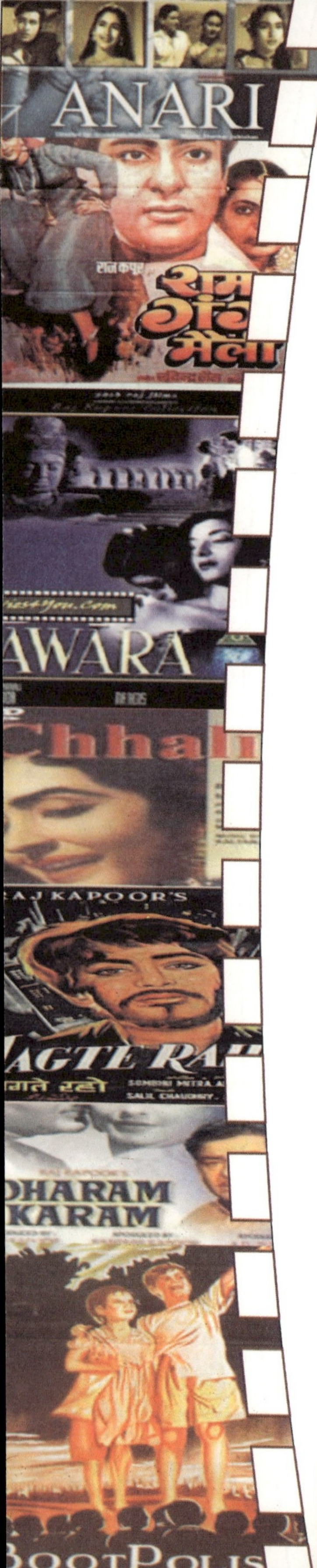

1963

दिल ही तो है

निर्देशक : पी.एल. संतोषी और सी.एल. रावल

कलाकार : राजकपूर, नूतन, आगा, प्राण, सविता चटर्जी, इ.ए.

एक दिल सौ अफसाने

निर्देशक : आर.सी. तलवार

कलाकार : राजकपूर, वहीदा रहमान, ललिता पवार, सुलोचना इ.ए.

1964

दुल्हा-दुल्हन

निर्देशक : रविन्द्र दवे

कलाकार : राजकपूर, साधना, आगा, के. एन. सिंह इ.ए.

संगम

निर्माता निर्देशक : राजकपूर

कलाकार : राजकपूर, वैजयंतीमाला, राजेन्द्र कुमार, राज मेहरा, नाना पलसीकर

1965

तीसरी कसम

निर्देशक : बासू भट्टाचार्य

कलाकार : राजकपूर, वहीदा रहमान, दुलारी, इफ्तेखार, असित सेन इ.ए.

1967

अराउंड द वर्ल्ड

निर्देशक : पाछी

कलाकार : राजकपूर, राजश्री, प्राण, महमूद, ओम प्रकाश इ.ए.

दीवाना

निर्देशक : महेश कौल

कलाकार : राजकपूर, सायरा बानो, कन्हैयालाल, ललिता पवार, कमल कपूर इ.ए.

1968

सपनों का सौदागर

निर्देशक : महेश कौल

कलाकार : राजकपूर, हेमा मालिनी, जयंत, तनूजा, अचला सचदेव इ.ए.

1970

मेरा नाम जोकर

निर्माता-निर्देशक : राजकपूर

कलाकार : राजकपूर, पद्मिनी, केनिया, रेबिनकिना, सिम्मी गरेवाल, ऋषिकपूर इ.ए.

1971

कल आज और कल

निर्माता : राजकपूर

निर्देशक : रणधीरकपूर

कलाकार : पृथ्वीराजकपूर, राजकपूर, रणधीरकपूर, बबीता

1973

बॉबी

निर्माता-निर्देशक : राजकपूर

कलाकार : ऋषिकपूर, डिंपल कपाड़िया, प्राण, प्रेमनाथ, प्रेम चोपड़ा, अरुणा ईरानी

मेरा देश मेरा धरम

निर्देशक : दारा सिंह

कलाकार : राजकपूर, दारा सिंह, मीना राय

1975

धरम करम

निर्माता : राजकपूर

कलाकार : राजकपूर, रणधीरकपूर, रेखा

दो जासूस

निर्देशक : नरेश कुमार

कलाकार : राजकपूर, राजेन्द्र कुमार, शैलन्द्र सिंह, भावना भट्ट

1976

खान दोस्त

निर्देशक : दुलाल गुहा

कलाकार : राजकपूर, शत्रुघ्न सिन्हा, मिठू मुखर्जी

1977

चांदी सोना

निर्देशक : संजय खान

कलाकार : राजकपूर, संजय खान, परवीन बॉबी

1978

नौकरी

निर्देशक : ऋषिकेश मुखर्जी

कलाकार : राजकपूर, राजेश खन्ना, देवेन वर्मा

सत्यम् शिवम् सुन्दरम्

निर्माता-निर्देशक : राजकपूर

कलाकार : शशिकपूर, जीनत अमान, पद्मिनी कोल्हापुरे

1980

अब्दुल्लाह

निर्देशक : संजय खान

कलाकार : राजकपूर, संजय खान, जीनत अमान

1981

बीवी-ओ-बीवी

निर्माता : राजकपूर

निर्देशक : राहुल रवेल

कलाकार : संजीव कुमार, रणधीरकपूर, पूनम ढिल्लन

1982

गोपीचंद जासूस

निर्देशक : नरेश कुमार

कलाकार : राजकपूर, जीनत अमान, प्रेम चोपड़ा, आई.एस. जौहर

प्रेम रोग

निर्माता-निर्देशक : राजकपूर

कलाकार : ऋषिकपूर, पद्मिनी कोल्हापुरे, शम्मीकपूर, रजा मुराद, इ.ए.

वकील बाबू

निर्देशक : असित सेन

कलाकार : राजकपूर, शशिकपूर, जीनत अमान, राजेश रोशन

1985

राम तेरी गंगा मैली

निर्माता : रणधीरकपूर

निर्देशक : राजकपूर

कलाकार : राजीवकपूर, मंदाकिनी, दिव्या राणा, रजा मुराद, कुलभूषण खरबंदा

चोर मंडली

निर्देशक : सी.एल. रावत

कलाकार : राजकपूर, अशोक कुमार, आशा पारिख। पूर्ण किन्तु अप्रदर्शित

उम्मीद

निर्देशक : नरेश सगहल

कलाकार : राजकपूर, शम्मीकपूर, पूजा सक्सेना (अपूर्ण)

1990

हिना

निर्देशक : रणधीरकपूर

कलाकार : ऋषिकपूर, जेबा बख्तयार

आर के जे के एस राजकपूर जन कल्याण संस्था

राजकपूर भारत की आम जनता के प्रिय कलाकार रहे हैं और राजकपूर ताउम्र आम जनता के शुक्रगुजार रहे। राजकपूर की स्मृति में उनकी पत्नी और बच्चों ने राजकपूर जन कल्याण संस्था की स्थापना 14 दिसम्बर, 2001 को राजकपूर के 77 वें जन्म-दिवस पर की थी जिसका रजिस्टर्ड पता ए-1, फ्रेन्ड्स कॉलोनी (ईस्ट) न्यू दिल्ली-110065 है। इसमें दान दी गई राशि आयकर से मुक्त है – 80-जी आयकर अधिनियम 1961 के तहत सरकारी पत्र नंबर डी आई डी (इ) आर-429/02/158) है

इस संस्था ने समाज के कमजोर वर्ग को जनश्री बीमा योजना और शिक्षा सहयोग योजना, जीवन बीमा निगम की सहायता से उपलब्ध कराने की पहल की है। मात्र 100 रुपए के प्रीमियम देने पर कमजोर वर्ग के व्यक्ति को मृत्यु पर निगम से 20,000 रुपए और दुर्घटना में मृत्यु होने पर 50,000 रुपए प्राप्त होंगे। इस बीमे की अवधि एक वर्ष है। अपंग होने पर 25,000 से 50,000 तक की राशि मिल सकती है। शिक्षा योजना के तहत परिवार के दो बच्चों को कक्षा 9 वीं से कक्षा 12 वीं तक 100 रुपए, प्रति बालक चार वर्ष तक प्राप्त होगा।

संस्था ने प्रथम दस माह में कमजोर वर्ग के 8000 परिवारों का बीमा कराया है और 150 विद्यार्थियों को स्कॉलरशिप दिलाया तथा मृत्यु के दस प्रकरण में मुआवज़ा दिलाया। संस्था ने अंधत्व विरोधी राष्ट्रीय संस्था को धन उपलब्ध कराया जिससे सुदूर ग्रामीण क्षेत्र में 400 बच्चों को नज़र के चश्मे प्राप्त हुए।

पुरस्कार

1952

आवारा

विशेष योग्यता प्रमाणपत्र
(भारत का अतर्राष्ट्रीय फिल्मोत्सव, बम्बई)

1953/54

बूट पॉलिश

बेबी नाज़ के अभिनय के लिए विशेष उल्लेख
(कांस, अंतर्राष्ट्रीय फिल्मोत्सव, फ्रांस)

1955/56

श्री 420

सर्वोत्तम छायांकन, सर्वोत्तम संपादन
('फिल्मफेयर' पुरस्कार)

1956

श्री 420

विशेष योग्यता के लिए क्षेत्रीय प्रमाणपत्र
(राष्ट्रीय फिल्म पुरस्कार)

1957

जागते रहो

ग्रां.प्री (अन्तर्राष्ट्रीय फिल्मोत्सव, कारलोवी वेरी, चेकोस्लोवाकिया)

1959

अनाड़ी

सर्वोत्तम अभिनेता
('फिल्मफेयर' पुरस्कार)

1961

जिस देश में गंगा बहती है

सर्वोत्तम फिल्म, सर्वोत्तम अभिनेता, सर्वोत्तम कला निर्देशन ('फिल्मफेयर' पुरस्कार)

1964

संगम

सर्वोत्तम निर्देशक, सर्वोत्तम अभिनेत्री, सर्वोत्तम ध्वनि अंकन, सर्वोत्तम संपादक ('फिल्मफेयर' पुरस्कार) विशेष योग्यता प्रमाणपत्र 1964 की सर्वोत्तम संपादित फिल्म के लिए पुरस्कृत (फिल्म संपादक संघ, मुम्बई)

1969

राजकपूर

पद्‌म भूषण—गणतंत्र दिवस के अवसर पर राष्ट्रीय सम्मान (भारत के राष्ट्रपति जाकिर हुसैन द्वारा)

1971

मेरा नाम जोकर

सर्वोत्तम निर्देशक, सर्वोत्तम संगीत, सर्वोत्तम छायांकन, सर्वोत्तम ध्वनि अंकन, सर्वोत्तम पुरुष पार्श्व गायक ('फिल्मफेयर' पुरस्कार) सर्वोत्तम बाल कलाकार, सर्वोत्तम छायांकन (रंगीन), सर्वोत्तम पुरुष पार्श्व गायक (राष्ट्रीय फिल्म पुरस्कार)

1973

बॉबी

सर्वोत्तम अभिनेता, सर्वोत्तम अभिनेत्री, सर्वोत्तम कला निर्देशन (रंगीन), सर्वोत्तम ध्वनि अंकन, सर्वोत्तम पार्श्व गायक (पुरुष) ('फिल्मफेयर' पुरस्कार); सर्वोत्तम निर्देशक (फिल्म प्रशंसक संघ, मद्रास),

सर्वोत्तम निर्देशन के लिए विशेष योग्यता प्रमाणपत्र (भारतीय फिल्म निर्देशक संघ, मुम्बई), उत्कृष्ट निर्देशन ('शमा/सुषमा उर्दू फिल्म पत्रिका) सदाबहार सर्वोत्तम फिल्म (फिल्म गोअर्स संघ, मुम्बई)

1974

राजकपूर

तीन दशकों से फिल्मों के माध्यम से भारतीय संस्कृति में राजकपूर द्वारा युवा चेतना के पुनर्जागरण हेतु उल्लेखनीय सेवा के मूल्यांकन के लिए (जाइंट अंतर्राष्ट्रीय, मुम्बई के नाना चुड़ासमा)

1975

दो जासूस

सर्वोत्तम चरित्र अभिनेता (आंध्रप्रदेश फिल्म पत्रकार संघ, विजयवाड़ा)

1978

सत्यम् शिवम् सुन्दरम्

सर्वोत्तम संगीत, सर्वोत्तम छायांकन (फिल्मफेयर पुरस्कार)

1979

राजकपूर

भारत के उप-राष्ट्रपति द्वारा शिरोमणि पुरस्कार (इंस्टीट्यूट ऑफ सिख स्टडीज, दिल्ली)

1981

राजकपूर

शांति एवं मैत्री के लिए असाधारण सेवा के मूल्यांकन के लिए विशेष योग्यता प्रमाणपत्र (द सोवियत लैंड नेहरू पुरस्कार समिति, मॉस्को)

1982

प्रेमरोग

सर्वोत्तम निर्देशक, सर्वोत्तम अभिनेत्री सर्वोत्तम संपादक, सर्वोत्तम गीतकार ('फिल्मफेयर' पुरस्कार)

1985

राम तेरी गंगा मैली

सर्वोत्तम फिल्म, सर्वोत्तम निर्देशक, सर्वोत्तम संगीत, सर्वोत्तम कला निर्देशन ('फिल्मफेयर' पुरस्कार)

1988

राजकपूर

दादा साहब फालके पुरस्कार (राष्ट्रीय फिल्म पुरस्कार)